05

神探李昌钰破案实录

Dr. Henry Lee's Forensic Files

神秘血手印

Cracking Cases:
The Science of Solving Crimes

[美] 李昌钰　托马斯 · W. 奥尼尔　著
刘为军　译

中国政法大学出版社
2018 · 北京

图书在版编目（CIP）数据

神探李昌钰破案实录. 5, 神秘血手印/(美)李昌钰, (美)托马斯·W. 奥尼尔著; 刘为军译. —北京: 中国政法大学出版社, 2017. 10
ISBN 978-7-5620-7805-0

Ⅰ. ①神… Ⅱ. ①李… ②托… ③刘… Ⅲ. ①刑事侦查－案例－美国 Ⅳ. ①D971. 24

中国版本图书馆CIP数据核字(2017)第259703号

出版者	中国政法大学出版社
地址	北京市海淀区西土城路25号
邮寄地址	北京100088信箱8034分箱　邮编100088
网址	http://www.cuplpress.com (网络实名：中国政法大学出版社)
电话	010-58908437(编辑室) 58908334(邮购部)
承印	北京中科印刷有限公司
开本	720mm×960mm　1/16
印张	19.25
字数	230千字
版次	2018年5月第1版
印次	2018年5月第1次印刷
定价	80.00元

总 序

在美国，人们常说，破不了的案子，找 Dr. Lee 就对了，很多小朋友的志愿都提到："我长大后要像 Dr. Lee 一样。"迄今，我已获得 800 多个荣誉奖项，参与侦破 8000 多起国际的重大刑事案件。人们推崇我为"当代福尔摩斯""现场重建之王""科学神探"等等，媒体说我是世界上最受欢迎的华人，其实真正的我和大家一样，都是平凡的人。人的一生就是一次漫长的爬坡，我一辈子实际上只做了一件事，就是"使不可能成为可能"。

1964 年，我和太太初到美国，全部家当只有一个木箱和 50 美元。为了谋生，我做过服务生、当过记者、做过武术教练，每天只能睡 3~4 个小时。直到现在，我每天还是工作 16~20 个小时，每周工作 7 天。辛勤的努力，让我在两年内完成了四年大学的所有课程，也破纪录地在短短一年内拿到博士学位。毕业同年（1975 年）即获得康涅狄格州纽黑文大学助理教授的职位，短短三年又破纪录晋升为终身教授，并出任刑事科学系主任。次年（1976 年）出任康涅狄格州警政厅刑事实验室主任兼首席鉴识专家。1998年出任康涅狄格州警政厅厅长，成为美国有史以来警界职位最高的华人。

过去几十年以来，我曾撰述出版40多本刑事科学方面的专业书籍，我侦破的许多案件在世界各国被拍成电影和电视节目，许多法庭的专家证词和陈述被列为国际刑事科学界和警界的经典教学案例。世界各国都希望我将处理过的重大案件撰写成书，与世人分享。此次应中国政法大学出版社刘知函先生之邀请，策划出版“神探李昌钰破案实录”系列丛书，将全面、系统地介绍我在美国及其他国家和地区侦破的重大刑事案件。从事刑事鉴识50多年后，我从8000多件重大刑案的侦查过程中，积累了许多宝贵的实务经验，希望将这些案件和经验整理成书，陆续出版，作为自己在刑事科学界的经验传承，供世人参考，以期能抛砖引玉。更希望这套丛书对华人地区的刑事科学及司法制度的观念有所帮助，如此则甚幸矣！

借此机会，我要谢谢目前在美国及世界各国警界的朋友，尤其要感谢曾与我共同在刑案现场和实验室工作的伙伴。鉴识工作是团队工作，没有他们，我也不可能与读者分享这些故事。

我的求学时代，家中贫困，全赖母亲兄姊的勤俭刻苦，呵护备至，我方能专心向学。兄弟姐妹艰苦与共，共同成长，他们是我生命中最重要的人。我的太太宋妙娟女士几十年来一如既往地全力支持我，照顾家庭，备极辛苦，使我能毫无后顾之忧地专心工作，自应附志，以表谢意。

李昌钰

2011年9月1日

序于美国康涅狄格州家中

代　序

1979年秋，我还是康涅狄格州利奇菲尔德（Litchfield）的新任公设辩护人，即将参与一起重大案件的审判，这是我人生的第一次辩护。两名男性被告人被控轮奸一位妇女，没有人看好这起案件的辩护。在辩护方看来，被害人的陈述极具攻击力。被害人说，她在酒吧遭人绑架，被车拉到一条偏僻的公路后，遭两名被告人多次强奸。她指出，他们在强奸她后拿走了她的内裤并扔到了一棵树上。她跌跌撞撞回到酒吧后，立即向警方控告了这起绑架和强奸案。

警察在被害人的指引下找到了那条偏僻的公路。瞧瞧！她的内裤还挂在树上。它被作为证据收集，成了控方在庭审中展示的“珍品”证据。

这条内裤被作为完美物证登记并向陪审团公开展示后，似乎辩护已经注定要失败。卢克·马丁（Luke Martin）法官性情温和，被称作法官中的“甜心”，甚至连他也深受这项证据影响。他把控辩双方律师叫到审判席前细声询问：“查利（Charlie），你到底打算怎么把那条内裤从树上取下来?”我一时为之语塞。当然，我也不知道李昌钰博士在这种处境下会如何作答。

来自纽黑文的托尼·德马约（Tony Demayo）律师是我担任公设辩护人时的同事兼师傅。我给托尼打电话，提到如何从树上取回女子内裤的问题。他说：“打电话给纽黑文大学的李昌钰吧。”于是我联系了李昌钰。第二天，他来到我的办公室，手里拎着一个硕大的公文包。

他问我：“你的当事人是怎么说的?”我告诉他，我的当事人与共同被告人经常混迹酒吧，他们承认与被害人认识。当晚他们离开酒吧时，被害人就睡在他们车上。他们认为她可能之前在车上有同伴。她醒过来后仍处于派对的亢奋之中。两名被告人坦诚在驱车离开前喝了很多酒。他们把车停在一条乡村小路上，并且都和她发生了至少两次性行为，每次都在她体内射了精。他们坚信性行为是自愿进行的，并承认把她的内裤扔到了树上。

李昌钰要求检验这条内裤。物品一旦被正式作为证据提交，极少获准带离法院。在本案中，温和的法官和公正的检察官同意我把这条著名的内裤送到李昌钰的实验室。他在某个周六进行了检验。后来我才知道，当天是中国的春节，他的妻子和孩子都在等待他驱车带他们去唐人街参加将由他带队的欢乐游行。

重新开庭时，我传唤了我的新证人：李昌钰博士。李昌钰大步跨入法庭——这已经成了他在每起案件中的标志性入场式。他向卢克·马丁法官点头致意：“早上好，法官阁下。”然后把头转向陪审团，说道：“早上好，女士们，先生们。”

每次我向他提问，他都会转过头正对陪审团，直接把答案告诉他们。对辩方来说，他的专家证言简直太美妙了。他在内裤上检出大量不属于两名被告的不同的精斑。他指出，这些精斑在内裤被扔到树上之前就已经形成，这使得被害人的可信度瞬时坠底。他认为，为了把被告人与被害人联系在一起，医院可能对她做了大量检查。

检察官试图反驳后一陈述，他传唤医院药剂师出庭。后者作证称，试剂太过昂贵而且保存期限很短，因而不可能对被害人做大量检查。此时，李昌钰对我说：“让我回到证人席，向我提问。”我照办了。李昌钰说，这些试剂只值50美分，而且保存期长达50年之久。最后法官撤销了绑架指控，陪审团裁定两名被告人无罪，而我结识了一位新的英雄和朋友。

陪审团裁定后，那位年轻的检察官（现任上诉法院法官）安妮·C. 德兰吉尼斯（Anne C. Dranginis）俯身对她的调查人员说道：“除非李昌钰站在我这边，否则我永远不再审查任何案件。”她说到做到，之后她的每一起案件都有李昌钰的身影。

我必须强调，“树上的内裤”这类案件在家庭暴力案件中极其罕见。我的经验证明，在绝大多数家庭暴力案件中，妇女们都将说出真相。此外，我的经验也表明，许多妇女不会告发长期承受的野蛮暴行，原因有很多，其中之一就是众所周知的“受虐妇女综合征”。

李昌钰博士有三件富有攻击力的武器：学识、经验和良好的判断力。或许他最突出的特点是幽默。有一次参加他家的午宴，坐我身旁的一位医学博士朋友正在斥责一名研究生，责问她为什么还要去研究某项已经被认为是无可置疑的医学知识。为了增强观点说服力，这位博士说道，这项知识就像他把筷子扔向地面而它们一定会落到地上一样确凿无疑。李昌钰很平静地插了一句话：“在真空中例外！”

我看过李昌钰在另一次审判中为一起涉嫌谋杀案作证。他在法庭上来回走动，根据血痕和其他证据，完整演示了凶手在谋杀过程中的每一个步骤。演示结束后，有人听到被告低声诅咒：“该死，他是怎么知道的？”他当然知道，因为他或许是世界上最聪明的犯罪学家。

本书将带你进入他的专业领域，他将教会你如何透视五起最难应对的凶杀案。这些凶杀案的难点就在被告人都是其所在社区受人尊重且非常狡黠的人。这些案件暴露了美国家庭暴力的真实面孔。

李昌钰以一种夏洛克·福尔摩斯（Sherlock Holmes）也要嫉妒的方式撕下了他们的假面具。

康涅狄格州上诉法院法官
查尔斯·D. 吉尔（Charles D. Gill）

INTRODUCTION

前　言

这幅景象看上去太可怕了。凶手跌跌撞撞地退到墙边，一只手遮住自己的视线，另一只手抓起一根粗大的棒子，将她击倒。

夜幕降临以后，偌大一个伦敦城内，在一切以黑暗为掩护发生的诸般劣迹之中，最下作的莫过于此了。在清晨的空气中散发着血腥味的种种惨状里，最恶心、最惨烈的就是这一件。

——查尔斯·狄更斯（Charles Dickens），《雾都孤儿》（*Oliver Twist*）*

本书所指法庭科学（forensics），是指用于解决法律问题的科学知识和技术。现代法庭科学调查就像外海行船，既是艺术，也是科学。船长可以恰当地利用太阳位置线，调整航海图上的位置，去适应潮汐和水流的变化。但是，如果他感觉船实际上处于大海的另一个地点，就必须综合其直觉和常识作出判断，把船

---

* 两段话分别节选自《雾都孤儿》第47章最后1段和第48章第1段。本段翻译转引自何文安译本（译林出版社1999年版）。——译者注

驶回正确的航线。在今天，这一点尤为重要。如同航海一般，突飞猛进的技术发展正在为法庭科学家们提供日渐完善的数据。然而，即便拥有了精密的信息，聪明的法庭科学调查人员（forensic investigator）也会始终牢记：为了发现真相，他应当用上全部生活经验和逻辑。也就是说，他必须拥有常识、灵敏的直觉和实事求是的勇气。然后，他要诚实地说明所有因素综合在一起可以得出什么结论。

本书所介绍的五起案件，正是科学判断与灵敏直觉携手实现正义的例证。一名男子能够证明，妻子死亡时，他正和朋友一起扬帆起航，那他怎么可能把妻子掐死在卧室呢？妻子，同时也是三个孩子的母亲，五周以前就失去踪迹，警方应当对其丈夫进行追踪调查，应当对他家进行搜查吗？如果找不到证实犯罪的直接证据，更不要说尸体，那又该怎么办？这三起案件的三个嫌疑人都是执法人员，他们真的会杀死自己的妻子吗？

一想到我们讨论的五起案件中虐待配偶者的性别以及这些谋杀案的被害人，查尔斯·狄更斯的那段话更令我难过。在今日的美国，虐待配偶是被告发最少的犯罪之一。从全国范围来看，绝大多数这类案件的施虐者是男性，而被虐者是女性。只有少量案件是妻子攻击丈夫，但往往也是男性对女性的虐待行为导致的。自 20 世纪 80 年代中期以来，我们在应对这一全国性问题方面已经取得了显著进步，但是要彻底消除这一威胁，仍有很长的路要走。

对配偶的虐待，既可以是身体上的，也可以是心理上的，但最常见的是两者兼有。“控制”是两种虐待形式的共同要素。我们可以看到，施虐男子企图控制配偶的财产、思想以及身体。在婚姻存续过程中，这一问题的实质是施虐者阻止被害人正视残酷的现状或摆脱彼此的依存关系。如果你碰巧在公共场合碰到一名被配偶虐待的被害人，就像我的一个朋友，而被害人对应否指控其配偶举棋不定，那么请务必让她认识到，抛弃犹豫并大胆起诉有多么重要，千万不要担心会被杀或被误认为是对施虐的丈夫的不忠。顺便提一下，本书讨论的主题是家庭虐待，而犯罪学家已经发现，配偶间的犯罪具有季节性。例如，节庆期间发生的谋杀案和家庭暴力案件更多。原因很简单：紧张、压力、饮酒和冲突都会导致这类悲剧。

总体而言，当今法庭科学的快速进步是建立在该领域数个世纪稳步发展的基础之上的。我们所取得的每一点进步，都是大量实验和法庭科学领域先驱们所作出的所有其他努力的结果。在法庭科学领域，已知的第一篇文献是法医学方面的。我所理解的法医学，是指医学在刑事法律领域的应用。根据世界各国学者的研究，这篇文献出自公元 6 世纪的一位中国医生之手——对此我感到非常自豪。不过，如今已经找不到这部作品的原本或复印件，人们只能通过其后作品中的引用和参考知道它的存在。我有幸得到一部后期著作的复印件，是一位不知名的中国作者于 1247 年写的，书中间接提到了早期那部具有划时代意义的著作。伴随着现代医学和相关科学领域的发展，法医学也于 16 世纪开始兴盛。

真正意义上的化学始于 18 世纪末，它为毒物学的诞生开辟了道路。毒物学研究毒物及其对生命有机体的影响，以及能以有害方式与有机体发生作用的其他无害物质。[1] 西班牙人 M. J. B. 奥尔菲拉（M. J. B. Orfila，1787~1853）被称作“现代毒物学之父”。奥尔菲拉医生 20 岁时前往巴黎，并在这里成就了医学研究领域的辉煌事业。他让毒物学成为一门被人们接受的科学。奥尔菲拉医生也是已知的最早在刑事审判中提交证据的医学权威。他最著名的专家证词是关于一起谋杀案被害人的。这个名叫拉法基（Lafarge）的被害人来巴黎经商并神秘死亡。他是在吃下妻子制作并递给他的蛋糕后病倒的。已经得到证实的是，拉法基太太对自己的婚姻很不满意，而且在事发前不久还购买了砒霜。因为生病，拉法基先生离开巴黎并返回家中，不久即病亡。警察对拉法基先生体内的砷进行检测，但是没有得出结论，随后他被安葬。一个月后，拉法基先生的遗体被挖出，在其体内发现了微量砷。奥尔菲拉医生在陈述中也向陪审团证实，其用于检测的设备以及埋葬地点周边的土壤都没有遭受任何砷污染。拉法基太太后来被判谋杀罪并入狱。奥尔菲拉还完成了许多历史性实验，比如他通过实验证明，从精斑中不可能提取到完整无损的精子，而显微镜检测是鉴定精细胞的最佳方式。

为建立可供个体识别的罪犯档案，法国人阿方斯·贝蒂荣（Alphonse Bertillon，1853~1914）发明了一种先进的测量系统。贝蒂荣的系统催生了“人体测量学”，我将它看作测定人体、人体局部和功能容量的科学，但它很快就被指纹技术和其他技术替代。[2]探求可用于人身识别之特征的早期尝试为今日之技术和成就奠定了基础，它们都服务于同一个目的：科学认定人的真正身份。

早在19世纪70年代，威廉·赫舍尔（William Herschel）和亨利·福尔茨（Henry Faulds）就已经把指纹用于个体识别。威廉·赫舍尔是英国驻印度的一名文官，而亨利·福尔茨则是在日本工作的一名苏格兰医生。不过，最早公开提出要把指纹用作人身识别工具的一种方法的是一个名叫托马斯·泰勒（Thomas Taylor）的美国人，他是位于华盛顿特区（Washington D. C）的美国农业部的显微镜技术员。泰勒的主张发表于1877年7月出版的《美国显微镜学杂志》（*American Journal of Microscopy*）。1894年，著名的美国作家马克·吐温（Mark Twain）出版中篇小说《傻瓜威尔逊》（*Pudd'n head Wilson*），书中讲述了一个用指纹证据侦破杀人案的故事。数年后，另一位英国驻印度文官——爱德华·亨利（Edward Henry）——发明了世界上首套指纹分类系统，自此可以对个体指纹进行分类编目和轻松检索。与此同时，奥地利（Austria）的汉斯·格罗斯（Hans Gross）在书中描述了他所预见到的一个新领域，即犯罪侦查学（Criminalistics）。*但他仅把想法写在书中，并未在该领域进行实际应用。进入

---

* 汉斯·格罗斯为其《司法检验官手册》一书第三版的书名添加了一个副标题“system für kriminalistiks”（侦查学体系），主要用来指代研究侦查的技术方法和措施方法的科学。“kriminalistiks”就是人们在一般意义上所说的“侦查学”，该词很快被其他许多国家沿用，其英文对应词为“criminalistics”。不过，随着学科的发展，英语中的该词意蕴

20世纪后，法国巴黎的维克托·巴尔萨德（Victor Balthazard）和艾德蒙·罗卡（Edmond Locard）继续推进了格罗斯的理论。巴尔萨德是巴黎市的法医官，他深入研究了指纹类别、子弹比较、动物毛发和血迹形态等领域。罗卡则于1910年在里昂创（Lyons）办了第一家警察犯罪实验室，他因所提出的一项原理——任何两个物体表面接触时都会留下微量物证——而闻名。这一原理就是今天所说的“罗卡定律”（Locard Exchange Principle）。

1907年，奥古斯特·沃尔默（August Vollmer）担任加利福尼亚州伯克利警察局局长。他在任内曾请求加利福尼亚大学的化学教授帮助认定一名嫌疑犯。这项证据当时已提交陪审团，但后来因其在实验室鉴定之前处理不当而被排除。沃尔默于是为该类证据的处理制定了更为清晰和详细的控制程序，并竭尽全力培训其职员使用这些程序。沃尔默之后又担任洛杉矶警察局局长一年，负责为该局建立一个犯罪实验室，其他人也纷纷跟进。最后英国作家阿瑟·柯南·道尔（Arthur Conan Doyle）激发了公众对应用科学侦破犯罪的兴趣。通过其塑造的英雄人物夏洛克·福尔摩斯及其老友华生，他告诉和鼓励全世界观众关注法庭科学在侦查过程和解决犯罪方面的价值，对法庭科学的发展作出了杰出贡献。

希望能够通过对早期法庭科学发展历程的简要回顾，增强读者对本书所讲述的五起案件的兴趣。如今，犯罪学和法庭科学不断发展，许多新的学科都可以应用于犯罪侦查活动。本书将在叙述五起案件时综合呈现法庭科学的诸多领域。为方便读者阅读，每起案件都分解成事实、本案的侦查、本案的法庭诉讼与审判以及对用于解决该案之法庭科学的深入分析等几个部分。对于未直接卷入本案的人，我们尽可能使用化名。（我相信，在这里，极少便是极好。）我将在化名后加注“*”以示区别。

（接上页）已经发生变化，大致相当于我国的“物证技术学”（司法鉴定学），基本上是一门纯技术学科。——译者注

透过不同的事实、侦查过程和法律处置，这五起案件均为我们提供了研究法庭科学调查之特定领域以及法庭科学工作与刑事司法系统的其他领域如何衔接的机会。在这些案件中，任何人都不能独立完成抓获罪犯并成功将其诉至法院接受审判的任务，众人合作努力之整体效果要远远大于个体努力的简单相加。刑事司法系统就应当这样运作，而我很荣幸曾经是这五部人生大剧的参与者之一。接下来，我就为大家展现这些案件。

CONTENTS

目 录

总　序 …… 1

代　序 …… 3

前　言 …… 7

第一章　马西森谋杀案 …… 1

第二章　碎木机谋杀案 …… 46

第三章　O. J. 辛普森案 …… 141

第四章　谢尔曼案 …… 212

第五章　麦克阿瑟案 …… 248

注　释 …… 279

参考文献 …… 282

后　记 …… 284

译后记 …… 287

第一章

马西森谋杀案

耶和华对该隐说，你兄弟亚伯在哪里？……耶和华说，你做了什么事呢？在你兄弟的血中有声音从地里向我哀告。

——《创世纪》4：9~10

人类既复杂又简单。在我们的一生中，目标和理想可能会变，但本性不变。如果我们能严格控制自己的欲望，在欲望和可以获得的好的东西之间达成平衡，即便身上仍然怀有那些相互冲突的需求，我们也能过上一种道德生活。不幸的是，并非所有人都遵守这些正确的原则。

在本章中，我们将讲述一个名叫肯尼思·马西森（Kenneth Mathison）的男子的故事，他曾经赢得过希洛（Hilo）警察局广大警员发自内心的尊重。本案发生在热带风光醉人的夏威夷。故事的背景是：已经在希洛警队工作长达25年的马西森中士走到了人生的十字路口。通过果断决定和一些运气，再加上工作勤奋，马西森即将迈入岛内房地产行业成功人士之列。他的妻子伊冯娜·马西森（Yvonne Mathison）深爱着自己的丈夫和两个孩子。伊冯娜是夏威夷大岛（Big Island）希洛医疗中心（Hilo Medical Center）的产科护士，深受人们敬重。然而，这对充满活力的夫妻之间的关系马上就会变得非常紧张，因为马西森正面临一场针对他的生父确认诉讼，并且他为打造自己的房地产王国背负了沉重的债务。

马西森案照亮了另一个隐藏在阴暗角落的问题：能否期待警察们详细调查警队的成员，特别是当被调查者名声很好，而且还和调查他的许多警察当过同事的时候？能否回答好这个问题，是警方能否成功侦查的关键所在。任何侦查活动的唯一目的都必须而且永远是查明真相。不管证据线索指向何处，不管最终认定应当由谁来承担违法责任，侦查的结局都要回到同一个目标：真相。

本案事实

1992 年 11 月 27 日，即星期五的晚上，感恩节刚过，一场大暴雨袭击了夏威夷群岛希洛地区的山地。当晚，伊冯娜·马西森和肯尼思·马西森驾驶自家一辆 1988 年产的棕褐色福特厢式货车，沿 131 号公路（即火山公路，Volcano Highway）前行。肯尼思·马西森中士是希洛警队的警察，经验丰富，广受同事好评。他还年轻，在其妻子生命中的最后一晚，他也才 42 岁。伊冯娜·马西森是受人尊敬的希洛医疗中心产科护士，育有一儿一女。女儿蒂娜·玛丽（Tina Marie）是其与前夫所生，儿子迈克尔（Michael）是其与马西森所生。伊冯娜比丈夫大 10 岁。

肯尼思·马西森警官还是一位非常成功的商人，资产总计 160 万美元。他警察生涯的最初阶段，是在岛内缉毒队从事卧底侦查工作，并打出了职业声望。看到马西森的事业成功的同时，也必须注意到，他和一位合伙人合开的一家小型购物中心还欠着 80 万美元的债。马西森最近也为自己和妻子购买了一堆的人寿保险、意外死亡险和不动产抵押借款保险。保单关于保险金的规定是：如果伊冯娜·马西森死了，她的丈夫可以得到 40 万美元；如果她死于意外事故，他将得到 595 000 美元；如果她死于汽车类事故，他将得到675 000美元。肯尼思·马西森本人的两份保单的保险金总额累计达 70 万美元。

马西森夫妇俩的关系波澜起伏。俩人结婚、离婚又复婚。他们的第一次婚姻在数年前以离婚告终。1992 年的感恩节周末，第二次结合在一起的两人再度迎来暴风雨般的时刻。此前的 10 月份，马西森已经成为一起生父确认诉讼的被告。据肯尼思·马西森说，由于他又将成为另一起生父确认诉讼的当事人，因而在感恩节周末的这个星期五晚上，当太平洋的暴雨倾盆而下时，他打算把消息告知正要参加期待已久的假日旅行的妻子。

根据肯尼思·马西森的陈述，大约晚上 8 点 40 分，他把这个令人震惊的消息告诉妻子后，她的脸倏地"变白了"。正在驾车的伊冯娜·马西森从车上跳了下去，他明白她的意图时为时已晚。他说，当一阵冷风吹进车里时，他才意识到妻子的疯狂举动。他随即艰难移到驾驶位，重新控制了汽车。

比尔·麦圭尔（Bill McGuire）和在夏威夷普纳地产公司（Hawaiian Acres in Puna）工作的妻子吉塞拉·麦圭尔（Gisela McGuire）称，当晚他们确实在火山公路看见车前方有一位妇女在雨中跳了出来。比尔是一名退休卡车司机，当时他驾驶自家的吉普皮卡，载着妻子和他们 12 岁的儿子，正驶近火山公路的山景城（Mountain View）路段。跳到路上的女子自公路边树林外突然进入他的视线，甚至还冲入了希洛边线的行车道。比尔的皮卡差点就撞上了她。这对夫妇说，事发突然，特别是太平洋风暴让这个雨夜变得尤其漆黑，因此他们只有一两秒钟时间作出反应。

比尔·麦圭尔后来回忆："她故意跳到我的正前方，还往回折返，似乎特意想要受到伤害。如果晚0.1秒（打方向盘），我就撞上她了。"麦圭尔夫妇还说："这位女子有着黑头发，应当是白人。"后来向其出示伊冯娜·马西森照片时，比尔说，那名女子看起来"基本上就是伊冯娜·马西森"。比尔认为这名女子似乎有意想要受到伤害，后来问比尔这句话是什么意思时，他称这名女子的行为是一种不计后果的自毁行为。他说，这名女子"举止不正常"，而且"她走路的样子似乎也不正常"。

警察问他，当晚在风雨交加的高速公路上看见的那名女子是不是"东倒西歪的"？比尔·麦圭尔的回答是，"基本上是，差不多吧"。吉塞拉·麦圭尔回忆称，那名女子看起来"分不清东南西北"。她说，她记得这名女子身穿浅颜色衣服。躲过这场奇特的险情后，麦圭尔一家继续前往他们的目的地——希洛的库比奥购物中心(Kubio Mall)，正好在晚上9点之前赶到。

其他数名途经者也报告了在火山公路的"奇遇"。"奇遇"地点非常接近该公路山景城15英里标记牌处。苏珊·阿尔贝因（Susan Albein）当时正行驶在这条公路上，她惊奇地看见有个男子正在车里面搬动一个像是备用轮胎的东西。她想，这个人要换掉瘪了的轮胎，可能需要帮助。但她没敢停车，因为那个人看起来很生气，而自己车上只有年幼的儿子随行。从他车侧经过时，她看到车里面还有一名穿紫色衣服的女子。另一位司机罗亚进（Roy Ah Chin）则说，当他停车问要不要帮助时，这名男子拿手电筒照他的眼睛，让他目眩眼花，并且还告诉他，没人受伤，不需要帮忙。

具有讽刺意味的是，有一部路过车辆上的两名乘客都可以用极为专业的语言补充这个黑夜里发生的可怕事实，而这两位目击证人都是经验丰富的警察。道格拉斯·吉布（Douglas Gibb）曾担任火奴鲁鲁（Honolulu）警察局长，从警队退休后的5年内成了夏威夷第一银行（the First Bank of Hawaii）的安全主管。伯纳德·钦（Bernard Ching）也是火奴鲁鲁警察局的退休警察，现为夏威夷西尔斯（Sears in Hawaii）公司的保安经理。当晚，两人由道格拉斯·吉布开车前往道格拉斯·吉布的度假屋。大约晚上9点30分，两位退休警察目睹一辆棕褐色厢式货车停在路边，车后排有名男子抱着一名女子，前后摇晃她。这辆车停的方向不对，驾驶位一侧呈45度角斜向一片灌木丛。吉布回忆，当他驶近现场时，还能看到这辆汽车的前灯，但当他靠得更近些时，两盏前灯突然灭了。因为不用在雨中掌控车辆，伯纳德·钦对这一离奇事件看得更清楚些。他看见这辆反方向的汽车向上平对着路堤和路边灌木丛。当驶过这辆厢式货车时，伯纳德·钦对道格拉斯·吉布说："这是起一号事件（Code 1）。""一号事件"是警察指代交通事故的"行话"。伯纳德·钦认为他看见了出事货车所停靠车道的上方不远处的一栋房子里的灯光，而且这起事故似乎已经得到控制。伯纳德·钦于是告诉吉布不用停车，因为"那儿有人帮忙"。后来证实，伯纳德·钦看错了，那处高地上并没有房子。

大约也是这个时候，莎伦·福赛思（Sharon Forsythe）和丈夫驶过火山公路的这段路，一名男子在倾盆大雨中迎面走来。这名后来被证实是马西森中士的男子站在乘客位一侧窗外，请求夫妇俩帮忙打电话给警察。马西森后来解释称，他没带警用无线电，没法亲自呼叫支援。福赛思夫妇直接把车开到山景城的一家商店，在那里打电话报警。调度员告诉他们，这起事故之前已经有人报过警了。首个911报警电话应当是罗亚进打的，这位司机曾经停在现场，询问那名男子是否需要帮忙。罗亚进称，那名男子两次告诉他，没人受伤，不需要帮忙。尽管如此，数分钟后回到家中的罗亚进还是拨打了报警电话。

打完电话的福赛思夫妇又回到了现场，并安放了一盏警示灯。

此时，莎伦·福赛思看了看箱式货车的后排，看到有血顺着一只胳膊往下流，有人抱着另一个人的身体。她后来回忆称：“他（她之前看到过的那个人）正在摇晃她。”警察抵达现场后福赛思夫妇才离开，但没人问他们的姓名，也没人给他们做笔录。莎伦·福赛思说，在这起奇怪的事件中，她成了个“爱管闲事”的人，一直在想是什么原因造成了如此严重的伤害。为此，她曾四处查看，想多了解些情况。

救援队伍随后迅速赶到，急救员达仁·罗萨里奥（Daren Rosario）是首批抵达现场的人员之一。他说，肯尼思·马西森当时正在哭泣。罗萨里奥对伊冯娜·马西森进行了简单检查，确认其已死亡。罗萨里奥称，当他将结果告知马西森时，这位警察中士近乎发狂。罗萨里奥回忆，自己没有预料到伊冯娜·马西森的伤会严重到致命的程度，因为他抵达现场时发现那辆厢式货车没什么破损。之后，急救员们用绳子缚住伊冯娜·马西森的两只胳膊，把她抬上救护车，送往希洛医疗中心。

希洛警察局的理查德·舍洛克（Richard Sherlock）警官是抵达现场的首位警察。这一系列事件的另一个具有讽刺意味的曲折之处在于，人们后来发现，舍洛克警官与马西森夫妻俩私交都很好。1992 年 8 月，舍洛克第一次见到伊冯娜·马西森，当时他的妻子正在希洛医疗中心生孩子，而伊冯娜·马西森是负责的产科护士。舍洛克说，“她帮了我们很多忙”。称职的伊冯娜·马西森对待他们夫妻俩非常热心，他对此印象极为深刻。舍洛克熟悉而且很敬重肯尼思·马西森。舍洛克刚加入警队时，曾在普纳接受了肯尼思·马西森一整年的指导。舍洛克说，他刚往那辆车里看时就发现，肯尼思·马西森怀抱着浑身是血的妻子坐在车后排，当时伊冯娜·马西森身上还裹着毛毯。

和舍洛克一同抵达现场的还有希洛警察局的马丁·埃拉扎尔（Martin Ellazar）警官。他说，肯尼思·马西森和伊冯娜·马西森在车里，身上“有很多血”。他也记得在车后排看到了伊冯娜·马西森“严重受损的眼镜”。眼镜的一块镜片掉在了车前部乘客位的座位底下。警方侦查人员还发现，伊冯娜·马西森的“精工牌”（Seiko）手表悬挂在方向盘轴左侧的转向灯开关上，损坏严重。手表的状况首先证明，其与水泥地或其他非常坚硬的表面有过摩擦，形成了“有力的接触”。后来，FBI（美国联邦调查局，以下简称 FBI）刑事实验室出具的报告指出，这块“精工牌”手表毁损时与伊冯娜·马西森头部距离很近，因为在它破裂的表盘玻璃中间嵌入了她的断发。奇怪的是，这块破损的表上的时间和日期都是歪歪斜斜的，分别显示着 8 点 56 分、星期六和 11 月 26 日。

肯尼思·马西森开始与医护人员、警察及其他陆续抵达现场的人说话。他的表现非常情绪化。他解释称，是家庭纠纷促使伊冯娜·马西森做出了疯狂举动并导致了她的死亡。他的妻子跳入茫茫黑夜，而他被迫掉转车头，不顾一切地搜寻妻子。他在这个漆黑雨夜做出的这种反应，使他意外撞上了伊冯娜·马西森，对她所造成的伤害致其死亡。

肯尼思·马西森说，他在掉转车头逆行时处于极度慌乱状态，还把车开进了泥泞的沟渠里和路堤上。之后他看见妻子躺在公路一条车道的下方，并且马上意识到她受了重伤。与其所受过的警察急救培训（标准程序是：尽可能不要移动颈部、头部或背部可能受伤的被害人）相反的是，马西森抱起妻子，试图从车后排重新上车，但发现后门锁住了。于是他又从驾驶位很顺利地上了车。他的陈述与目击证人所言极不相符。根据目击证人的说法，这辆车驾驶位一侧平对着路堤和灌木丛，形成 45 度斜角。马西森说，他接下来想把车开出沟渠，然后去寻求帮助，但没有成功。这位经验丰富的警察之后试图将妻子从前排移到后座，但也没办到。他说，他随即把妻子身体移出车外，将她放在地上，打开车后门，再从后门把她移入车内。马西森说，在试图再次发动汽车以驱车寻求帮助之前，他在伊冯娜·马西森身上缠了一条15英尺长的黄色犯罪现场警戒线，目的是固定住她的身体。据马西森所言，他还是没能成功返回公路，只得回到车后排。最后人们看见他在那儿哭泣，不停摇晃怀里的妻子。

马西森告诉侦查人员，星期五早些时候，他和妻子驾车赶往位于普纳的岳父母家，把自己公司里的建筑材料送一些给他们。返家路上遭遇暴风雨，他们决定暂避一时，就在火山地（Volcano）地区住一晚，之后事情就变成这样了。

伊冯娜·马西森的尸体当晚被送到希洛医疗中心，很快就完成了尸检。根据肯尼思·马西森的要求，他妻子的遗体随即被火化。尸检由希洛医疗中心的首席病理学家查尔斯·莱因霍尔德（Charles Reinhold）博士执行。伊冯娜·马西森身上伤口众多，其中包括颌部的严重破损、左手两根手指折断以及头部和胳膊的多处创伤，此外还有许多其他类型的击打痕迹。莱因霍尔德博士也注意到她两只胳膊上的多处擦伤，这极有可能是绳子造成的，但与急救员们绑在她胳膊上的医用绳索留下的痕迹有着明显区别。根据警方报告提供的信息和伊冯娜·马西森身上发现的创伤，伊冯娜·马西森的死因被排除是意外事故。

劳里·拉克尔（Laurie Raquel）是马西森夫妇在希洛的邻居，她看见这对夫妇在一个月以前曾爆发过一次暴风骤雨似的冲突。这次可怕的“战斗”也是发生在一个下雨的夜晚，两口子甚至闹到了屋外，大部分争吵都在拉克尔家门口上演。伊冯娜·马西森死后的几个星期里，他们的邻居陆续被希洛警方侦查人员问话，但没人问劳里·拉克尔。她后来对其他人说，甚至在马西森夫妇吵架那晚，她报警之后，“事件发生过程中或之后，都没有人来”。

我们似乎高兴得有些太早了。仅仅提到一点就够了，1993 年 1 月，希洛警方完成了对 1992 年 11 月 27 日所发生之事的侦查工作，并将结论提交检察官办事处。他们的建议是，对于伊冯娜·马西森的死，应以三级过失杀人罪——这是像违章驾驶一样的轻罪——起诉。

本案的侦查

在 1992 年的圣诞季转入 1993 年 1 月时，希洛警方公开宣布以交通犯罪中的轻罪指控马西森中士。伊冯娜·马西森死得如此蹊跷和不是时候，不止劳里·拉克尔一人对警方狭隘的侦查视野表示不满，媒体和一些有影响力的人也开始出来说话，他们质疑警方包庇嫌疑犯，干扰了这起杀人案件的侦查。来自公众的压力日益攀升，人们要求警方彻查 1992 年感恩节后的那个星期五发生在伊冯娜·马西森身上的事件真相。希洛警方的侦探更是遭受指责，有人怀疑，他们为了保护身为他们中一员的同事肯尼思·马西森，而想要掩盖这起极其可疑之案件的一些事实。

1993 年 1 月 15 日，县检察官办事处的助理地区检察官库尔特·W. 斯庞（Kurt W. Spohn）要求希洛警方对马西森案做进一步调查。斯庞还特别要求向我咨询与车内发现的血迹证据相关的问题。媒体旋即捕捉到了这一变化，本案成了头条新闻。库尔特·W. 斯庞指出，提出前述要求的原因在于，“本案的矛盾之处”让他本人和检方调查人员怀疑，实际发生的事实远比警方公布的更多，可能足以提出比轻罪严重得多的指控。

弗朗西斯·罗迪利亚（Francis Rodillas）中尉和保罗·费雷拉（Paul Ferreira）侦探两人也在警方派去对本案做进一步深入调查的侦查人员之列。罗迪利亚和费雷拉以及他们的同事对伊冯娜·马西森一案的证据进行了更加客观的审查。1993 年 3 月 11 日，费雷拉首次打电话到我位于梅里登的康涅狄格州法庭科学实验室的办公室。

我办公室的状况深刻反映了法庭科学从业者的工作现状。三排书架堆满了请求我协助办理的案件的卷宗。如果书桌凌乱说明使用者水平高，那我必能位列其中。书桌后面有一台电脑，我用它来做任何能做的事，从编制进度到研究案件重建的方法。除电脑外，我还被大量中间混有纪念品、奖章和徽章的犯罪现场照片包围。来自世界各地的警察局长们给我寄来各种纪念品。我的日常工作就像我的书桌一样拥挤。平日里，我有许多工作组会议要参加，有大量犯罪现场要勘查，甚至连一日三餐也不安生，经常获邀在宴会上演讲。我是许多国家和地区的警务顾问或咨询专家，经常与 FBI 和地方警察部门的探员们携手工作。我时不时还得准备接待来自新加坡、英格兰或邻近司法管辖区的警方官员。

那天，保罗·费雷拉从希洛第一次打电话给我。他说，他们发现物证中存在“矛盾之处”，让他及同事们相信这是桩谋杀案。这种求助电话对我来说稀松平常，每周我都要接到数百个来自国内外的电话，请求我协助调查案件。受制于时间和资源，很久以前我就已经决定，必须经过非常慎重的考虑才能答应在何时及何地为其他执法部门在他们的调查中提供切实帮助。我把这一点对保罗·费雷拉说了，同时由于对该案所知甚少，我只能很遗憾地告诉他，有数百起大案的调查工作正等着我去做，我“太忙了”，没法为他提供帮助。我建议他联系火奴鲁鲁的首席法医官阿尔文·奥莫瑞（Alvin Omori）博士或当地的其他法庭科学专家。保罗·费雷拉很会说服人，他的执着改变了我的想法。于是我要求看一些他和其他侦查人员拍摄的现场照片。我提醒他，不必寄完整的卷宗，只需要一些经过挑选的照片以及描述了那些“矛盾之处”的侦查报告。不过，当我挂上电话，浏览了一下我那天的日程表时，我确信我有十之八九不会跟进马西森案。

我已经在前面强调过，法庭科学专业领域的一条铁律就是，调查人员必须对所有科学证据保持开放的头脑，必须做到冷静和尽可能的全面客观。为此，当收到保罗·费雷拉寄来的侦查报告、尸检报告和一系列犯罪现场照片并对其进行认真研究后，我马上就明白了：本案事实远比马西森中士所交代的更复杂。从马西森的福特厢式货车内部拍摄的血迹照片更是证实了这一点。因此，在 3 月 21 日，我给保罗·费雷拉回信。我指出，肯尼思·马西森在其妻子死亡当晚对初抵现场的警察所作的陈述，与现场血迹形态所证实之内容严重不符。我在信中表示，我"同意"保罗·费雷拉对这些问题的看法。此刻我有了一种与十天前保罗·费雷拉打电话给我时截然不同的想法，即我想对本案做大量更加全面的研究。

保罗·费雷拉起初寄给我的照片共有 200 张，其中有 175 张均由希洛警察局警员在 3 个月时间内拍摄，另外 25 张是在希洛医疗中心拍摄的尸检照片。最前面 14 张是希洛警察局的史蒂夫·吉利尔莫（Steve Guillermo）侦探于伊冯娜·马西森死亡当晚拍摄的。吉利尔莫侦探所摄的多数照片反映的都是马西森厢式货车不同角度的外观，仅有 6 张照片呈现了车内不同位置发现的血迹。由于这 6 张照片拍摄地点离车较远，因而没法通过它们对血迹形态作详细分析。

另有一些照片由史蒂夫·吉列尔莫和拉里·韦伯（Larry Webber）警官共同拍摄。拉里·韦伯也在第一批到达现场的人员之列。马丁·埃拉扎尔在伊冯娜·马西森死亡一周后受指派加入本案侦查。他于 12 月 9 日至 12 日对厢式货车进行了搜查，并拍摄了照片。埃拉扎尔在提供犯罪现场文件这一工作上做得很好，他这组共 11 张照片从更近距离显示出车内的血迹，这对我非常有用。在车后部的载货区、中部操作台、车篷顶灯附近、速度计的塑料盖、方向盘和驾驶位一侧的门窗上，都可以看到明显的血迹。其中一些血迹是接触后转移痕迹，例如带血的头发或衣服擦过某个物体表面。还有一些似乎是中速撞击喷溅血迹，亦即血液事实上是在喷溅时因撞击力作用而从源点经空中飞至接收面的。我马上在家中的实验室里验看这些照片，一直工作到午夜。我闭上眼睛，而大脑则开始翻江倒海地思考着各种可能性。马西森中士对事件的任何一种说法，都不能解释这些被照片记录在案的车内血迹类型。

接下来的一组 32 张照片是保罗·费雷拉于 2 月 23 日拍摄的。这是他取得第二份针对这辆厢式货车的搜查令后拍摄的。库尔特·W. 斯庞检察官做事非常谨慎，当他认为这辆车的监管环节存在问题时，更是坚持要求对厢式货车进行第二次搜查。这些照片中除 3 张车辆外观的照片外，其他照片中都有引人注目的血迹证据。这些照片可以被分成以下四组：

马西森车内备用轮胎上发现的中速撞击血迹和血污

1. 载货区的侧板（drywall panel）和备用轮胎上有血样痕迹，其中包括低速被动血滴，亦即血液基于重力作用从高处往下滴落形成的痕迹。此外，还有大量接触型血迹和中速抛甩血迹（medium-velocity, cast-off blood spatter)，后者即带血物体的运动致使血液被抛甩出去并落在特定物体表面所形成的血迹。

2. 车篷顶灯附近、防晒板、方向盘和驾驶位上发现了接触后转移血迹。其中有些显然属于头发猛然接触这些表面后产生的转移血迹。

3. 驾驶位一侧的车门内侧、窗内侧和门框部位均有血迹。这些血迹主要是接触后滴落血迹，亦即血液从血源滴落至这些表面所形成的血迹。这一区域还有一些中速撞击血迹，表明有外力导致血液自血源朝特定方向运动。

4. 仪表盘塑料盖上的血迹是中速撞击血迹。这些血迹可能就是中速的外部撞击力所致。

两天后，保罗·费雷拉又拍摄了87张照片。这些照片也可以被分成四组：

1. 22张汽车外部照片。这些照片表明，汽车的保险杠距离地面的高度约为14英寸。

2. 31张汽车内部照片。这些照片与其2月23日拍摄的血迹照片或多或少有些重复。

3. 26张车盘照片。在乘客位一侧车盘发现数处血迹和疑似人体组织的物质。车盘最低处与地面的距离大概在10~14英寸。

4. 8张希洛警察局扣押证据的照片，其中包括衣服和其他物品。

最后是查尔斯·莱因霍尔德博士在希洛医疗中心拍摄的25张尸检照片。这些照片呈现了被害人的面部损伤、左胸部的疑似轮胎印以及左手、左胳膊和头部的其他明显损伤。

此刻，马西森案的侦查工作正在不断推进，那些暗示希洛警察局的警官们怠于履行职责甚至阻碍调查的说法完全可以消停了。实际上，希洛警方把涉案车停放在一个非常安全的地点，车内所有血液证据的保存工作也做得非常出色。他们确保了无人能够靠近这辆车并移走包括这些对被告人不利的血迹在内的任何物证。遗憾的是，照片是对事物的二维反应，不能对犯罪现场和证据进行三维展示。照片的价值很高，但它仅能提供经过选择的内容。因此，我只能在照相机和照相者视觉的限制范围内研究犯罪现场。研究完这些照片后，我的心如明镜般透亮，我意识到我得去趟夏威夷做更深入的调查。但我能抽出的最早周末时间是第二年（1993 年）春天的 3 月 13 日。我必须等到那时，才能对那辆厢式货车和希洛警方侦探收集的其他证据进行近距离观察。

与此同时，警方开始着手其他调查工作，这些工作为这起复杂案件结出了丰硕成果。目击证人劳里·拉克尔证实了一项基础事实，即伊冯娜·马西森和肯尼思·马西森的婚姻关系非常紧张。尽管拉克尔从未被传唤或询问过，但这一陈述仍将发挥作用。

伊冯娜·马西森死在自家厢式货车一个月之前，她和丈夫在一个下着大暴雨的夜晚发生了激烈的争吵，并且演变成动静很大且失控的打斗。当伊冯娜从丈夫身边逃开、冲到街上时，这场争吵进入高潮。马西森开着家里的一辆车，沿着雨水冲刷的街道追赶妻子。这条街道就在劳里·拉克尔家大门口。马西森的车“滑行”在他妻子身后，这种追赶方式让劳里·拉克尔心惊肉跳。她后来称，“他差点就直接撞上她了，就在我家大门口”。肯尼思·马西森最后把车停在妻子身旁，对妻子大声吼道，“滚上车来”。尽管劳里·拉克尔知道肯尼思·马西森在警队工作，但眼前这一幕还是让她深感不安，她最终选择了报警。实际上，肯尼思·马西森在希洛警察局颇有影响力，这或许也让其他目击证人打消了站出来的勇气。但是，肯尼思·马西森的防线已经开始崩塌了。

库尔特·W. 斯庞受理本案时还在夏威夷县检察官办事处工作。1993 年 10 月底，他获邀调入夏威夷州检察院（the attorney general's office for the state of Hawaii)。夏威夷县检察官和州检察长都认为，本案若由库尔特·W. 斯庞继续办理，效果会更好，这个决定让本案的调查保持了延续性。通过以上安排和努力，县侦探和州检察院的检察官们找到了肯尼思·马西森暴虐妻子的更多证据。与肯尼思·马西森离婚后，伊冯娜·马西森在希洛库列伊大道（Kuulei Street）买了一套独享产权的房子。复婚后，肯尼思·马西森以自己的名义为该房重新申请贷款，用100%的产权抵押获得14万美元，这件事引起了调查人员的重视。

现任州检察长助理的库尔特·W. 斯庞不愧是被精挑心选出来的人才，由他领导这场知名度颇高的控诉再合适不过了。库尔特·W. 斯庞毕业于耶鲁大学，行事一丝不苟，是一名杰出的律师。在库尔特·W. 斯庞的支持下，乔治·克鲁泽（George Kruse）担任了首席州调查员（chief state investigator）的职务。检察官们有充分的理由去关注肯尼思·马西森仍在希洛警察机构继续任职的事实。后来证实，肯尼思·马西森曾和至少两名本案证人有过某种形式的接触。

1993年春，FBI法庭科学实验室对那根附有大量人发的15英尺长黄色尼龙绳（这种绳子也经常用在小船上）进行了分析。FBI实验室的科学家们发现，已经嵌入绳子中的大量头发都是伊冯娜·马西森的。根据FBI的报告，几乎所有头发都是从中间被扯断，而非从伊冯娜·马西森头部连根拔起。FBI的科学家们认定，这表明当绳子缠上伊冯娜·马西森的头发时，它“绷得非常紧”。这些断发与遗体火化前尸检时取自伊冯娜·马西森的头发相匹配。FBI实验室的迈克尔·马隆（Michael Malone）特工发现，这些头发是被人强力拉紧绳子后扯断的。这个结论与肯尼思·马西森的表述不一致，他曾说当时想去寻求外援，捆绑的唯一目的是固定妻子的身体。

不过，肯尼思·马西森的父亲奥维尔·马西森（Orville Mathison）

牧师说，伊冯娜在死前一天要了一条那样的绳子。感恩节的上午，这家人把一辆摩托车装进那辆厢式货车的货舱，一些绳子卷到了伊冯娜的头发。但FBI的报告认定，伊冯娜的棕发遭受了足以形成断发的强力。

5月7日，我飞至夏威夷。我把原定的外出日程往后推了6天。从哈特福德（Hartford）起飞，经芝加哥中转，然后到夏威夷，最后来到希洛，这段旅程用了整整17个小时。保罗·费雷拉侦探在希洛机场等我，库尔特·W.斯庞还在火奴鲁鲁参加一个杀人案件培训班，而保罗·费雷拉则是从培训班中途回来的。后来，库尔特·W.斯庞告诉我，他曾向费雷拉询问我对厢式货车的调查进展情况，而费雷拉告诉他，在见到我后的几个小时里的所学胜过了那整整两周的培训班，这让我非常受用。由于这次培训班的缘故，我直到当年12月份为本案预审出庭作证时才见到斯庞本人。

尽管我多次去夏威夷办案和出庭作证，但却是第一次去希洛，以往我只在火奴鲁鲁停留。这些年来，我交了很多好朋友，包括前任地区检察官基思·金城（Keith Kaneshiro）和他的主要助手卡罗尔·须永（Carol Sunaga），刑事实验室前任主任吉尔伯特·张（Gilbert Chang）及现任主任乔安妮·弗鲁约（Joanne Fruyo），李·戈夫（Lee Goff）博士，首席法医官坎蒂·万古伦内尔（Kanti Von-Guluthner）博士，前任市长威尔森·沙利文（Wilson Sullivan），特蕾西·塔纳卡（Tracy Tanaka），火奴鲁鲁警察局的柯蒂斯·库博（Curtis Kubo），以及毛伊（Maui）警察局的布赖恩·卡亚（Brian Kaya）中士和约翰·威尔特（John Wilt）。妻子宋妙娟是我的忠实助手，我的大多数旅程都有她的陪伴。妙娟帮我把需要携带的各式设备打包。这些设备包括：激光灯、放大镜、显微镜、化学药剂以及试剂。

希洛所在的夏威夷大岛以其美丽与广袤征服了我。办完登记入住手续后，妙娟与我来到酒店房间。房间视线极好，正对着一个热带假山花园。我凭肉眼就能看到蓝绿色的太平洋，它催动着白色的浪花不断涌向我们窗下的黑色火山岩石。当我站在窗边，整个海湾地区尽收眼底，到处都是棕榈树和深蓝色的海水。如果不用考虑此行目的是帮助寻找造成一起非正常死亡悲剧的答案，这段日子真的可以让我心旷神怡。

第二天一大早，保罗·费雷拉和我就开始了工作，并确定了接下来数日的日程安排。我们首先要勘查犯罪现场。我们打算穿过整个路边犯罪现场以重建事件发生的可能顺序，之后准备勘验马西森的厢式货车，来搜寻证据和利用血迹证据进行重建。

车就停放在希洛警察局停车场。虽然外面生了很多锈，但它仍然完好无损。我带着相机和放大镜，对车进行了将近 10 个小时的勘验。我检查了货车外部的每一寸地方，但没有在车的表面发现任何

A view of Mathison's Ford van
in the Hilo police garage.

马西森的福特牌厢式货车，停放在希洛警察局停车场

新鲜的破损、可见血迹、疑似人体组织和毛发类物质。通常情况下，

对于车辆撞人的交通事故，我们可以看到车上有损伤，还能看到因撞击而形成的微量物质交换。只要确实是事故车辆，法庭科学家通常都能找到这些线索。我只在驾驶位一侧车门的外侧发现一处紫色的污渍，经化学检验排除了是血液的可能性，这处污渍可能来自于某种水果或者浆果。在驾驶位一侧的车门框的较低处还找到了一些已经干了的植物。

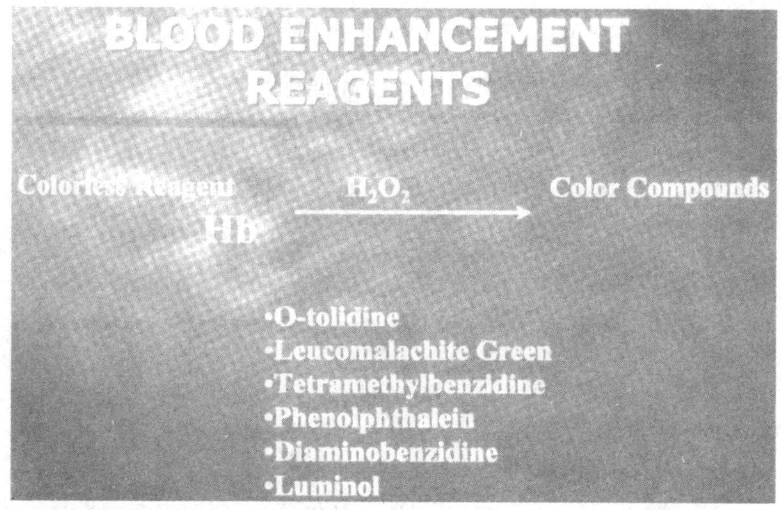

血液检测试剂

在妙娟、保罗·费雷拉和弗朗西斯·罗迪利亚的帮助下，我用千斤顶抬高了这辆车，以便检查底盘。我必须承认，每次钻到重型汽车底下，它就悬挂在我上面，我对此不是不害怕的。一旦开始工作，我就能把这种害怕抛在一边，但这次我却时刻都提心吊胆，担心警察局停车场这些已经老化生锈的设备突然脱落，然后车重重地砸在地面上。这是从事法庭科学工作要面临的风险。我躺在地上，迅速检查底盘。我发现并拍下了数处新近的破损痕迹。底盘破损处有一些接触型物质痕迹，后来被证实是人血。在乘客位一侧底盘下也找到了几处土渣、植物体和疑似头发的物体。这些证据在提取之前也对其进行了照相记录。对在轮轴和消声器处提取之物质的化学检验证明有血存在。乘客位一侧轮轴区发现有头发和纤维类物质，这些物质在被收集后被转送希洛警察局做进一步检测。

进入车内，挡风玻璃上的一处裂痕赫然在目。这处裂痕呈线状辐射形态，上面没有发现血迹或头发类物质。在驾驶位及其周围、驾驶位上方车篷位置和驾驶位一侧车门侧壁的数个地方发现了疑似血迹的红色污渍。这些污渍提取后经检测证实均为人血。

接下来，我们的检测转移至车内。我们从中前部的驾驶位与乘客位之间的区域开始对汽车内部进行检查。驾驶位后部一侧有一处血迹，5 英寸×3 英寸，属于接触后转移血迹。仪表盘前面的塑料盖上也有血迹，属于中速撞击喷溅血迹，即血源或原始出血点没有直接与该物体表面接触，但在力的作用下，血液被抛甩出去，血滴落在接收表面上。我们可以从血液喷溅的起点开始追踪其运动方向，也可以判断它在空中的路线。这些血滴自上方往下运动，以大约 10~20 度角斜击在塑料盖上。

我们继续检查了车篷部分，发现在驾驶位遮阳板上和车篷顶灯附近区域有大量血迹。遮阳板上的血迹为 5 英寸×3 英寸，是一种挥击转移血迹（transfer-swipe type of pattern）。以坐在驾驶位面向前看为参照系，挥击的方向是自右至左。经化学方法增强结果显示，这处痕迹很像是头发碰擦形成的。这个地方也有中速撞击喷溅血迹。车篷顶灯附近的血迹又长又硬。

马西森车内泥污下发现的血滴

这处血迹长11英寸，由4处独立但又相连的血迹构成。它也是典型的碰擦接触血迹。此处还发现并提取到了人的头发。经检测，这些头发被证实与伊冯娜·马西森的头发相似。车篷和驾驶位上发现的其他几处血迹也像是接触后转移血迹。

驾驶位一侧金属门框的中上部有几处疑似血迹。其中一处痕迹将近2英寸×3英寸，比较厚实，也很硬。这处痕迹是直接接触痕迹和转移痕迹的结合形态，它表明，血源体在某个时候与这处金属面直接接触，之后血源体离开金属面，从而在金属面上留下一处转移血迹。这处血迹上方的螺丝钉和螺帽上有几处物质疑似硬血痂（blood-like crust）。而且，此处也发现了人的头发及断发，我们同样对它们作了提取，以供进一步检验。

我们基本上是以分区搜查方法来检查这辆车的。也就是说，这辆车被分成几个区域，我们系统地搜索每一个区域并查找线索。不久后，我们在驾驶位一侧窗户的内侧面找到疑似血迹，大约由30处独立的小块血迹组成。这些血迹的直径大约为1~3毫米，血迹形态为中速撞击喷溅血迹。这一发现表明，当血迹形成时，驾驶位一侧的车窗处于升起状态。驾驶位一侧的车门有将近15处血迹，其中一些属于擦拭血迹（smear pattern），擦拭的方向是自右往左下方。其他血迹属于垂直滴落血迹，滴落时与车门表面形成大约10~20度锐角。

驾驶位一侧的车门框上也有血迹。其中，门框右上角有一处4英寸长的接触后转移血迹。门框左侧有一处2英寸宽、30英寸长的接触后滑落血迹，血流的方向明显是自上而下。

午餐后，我们把注意力转移到另一个区域——紧挨驾驶位车门的脚踏板。这里有干了的植物体、一枚烟蒂、疑似土渣物、疑似毛发物和喷溅血迹。喷溅血迹大约有20处，大约1~3毫米长。在警用光源的帮助下，我们在脚踏板角落的暗处发现一束毛发，约有20根。经显微镜检查，这些毛发与伊冯娜·马西森的头发相似。这些头发上凝结着疑似血痂。更重要的是，这些头发的末梢已经断裂。这说明，这些头发与伊冯娜头部分离时遭受了外部冲击力。

接下来检查的是方向盘和转向轴。我们发现，方向盘上的血迹属于多重沉积，也就是说，有些血迹叠加在其他血迹之上。前已述及，伊冯娜·马西森的手表挂在方向盘左侧的方向灯杠上。随后，在紧挨转向柱左侧的塑料盖上发现有血迹。我们又从转向柱转到里程表，在这里获得了惊人的发现。仪表盘盖的右侧有大约100处或者更多的血迹，均属于中速碰撞喷溅血迹，喷溅路线为自左上往右下，撞击仪表盘盖的角度为10~20度。这个发现证明，伊冯娜坐在驾驶位时曾遭钝器反复击打。

我们随后开始检查厢式货车的后部，在备用轮胎上及周边区域发现了大量血迹，大部分血迹都是接触后转移血迹。这一区域上方内壁发现一处不完整的血印。然而，这个血印并不是完全可见的。1976年，我担任纽黑文大学教授，和同事们一起研究了血印增强显现技术。我们发现，使用联邻甲苯胺（Ortho-Tolidine）这种化学制剂进行血印增强显现的效果很好。还原型联邻甲苯胺是无色的，但是当遇到亚铁血红素（附着在血红蛋白上的分子）和过氧化氢后，联邻甲苯胺会变成蓝色。于是，我们将这种化学试剂用于这处血痕所在的表面，结果在上方内壁上发现了两处接触型手印。两处手印都是沾满了血的手所留。从面向车后部的方向看去，左边那个手印显然是正在挥动的半握拳头所留，挥动的方向是自左向右、自上往下，呈45度角；右边那个手印是扭转运动留下的，方向也是自左向右、自上往下，此后又继续往下向左运动。这两枚手印说明，某人沾满了血的手曾接触这一个地方，因此形成了转移血迹。

马西森案中通过血液增强反应显现的手印

最后，我们在靠近汽车中部的车顶篷内侧发现了大量血迹——将近100处中速喷溅血迹。从面向车前方的方向看去，显然部分血迹是血液从右往左运动形成的，还有一部分血迹则是血液从车后部往前运动形成的。有些血迹可能是血液的抛甩型移动形成的，其他血迹则像是中速撞击喷溅血迹。

在这次调查过程中，我拍了66张照片，还做了许多笔记。当我工作时，保罗·费雷拉侦探和来自县检察官办事处的优秀调查员彼得·阿洛纳（Peter Alona）提供了大力帮助。在希洛花了大量时间后，我回到我的办公室并撰写了一份重建报告，附上这些照片和一份共有14个要点的证据摘要。在这份总结中，我明确指出，现场提取的血迹、毛发和纤维证据显示，被害人与乘客位下方的车盘显然有过接触，伊冯娜·马西森左胸部的疑似轮胎印进一步支持了这一判断。我提到，在伊冯娜的脸部及身体其他部位没有发现轮胎印痕。

根据尸检报告，有大量证据表明，“被害人下半身没有交通事故中常见的创伤类型，厢式货车的外部也没有发现任何损坏”。这也说明，伊冯娜·马西森被车撞上时并非处于站立姿势。火奴鲁鲁医疗中心的阿尔文·奥莫瑞博士在其提交的最终尸检报告中也认为，“在被害人头部发现的创伤也不是交通事故所能解释的”。

我在报告中提到了在仪表盘塑料盖上发现中速喷溅血迹，血迹的数量和分布状况证明，从驾驶员视角来看，血液是“在外力驱动下”，自左往右下方坠落的。我继续得出如下关键结论：“这些血迹可能是因被害人伤口的动脉或静脉崩裂而产生的。”交通事故同样无法解释这类血迹形态。我补充道，仪表盘塑料盖上的大量中速喷溅血迹表明，“是多次冲击力形成了这些血迹”。遮阳板和车篷靠近顶灯位置发现的头发碰擦形态的接触后转移血迹说明，“血源体曾与这个地方接触，导致血液发生转移。头发碰擦形态可能是沾了血的头发导致的。这处血迹也显示出其运动方向是自左至右，这与被害人被汽车撞到的说法也不一致”。

我接着提到，“窗框上方靠近螺帽处的厚硬块”说明，“血源体与这个地方之间存在重负载接点。这个地方发现的头发和疑似生物组织的物质表明，被害人的头部在某个时间点上曾碰撞过此处”。当然，我也提到，这些形态与“一起单纯的交通事故不相符”。我往下写道，“货舱顶篷和乘客位一侧靠近方向盘的内壁上发现有中速喷溅血迹。血迹形态、血量和分布状况说明，血源体在某个时间点上遭受多次中速冲击，由此形成了这些血迹”。

我最后指出，“在货舱乘客位一侧内壁发现”并做了增强显现的血印“表明，有人两次用血手自上朝下地接触了内壁表面”。分析完所有血迹和其他证据后，我把我的发现概括为以下两大要点：

1. 在乘客位一侧车盘上发现的血迹是血源体与车盘接触后

形成的接触后转移血迹。这可能是被害人在事故中被撞倒后形成的。

2. 车内血迹形态与交通事故中应出现的血迹形态不符。这些血迹是多次重击伊冯娜·马西森的左脸和头部所形成的。

1993年6月20日，我把报告寄给了希洛警察局的维克托·V. 维埃拉（Victor V. Vierra）局长以及州检察长助理库尔特·W. 斯庞。一线调查人员做了大量工作，对肯尼思·马西森中士极为不利的证据链正在不断地完善。1993年12月6日，警方拿到了对肯尼思·马西森的逮捕令，涉嫌罪名为一项二级谋杀罪和一项绑架罪。12月7日，肯尼思·马西森被捕，此时离伊冯娜的悲惨死亡已一年有余。维埃拉局长当天对肯尼思·马西森下达了强制休假令，而他的保释金被确定为105 000美元。他的父亲奥韦尔·马西森马上拿出了这笔钱，将其保释出狱。

12月16日，夏威夷地区法院法官威廉·奇林沃思（William Chillingworth）在其位于凯阿奥（Keaau）的法庭主持了为期4天的证据开示听证会。库尔特·W. 斯庞检察官提交了指控肯尼思·马西森的证据。当然，此案此时已经引起了媒体的广泛关注，来自美国大陆的一些媒体记者也前来报道这起诉讼。听证会共有18位证人出庭作证。乔治·克鲁泽把FBI实验室毛发专家迈克尔·马隆的证词纳入了卷宗之中。[1]包括我在内的数名控方专家证人出庭作证。听证会于12月21日结束，希洛警方也于当天正式解雇正在候审的马西森中士。[2]

差不多又过了两年，这起谋杀案才正式开庭审判。这段时间，包括辩护律师在内的辩方团队聚集在一起商讨对策，尤其想阻止我出庭作证。辩护律师们还提出了一项更改审判地点的动议，理由是本案吸引了太多媒体报道。辩方的两项努力均以失败告终。同样极具讽刺意味的是，这起悲惨案件的实际庭审于1995年的感恩节季进行，和1992年那场悲剧的发生处在同一时期。毋庸多言，我又不得不取消大量会议，推迟数个其他案件的出庭作证安排，打点行装重回夏威夷参与庭审。

马西森案的审判

肯尼思·马西森被控杀害妻子伊冯娜·马西森一案开始审判，地点就在格雷格·中村（Greg Nakamura）法官位于凯阿奥的法庭。这起谋杀案非常独特，它是夏威夷群岛历史上最具轰动效应的审判之一。陪审团由七男五女组成，五周之后他们将作出本案的最终裁决，到那时中村法官将不得不多叫来三名法警到场，以防出现意外。对于这次审判，被害人的家人、朋友和许多支持者都来了，包括伊冯娜·马西森的哥哥罗伯特·马丁（Robert Martin）和女儿蒂娜·玛丽·卡瓦格斯（Tina Marie Cawagas）。此外，肯尼思的父亲奥韦尔·马西森和一些朋友也在场。空气中弥漫着剑拔弩张的紧张气氛。

库尔特·W. 斯庞检察官成功地领导团队进行了为期近三年的追诉工作。除我的证言外，他还将提交世界闻名的法医遗传学家沃纳·斯皮茨（Werner Spitz）博士的专家证言，该博士来自密歇根州的韦恩县（Wayne County）。一家夏威夷报社称斯皮茨博士是“法庭遗传学领域圣经的作者”[3]。赫伯特·麦克唐纳（Herbert MacDonnell）是纽约康宁社区学院（Corning Community College）的教授和一家法庭科学实验室的主任，他也将作为控方证人出庭。稍后，我的血迹分析的可靠性将会遭到辩方专家证人汤姆·贝弗尔（Tom Bevel）的质疑，他是俄克拉荷马城（Oklahoma City）警察局的退休局长，曾是赫伯特·麦克唐纳的学生。当地媒体说，赫伯特·麦克唐纳被誉为

“现代血迹分析之父”[4]。赫伯特·麦克唐纳将会反驳汤姆·贝弗尔对我的质疑，他说我的专业水平是“无可怀疑的”，而且比辩方证人要高出很多。但主审法官限制了他的证言。库尔特·W. 斯庞后来告诉我，赫伯特·麦克唐纳原本准备支持我在本案中提出的所有结论。

库尔特·W. 斯庞检察官与我在夏威夷的法庭合影

辩方团队由迈克尔·韦特（Michael Weight）领衔。他来自火奴鲁鲁，是一位知名度很高而且受人尊敬的律师。辩方团队将汇聚和传召自己的专家证人，来反驳控方的诉讼主张。而且，辩方还联系了在国际上享有盛誉的纽约法医官迈克尔·巴登（Michael Baden）博士。不过，迈克尔·巴登博士告诉辩方，他在审查所有记录后，对我得出的事实和结论表示赞同，迈克尔·巴登因此在审判时未被传召为辩方证人。

审判时，关于我们收到多少好处的话题被大肆宣扬。实际情况是，当侦探费雷拉联系上我以及我首次近距离检查马西森厢式货车的内部后，我答应为控方作证的要求就是报销差旅费等业务开支。赫伯特·麦克唐纳的工作报酬总额为5000美元，再加上一些差旅费等开支。辩方的核心血迹专家汤姆·贝弗尔的报酬是每小时125美元，每天最高为1500美元，再报销一些差旅费等开支。赫伯特·麦克唐纳还自嘲说，为本案工作的另一个回报是，他可以远离自己的实验室三天。如果科学家忠实于其所允诺的专业服务，他因工作而获得多少报酬与此似乎毫不相干，不是吗？专家如同诚实的裁判，必须真诚地道出真相。

自伊冯娜·马西森于1992年11月底遇害后，本案的绝大部分事实都保持原样。但被告人关于那个周五晚上所发生之事的解释却出现了实质性的改变。与先前对首抵现场警官所作的陈述不同，肯尼思·马西森现在的说法是，他在火山公路冒着大雨驾车搜寻妻子时并没有撞到她。他现在想起来了，事情正好相反，他找到她时，她已经被另一辆车撞倒，司机肇事后逃逸。马西森坚称，他看见受到致命伤害的伊冯娜躺在车道底部，这条车道上方有栋房子亮着灯。道格拉斯·吉布局长和同伴伯纳德·钦就是看到这处房子以后才确信支援已在路上。以后的审判中，像这样的事情会更多。

库尔特·W. 斯庞力图证明，肯尼思·马西森用黄色尼龙长绳绑住妻子，然后将其击打致死。斯庞提交了肯尼思·马西森为伊冯娜购买的675 000美元人寿保险和他作为受益人、伊冯娜作为受害人的100万美元交通逃逸事故保险。斯庞还提到，肯尼思·马西森有经济困难，他和合伙人合开的购物中心欠款达80万美元。斯庞还集中火力攻击肯尼思·马西森的人品，说他是个“专业的说谎者”。斯庞以肯尼思·马西森所购人寿保险的政策为例——如果他不抽烟，那么将获得更高的赔率。肯尼思·马西森抽烟，但他在保险合同上签下了吸烟免责声明（即如果他吸烟，则保险公司可以不赔）。还有一个自相矛盾的例子：在先前的生父确认诉讼中，肯尼思·马西森最初说自己做过输精管切除手术，后来否认，最后又回到最初的说法，坚持称自己已经做了输精管切除手术。斯庞说，肯尼思·马西森早期在希洛警察局担任卧底缉毒警察时就已经学会了说谎的技术。肯尼思·马西森否认了这一指控，他说自己从未考虑过以撒谎来完成工作任务。

10月30日，我在审判开始不久即被传召出庭作证。为便于法官和陪审团理解我的观点，我在演示血迹科学时用上了红墨水，还出示了我们在车内发现血迹时拍摄的69张现场照片。斯庞检察官帮助我确定了我应提供的核心内容。我在作证过程中说，我们在马西森车内发现的血液证据及其形态是"撞击"形成的，是某人被他人用手或管子、手电筒之类的钝器击打导致的。这些血迹表明"车内发生了剧烈运动"。我在证言中着重强调了自己发现的车内六种主要血迹，列举如下：

1. 驾驶位一侧遮阳板上的"挥击"血迹表明，伊冯娜·马西森带血的头发"与该表面有过直接接触"。

2. 在驾驶位一侧车门上方的金属螺帽部分发现的头发和厚实的血痂表明，伊冯娜·马西森的头和脸直接撞在这个部位。

3. 在驾驶位一侧车门下方的脚踏板上发现一段绳子和一束末梢断裂的头发，这表明，这束头发被钝力从伊冯娜·马西森头部扯离，随后落到货车脚踏板处。

4. 在紧挨货车装货门的内壁上发现有血手印和血指纹，这表明，伊冯娜·马西森手曾顶着紧挨装货门的内壁，而且手上全是血。

5. 在仪表盘盖上发现有中速撞击喷溅血迹，这表明，被害人坐在货车驾驶位时遭遇了连续击打。

6. 货车后部底板有一处血液之上积有尘土，可以断定，血迹比尘土先存在于此处。总之，在接受交叉询问时，我表达了以下观点："仅仅只是抱着一具尸体坐在前排座位上，是无法解释那个地方发现的各种类型的血迹形态的。"

等到辩方的血迹专家出庭时，辩方要想反驳我在厢式货车内发现的血迹证据已经非常困难。汤姆·贝弗尔用一辆同型号福特厢式货车的仪表盘来标记现场车辆仪表盘的血迹位置。他说，仪表盘上血迹的形成，有可能是因为当马西森把妻子身体搬进货车后部时，伊冯娜的头撞到方向盘，血溅到了仪表盘上。在交叉询问过程中，当被问到控方和辩方有关这些血迹现象的解释哪个更接近真相时，汤姆·贝弗尔无言以对。前已述及，汤姆·贝弗尔在接受己方询问时暗指我在专业圈里的知名度和可信度并不高。赫伯特·麦克唐纳对汤姆·贝弗尔的反驳以及他的证言无须再作进一步说明。在此，我想顺便提提那句古老的法律格言：最占理的律师争辩事实，次之则争辩法律，最不占理的将诉诸人身攻击。

血液滴落实验证实，撞击角度与血滴形态之间的关系对马西森案的调查非常关键

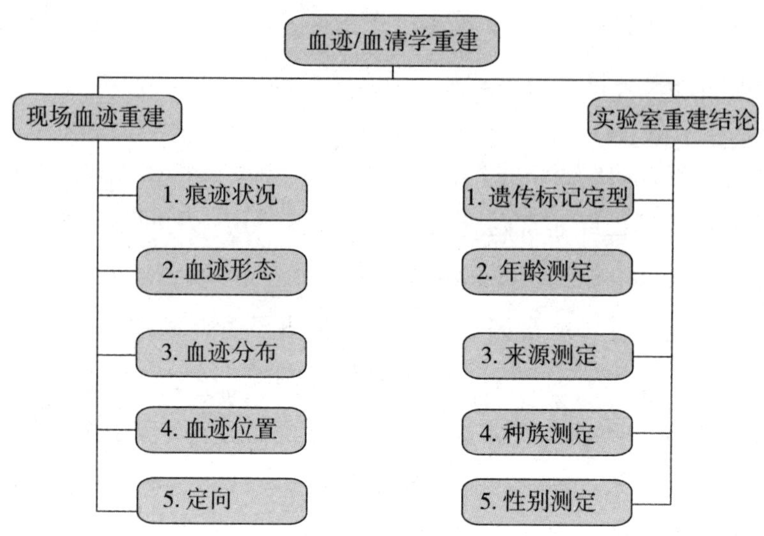

血液证据重建序列表

辩方花费大量时间驳斥头发证据。加利福尼亚大学尔湾（Irvine）分校副教授杰弗里·赫腾（Jeffrey Herten）博士被传召出庭作证，阐述伊冯娜·马西森头发强度和发况等问题。根据介绍，赫腾博士是研究皮肤异常的皮肤病理学专家。[5]他说，FBI 实验室提取到的头发存在异常，并指头发的锥形区域是“波耳（氏）征”*。这说明，头发的这些脆弱部位是头发生长时的饮食或其他问题导致的。这些部位也就是术语所说的“球茎肿大”（Bulbous enlargement），亦即伊冯娜·马西森的头发很脆，极易折断或断裂。他在回答辩方律师提问时称，仅仅碰到绳子就“有可能”导致大量头发脱落。他还说，绳子与头发发生接触时可能会缠上“大量”头发。杰弗里·赫腾博士在证言中认为，尼龙绳的塑性边缘很粗糙，可以挂住头发，因为“伸出来的”头发“很像维可牢尼龙搭扣（Velcro）”。

在控方举证阶段，沃纳·斯皮茨博士陈述了伊冯娜·马西森头

* Pohle's mark，指毛干局限性变细，通常伴有髓质中断。——译者注

部创伤的整体情况。他发现伊冯娜·马西森头部有一处严重的工具打击创伤，这次打击戳破了她的头皮，并造成了严重的颅骨骨折。他在法庭上说，这种创伤不是汽车撞击能够形成的。之后他提出了一个非常重要的判断："这是一次垂直打击。"也就是说，这次打击是以 90 度角，即从正上方落在伊冯娜·马西森头部的。沃纳·斯皮茨博士强调，汽车撞击会形成一种"掠射打击"（grazing blow）。他说，被害人头部对边也没有任何符合其被汽车撞倒之说法的"灼伤痕迹"（burn marks）。沃纳·斯皮茨博士认为，这次残忍且致命的击打所使用的武器可能是工地上常见的那种一端带有螺纹的管子。

关于伊冯娜·马西森左胳膊的尺骨骨折，沃纳·斯皮茨博士认为，这是被害人遭受猛烈打击时抬手护住自己而形成的抵抗伤，而不是被汽车撞击所伤。他还指出，被害人头部伤口集中，应是凶手连续快速打击形成的。他说，这些伤口之所以呈现这种状态，"就是短时间内连续击打的结果"。由于连续打击而且打击强度很大，伊冯娜·马西森的大脑出现肿胀。他认定，伊冯娜·马西森的大脑呈轻度到中度肿胀，这意味着她在遭受攻击后还活了大约 15 分钟。[6]

为驳斥沃纳·斯皮茨博士的证词，辩方传召来自德克萨斯州的杰出法医病理学家查尔斯·佩蒂（Charles Petty）博士出庭。他认为，伊冯娜·马西森头部创伤严重，相当于一把至少"15 磅重的大锤"所使出的力量达到的效果。沃纳·斯皮茨在再次接受询问时指出，"我见过许多（用更小的武器）制造的此类损伤"，它们和伊冯娜·马西森头部创伤一样严重，辩方专家称至少"15 磅重的大锤"才能对人的颅骨造成这种程度的伤害，有些"夸大其词"。对于伊冯娜·马西森的尺骨骨折，沃纳·斯皮茨明确表示，"我要强调，尺骨不可能是被汽车撞断的"。

许多人曾猜测，辩方是否会让肯尼思·马西森出庭作证。最终，肯尼思·马西森在证人席上待了4个小时。[7]在接受库尔特·W. 斯庞的交叉询问时，肯尼思·马西森被迫数次使用“我不记得了”这样的表述，当控方提到他最初的说法是亲自撞倒了妻子之时尤甚。在整个作证过程中，肯尼思·马西森没有直视陪审团，而是歪向相反的方向。这时，库尔特·W. 斯庞又重提肯尼思·马西森过去撒谎之事，比如输精管切除手术问题，以及虽然是个老烟客，但购买保险时仍称自己不抽烟。

审判总结陈词似乎反映了控辩双方各自的相对优势。库尔特·W. 斯庞检察官希望陪审员们“用常识”去判断证据。他着重强调，被告人关于当晚妻子之死的解释存在众多相互矛盾之处。他还指出，肯尼思·马西森的经济状况是其杀妻的强烈动机。在规定的两个小时里，库尔特·W. 斯庞回顾了沃纳·斯皮茨和我的证词，重述了之前就已提交陪审团的科学事实。他在总结中提醒陪审员们，直到伊冯娜·马西森躺在地上、身子被捆住，肯尼思·马西森驾车从其身上驶过，攻击行为才告结束。

迈克尔·韦特律师认为，由于警方没有找到杀人凶器，控方难以消除对伊冯娜·马西森死因的合理怀疑。他力图给陪审团描绘这样一种景象：伊冯娜·马西森在听到肯尼思·马西森所说的确认生父之诉后跳出货车，被另一辆车撞倒。那辆车的司机虽然看着伊冯娜走入车道，但为时已晚。“手随眼动”，于是这个司机朝着伊冯娜的方向打方向盘，他甚至都不知道自己撞上了她，然后迅速掉转车头跑了。韦特律师说，这名司机“可能在打瞌睡，也可能喝了很多酒，谁知道呢?”他解释道，他的当事人关于其撞倒妻子的说法之所以前后矛盾、让人误解，是因为他当时正处于“歇斯底里”的状态。韦特还强调，肯尼思·马西森的经济状况非常好，也就是说，他妻子的人寿保险对他而言算不了什么，不可能基于这类动机而杀人。

他说，“这里有个真正的聚宝盆，盛满了合理怀疑”。他在结束其总结陈词时指出，控方未能证实本案的两大关键要素：一是如果使用武器击打，车内顶篷或其他表面应有武器击打痕迹，但现场没有找到；二是现场也未发现挥动武器时在车内形成的血迹。

11 月 22 日即星期三的晚上 7 点，格雷格·中村法官对陪审团下达最后指示，12 名陪审员开始闭门审议。3 个小时后，陪审团作出二级谋杀和绑架两项罪名均成立的有罪判决。[8]许多旁听者都大声高呼，而伊冯娜·马西森的家人则不停地说着“感谢上帝、感谢耶稣”。伊冯娜的哥哥罗伯特·马丁说：“唯一值得我们高兴的是，我们不用为此再受折磨。我想马上赶到妹妹的墓地，坐下来，把这个消息告诉她。”而她的女儿蒂娜·玛丽·卡瓦格斯也说：“漫长的斗争终于过去，她现在终于可以安息了。”肯尼思·马西森在那天晚上被立即收监，法官将量刑部分的审理时间定在 1996 年 3 月 15 日。[9]肯尼思·马西森最终被判终身监禁，可以假释，亦即他将为那个夜晚对妻子犯下的罪行而承受至少 25 年的监牢生活。正如一家报社在报道本案时所提到的，可叹的是肯尼思·马西森将与许多被他送入监狱的人共度时艰。此外，同样具有讽刺意味的是，陪审团下达有罪判决的时间距离谋杀案发生的夜晚将近三年，而陪审员在这个时候及时作出判决，也可以早早回家，享受他们的感恩节假日。

对于这个举国关注的案件，肯尼思·马西森被判有罪，并不仅仅是伊冯娜·马西森家人以及控方团队的胜利，也是法庭科学证据的重大胜利。《夏威夷先驱论坛报》（*Hawaii Tribune-Herald*）作家戴夫·史密斯（Dave Smith）在陪审团裁决下达后的周日发表了题为《更开心的周年纪念日》（A Happier Anniversary）的新闻评论。他说：“在危急时刻，站在人民一边的专家证人远比对方的专家证人更有说服力。”戴夫·史密斯也感慨，除肯尼思·马西森外，还有多少罪犯“正在逍遥法外”，正是缺乏可靠的科学证据，才使他们能够逃避罪责。[10]

库尔特·W. 斯庞检察官明确指出，还有一些因素促成了肯尼思·马西森的定罪。斯庞在接受采访时说，被告人“在作证时对本案的解释实在过于简单”，“官方手里最有力的证据”是陪审团对被告人诚信的否定性评价。记者们在对审判进行总结时赞扬了几名控方证人，特别是两位妇女：一是受害人的邻居劳里·拉克尔，她证实了马西森夫妇俩早些时候发生的激烈冲突；二是苏珊·阿尔贝因，“当谈及厢式货车里有个男子扭打一名穿着紫色衣服的女子时，她显得特别痛苦”。但库尔特·W. 斯庞着重强调了科学事实在本案中的重要性：“科学证据相对而言更具说服力。我每次逼问（辩方的）专家时，都没人能否定控方的主张。”

控辩双方专家证言的碰撞引出了大量的分析。事实上，辩护律师迈克尔·韦特在其总结陈词中曾试图完全颠覆专家证言的性质。他对陪审团说，专家们的方法实际上就是，“我是个专家，因此我明白，仅此而已”。戴夫·史密斯认为，“面对一名特别具有杀伤力的控方证人，韦特能够做的只是再三叮嘱陪审员们，这名专家的看法不过如此”。但是，正如戴夫·史密斯在其报道中所说的，“在绝大多数时间里，报告和成百上千张照片描绘的科学‘事实’占据了审判的中央舞台。这是控方专家论证的方式，从他们的结论中显然可以得出有罪认定，这是迄今为止最具说服力的案件描绘”。就个人而言，考虑到陪审团审议用时相对较短，辩护律师对专家证言的质疑并没有起作用。

此外，库尔特·W. 斯庞还指出，陪审员们可能会对结论自相矛盾，特别是对兼顾攻击他人之可靠性的专家证言感到厌烦。“‘他错了’，‘不，他错了’或者‘我是比他更好的专家’，这些话听起来太过孩子气了。”不过，在戴夫·史密斯的精彩分析中也提到，斯庞说专家分析非常关键。“法庭科学家的确可以让人保持正确方向并查明真相，离开他们的专业技能，我们将步入歧途”。戴夫·史密斯在其结论中为专家证人起了个很艺术化的称号：“对于律师来说，这些西装革履的显微镜投石手（tailored microscope-slingers）像是一种必要的恶，是赞美它还是谴责它，取决于它导向的证明方向。”我对此的回应是，即便专家证人穿着工装裤上法庭，只要其科学事实和结论仍然是建立在正确的科学基础之上，那就足够了。不管事实的内容是什么，我们都应该这样做。

陪审团裁决宣告一周后，夏威夷州检察长玛约丽·S. 布朗斯特（Marjery S. Bronster）在一次新闻发布会上称，州检察院之所以接管本案起诉，是为了破除有关肯尼思·马西森在调查过程中因其警察身份而获得优待的说法。她还称，“这个裁决是一个重大胜利”，它表明肯尼思·马西森“没有得到任何优待”。她认为，“伊冯娜·马西森和与她一样的其他人本不应死于那些懂得采取措施预防（配偶虐待）之必要性和重要性的人之手”。对于本书所探讨的这些重案，布朗斯特检察长可谓一语中的。

马西森案的科学事实

马西森谋杀案的许多重要的问题都是通过法庭科学来解答的。我第一次审视希洛警察局侦探保罗·费雷拉寄给我的照片时就意识到，所有受过训练的调查人员都应当能够看出，有些东西和 1992 年 11 月 27 日晚上在马西森厢式货车内发生的所谓真实情况之间存在很大差异。我后来花费了大量时间去研究的主要是对证据的相关分析，包括血迹证据以及我后来在车上发现的其他物证如头发、纤维、绳子和人体组织等。

然而，在分析本案血液证据本身以及从法庭科学的其他方面分析本案之前，我也必须强调希洛警察局所做工作的重要性：一是照片，很好地记录了现场的各种原始状态。二是对现场和车本身的保护，确保了现场的完整性，使我得以完成科学调查工作。没有什么能够取代保存完好的犯罪现场，绝对没有。善意的调查人员也很有可能会破坏犯罪现场的物理完整性，其中最麻烦的就是我经常说到的“马车队程序”（the wagon train procedures）。当大量不必要且未受过训练的人穿过、进入现场或在现场四处走动时，这种情况就出现了，就像是西部片中的篝火现场。每多一个人进入，就意味着现场的原始状况多遭一份破坏。在我看来，特别是在马西森案件中，凶手本人可以轻松上车并清理血迹和其他物证。不过，凶手没有这么做。我也要向警察局的警官们脱帽致敬，他们工作细致，将车内物件保存得非常好，使其十分接近那个雨夜悲剧发生后警察初抵现场时的景象。

当然，其中最为重要的证据是血迹证据本身。在讨论血液如何喷溅以及如何准确辨别血迹类型和血液喷溅角度之前，有必要先知道血液是什么。我们来看看血滴是怎么形成的，它在空中的运行速度如何，它的其他空气动力学特征是什么，当它水平地或以一定斜角击中坚硬表面时会有何种反应。

血液是一种非常复杂的混合物，由溶解在液体中的各种不同细胞组成。了解血液的成分有助于我们理解法医血清学所能完成的分析类型以及从检测结果中所能获得的信息类型。血液包括两大部分：细胞部分和液体部分，液体部分被称为血浆。

血液的细胞部分包括三种细胞：红细胞、白细胞和血小板。红细胞的量最大，每微升（大约1/50滴）正常人的血中含有400万~

600 万个这类圆饼状的细胞。因此，每滴血中约含 2 亿个红细胞。红细胞直径约为 7. 5 微米，厚约 2 微米。白细胞数量较少，也有许多种类。每微升正常人的血中含有约 4000～10 000 个白细胞。白细胞的主要功能就是应对感染和抵御疾病。血小板是血液中的第三种细胞成分，主要作用是促进止血和加速血凝结。血液的液体部分，即血浆中含有大量的化学物质，包括营养素、抗体、蛋白质和酶。有些蛋白质有助于伤口愈合或结痂时的血液凝结。如果从血浆中移除凝血蛋白，剩下的部分则称之为血清。

血细胞悬浮在血浆中，通过动脉、静脉和毛细血管组成的血管网络周游全身。这个循环网络对人的生命发挥着至关重要的作用，如果因枪击、锐器或钝器伤害等产生创口而中断了循环，就会导致出血。根据创伤的类型、伤口的位置、作用力的大小、创伤的严重程度和环境因素的不同，出血的类型也会不同。一旦血液离开人体并留在某个物体表面，最终会形成血迹。血迹将为法庭科学调查人员提供极有价值的信息。

由于对伊冯娜·马西森死亡当晚在车内的人员并无疑问，因而没有必要检查血样以确定血迹是否为伊冯娜所留。不过，在本书的其他章节中，我们将更加深入地研究人血的结构，特别是可以用于确定某特殊血样与某个人吻合的特征。这个过程被称作“同一认定”(individualization)。近些年 DNA 领域的科学发展，已经使我们能够在血液来源鉴定方面进行非常详尽的分析。在那些章节中，我们也会回顾血液分析科学的历史演变。我认为，科学评估血滴本身的属性、血滴在空中的运行方式和血迹的形成机理，以及我前面提到的调查人员对血液飞入空中时血源体所处位置的判断，都是很有价值的。我们将把分析的范围限定于血滴在厢式货车内的硬表面上所形成的撞击效果，以及血液以直角以外的角度撞击这些表面时的血迹形态变化。

血液是液体，它要遵循液体运动的物理法则。血液的流动不受主人性别、年龄或种族的影响。含有大量酒精或毒品成分的血液与常人的血液在空中运动时也没有什么不同。当有充足量的血液聚集在某个表面上时，会开始形成血滴。当血足够重时，它会脱离这个表面。在这种情况下，血滴呈现为球形。与传统观念相反，血液滴落时在空中不会呈现泪珠状，而是保持球形，直至落于某个表面。一旦血滴撞上某个表面，血迹也就形成了。如果不同血滴从同一高度落下，以同一角度撞上同一表面，那么将形成形状基本相同的血迹。上述任一要素改变，血迹的形态也将发生变化。

经测量，一滴血的血量接近 0. 05 毫升。当然，这是一滴血的平均量，并非所有血滴都是同等大小的，血滴的大小与形成血滴的表面或创口天然相关。如果所有血滴都来自于同一位置的眼滴管，那么我们可以测定它们的体积，并据此对它们运行的距离等要素进行推算。但是，真实的案件中并不存在这样的理想状态。每滴血都来自于各自所处的表面，而且有时我们并不了解这个表面的性质。比方说，相比于从指尖、肘尖或斧子一侧滴落，血滴从刀尖上滴落所形成的血迹要小得多。

一滴血的体积可以小至 0. 03 毫升，大至 0. 15 毫升。为此，仅靠测量血迹的尺寸不足以判断出它运行的实际距离，我们还需知道原始血滴的体积。另一个重要因素是血滴离开原始表面时的速度。在只有重力影响的情况下，从 24 英寸高的地方滴落的血滴所形成的血迹形态，不同于被用力刺入体内而从同一高度喷溅出来的血滴所形成的血液形态。据此，血液在空中的运行速度构成血液分析的另一个重要因素。自由落体之血滴的速度受重力影响，其临界速度大约为 25 英尺/秒。在自由落体条件下，血滴在经过大约 20 英尺后将达到临界速度。

由于血滴在理想条件下将形成相同的血迹，并且根据血滴降落的距离可以判断其接触相同表面时所形成的血迹的尺寸，因而血滴降落面的属性会影响血迹的尺寸和形态。这个撞击区又称为目标（the target）。实际上，目标的角度对血迹形态的影响超过了降落距离或者血滴飞行速度所造成的影响。如果血滴以与正面垂直的角度，即 90 度击中目标表面，那么将形成圆形的血迹。相比之下，如果血滴以 30 度斜角击中目标表面，那么将形成椭圆形的血迹。当然，这只是逻辑演算的结果。如果其他所有要素保持不变，那么，在给定的撞击角度下，所形成的血迹长度和宽度将是一致的。我们可以通过细致的观察，确定血滴击中目标表面时的角度。在马西森一案中，仪表盘上的撞击喷溅血迹告诉我们，那些血滴从数个不同方向以大约 10~20 度斜角击中目标表面。

目标表面的纹理结构也会影响血迹形态，撞击在干净玻璃或塑料上的血滴外缘光滑，这种血滴将保持表面张力，在目标表面平摊开来，形成平坦的圆形痕迹。血滴击中草纸等粗糙表面时，表面张力会受到破坏，从而在痕迹边缘形成“扇形边”。其原因在于，该血迹最后轮廓的边缘要发挥类似于软体动物的外壳的作用，其外缘不是光滑的，而是凹凸不平、有棱有角的。

由于肯尼思·马西森厢式货车内的所有表面均不相同，因而有必要揭示其他目标表面结构对血迹形成的影响，以及我们能否从粗糙表面收集到重要信息。长绒地毯的表面非常粗糙、不平整且不稳定，因此调查人员很难判断血液撞击该表面之前的具体飞行方向。不过，通过仔细检查地毯纤维，我们可以证实其大致的飞行方向。血滴将会接触某根纤维的一侧并被破开，或许纤维的另一侧与血滴没有发生接触，仍然保持原状。检查这类不平整表面时，调查人员对犯罪现场的工作必须极具耐心，并且在得出任何明确结论之前都必须进行实验。

在马西森的厢式货车内部，大量血滴以接近10~20度角击中仪表盘盖。当然，这是锐角。血滴撞击的角度越小，血迹就拉得越长。当撞击角度为80度时，血迹就开始失去了90度或直角血液撞击时的圆度。80度角的血液滴落将开始呈现椭圆形。角度越小，血迹的延伸性就越明显。到了大约30度时，血迹将开始出现一条非常明显的“尾巴”。这条尾巴是少量血液在撞击之下脱离主血滴，并形成的一条与主血滴相连的光滑的线。一个重要的经验法则是：角度越小，就越容易确定血滴飞行的方向。血迹的扇形边也能指明血滴飞行的水平偏转。角度越小，扇形边的一侧就拉伸得更长。这条长边将指明血滴飞行的方向。如果撞击角度变得更窄，血滴有一侧的扇形边将完全消失，而对面一侧将出现很长的扇形边。有些长扇边可能完全脱离母血滴，但其与母血滴的关系仍然有迹可循。同样地，对于一些更圆的血滴来说，撞击角度越小，就越容易确定血滴飞行的水平偏转。

在解释血迹形态时，非常关键的一点是，人们应尽可能确定血液实际飞行的方向，这将有助于确定源点。多数法庭科学调查人员的工作都是为侦探们提供有关犯罪现场发生何事以及事件如何演进的数据。这种信息可以用来验证嫌疑人的解释的真实性与准确性。厢式货车内的血迹形态就可以证明，马西森关于伊冯娜从正在行驶的汽车中跳了出去的说法是谎言。

要确定血液撞击角度从而使调查人员能够确定源点，必须通过测量血迹并将数据使用计算机或笔记本电脑以及预先印制的表格，导入一个几何模型。测量血迹时必须极其小心，即便一个小小的失误也会导致结论错误。测量内容包括长度和宽度两项，在两项测量工作中，宽度的测量相对容易，因为血滴的边缘通常都很明确。长度的测量则要难得多，在这个时候必须具备经验和耐心。撞击角度在40~90度范围内的血迹一般比较容易测量，因为血滴的尾巴呈圆形，有着非常明确的边缘。当撞击角度处于10~30度以下范围时，由于尾巴与母血滴的分离，长度的测量有时会非常困难。通过对边缘的细致检查，可以找到血滴的终端和尾巴的起点。通过这些测量和调查工作分类法的应用，调查人员可以精确地确定数个血滴的撞击角度，而且还能够找到血源体的源点。

对血迹源点进行二维重建所得到的点称为集合点，它揭示了血滴的可能来源点位置，从而能够显示产生该血迹的作用力的大致方向。换个角度来讲，集合点可以排除那些不可能是源点的位置，从而缩小了调查的范围。当然，这在否定和支持某些证人的陈述时可能是无价信息。例如，在马西森一案中，在厢式货车驾驶位一侧发现的喷溅血迹说明，伊冯娜坐在驾驶位时遭遇多次击打。肯尼思·马西森以一件钝器为杀人凶器对妻子的头部实施了快速且连续的一系列打击。在寻找血迹的集合点时，法庭科学家一般无须用到全部血迹，但还是必须使用大量的血迹。实际上，在通常情况下，法庭科学家可以选用数个（比如可能是8个）具有代表性的血迹。之后，他才能够确定集合点。

一旦确定集合点，法庭科学家就要着手寻找血迹的三维源点，包括在与集合点相符的目标表面位置的立体图。法庭科学家还得选用最具代表性的血迹样本。此时，调查人员能够找到每个获选血迹的撞击角度，并对每一血迹的角度进行记录。确定源点能够为我们描绘出血液来源处的立体图及其水平位置，这对于马西森杀人案等类似案件非常关键。

在研究犯罪现场的血迹和其他类型物证时，法庭科学家也可能发现血滴叠加的现象。通过确定源点的位置和血迹形成的先后顺序，我们实际上可以开始推导出“事情的发展顺序”。也就是说，可以根据每一滴血迹，把被害人、嫌疑人和证人放入特定的时间和空间。通过分析马西森厢式货车后部地面上的血迹和尘土，我们能够明确，肯尼思·马西森于货车后部攻击伊冯娜后，将其身体扔出车外，然后驾车碾压，最后他将她拖回车内。这就是血液在尘土之下的原因。此时有条法则值得一提：通常情况下，首次击打不会产生喷溅血迹。因此，如果在犯罪现场发现有3处抛甩型血迹，那么调查人员可以推断，被害人至少遭受了4次击打。

最后，我们来对马西森案进行科学评价，描述一下我们经常看到的数种血迹，以及能够导致血液喷溅的不同能量的破坏作用。“薄雾”（Mist）是用来描述高速血迹类型的一个名词。高速血迹的微小血滴直径为1毫米或者更短。引发这种血迹的最常见原因是枪击创，但薄雾也可由其他高能撞击源导致。“微滴”（Fine drop）直径为3毫米以下，可由多种方式产生，但一般是由比重力更大的作用力形成的。“中等血滴”（Medium blood drop）直径为3~6毫米，也可以由多种方式产生，既可以由重力单独形成，也可由其他类型的作用力形成。大血滴（Large blood drop）直径为6毫米以上，同样有很多种形成机理。中等血滴和大血滴通常是血液基于重力从伤口中自然流出或者从武器上坠落的结果，它们往往也被称为低速血滴。

在马西森的厢式货车上发现的血迹中，有一部分属于中速撞击喷溅血迹，其他属于低速血滴。该案侦查中，还有一个关键要素是确定致使在车内数处形成喷溅血迹是击打造成的影响。低速撞击血迹是由速度低于25英尺每秒的作用力形成的，仅受重力作用的血液坠落就属于这种类型，例如血液从伤口滴落某个表面。中速撞击喷溅血迹是由速度大于25英尺每秒但小于100英尺每秒的作用力撞击形成的，基于这种作用力形成的血液喷溅通常都和打斗有关。马西森车内发现了这类喷溅血迹，在我看来，只有非常大的作用力才能导致喷溅血迹沉积在车前部的仪表盘盖上。高速撞击血迹是由速度超过 100 英尺每秒的撞击力造成的，通常与枪伤有关，但也不限于此。在马西森案中，我们没有发现任何高速型的喷溅血迹。我们因而知道，枪击并非被害人的死因。1963 年 11 月 22 日，约翰·F. 肯尼迪（John F. Kennedy）总统在达拉斯（Dallas）遭刺杀，头部被子弹击中，泽普鲁德（Zapruder）凑巧拍下了这一幕，其中显示的就是高速撞击伤口形成了前面所说的血雾。

调查马西森案时发现的血迹还证实，当晚这对夫妻在厢式货车内的局促空间里发生过激烈的搏斗。有一处血迹是由带血的物体与另一个表面如这辆福特车的内壁接触时形成的。我们可以通过研究血迹的外形来追查形成这一血迹之猛击行为的方向。我们也可以证明，带血的头发与这个表面接触后形成了这一血迹。

我们还要关注血液证据的真空地带（void），即逻辑上应有但实际上没有血的地方。在调查人员严格且细致的科学调查过程中，应以归纳和演绎推理的方法认真考察这些真空地带。对于有些犯罪现场，缺乏证据本身就是对犯罪性质和范围的最好诠释。

本案小结

马西森案提出了血迹分析的许多关键点，也给了我们几个重要的启示。首先，也是最为重要的，是保护犯罪现场完整。我第一次看到马西森的福特牌棕黄色厢式货车的内部照片时距离谋杀案发生已有四个多月，但是希洛警察局非常尽责，认真地维持了汽车内部的完整性。从实现正义的角度来看，值得庆幸的是，血迹和血迹形态不会迅速消失，因而我们得以推断出 1992 年 11 月 27 日晚上发生的事情。

当意识到肯尼思·马西森有可能撒谎以掩盖其杀害伊冯娜之罪行时，希洛警方马上撇弃了信任警察兄弟的错位感，按照一流的标准开展调查。诚然，检察官办事处进一步推动了警队的工作。在成功将凶手移送法院审判方面，库尔特·W. 斯庞发挥了尤其重要的作用。总之，本案不存在警察同行间的所谓“警察缄默法则”（blue wall of Silence）。

夏威夷的媒体也发挥了建设性作用，它们帮助收集案件事实，推动这起历时三年调查的复杂案件最终迎来成功结局。有人认为，为了个人目的，媒体倾向于使用夸张手法。不过，本案事实本身组合在一起就是一种极具戏剧性的画面。媒体喜欢提醒我们，飞机成功降落在繁忙的机场并不是什么新闻。而本案中，我们面对的是一个经验丰富且广受尊重的警察，同时也是一个非常成功的商人，他违背了对妻子和家庭以及整个社会所许下的承诺。如果这都没有新闻价值，那什么事才有呢？

沃纳·斯皮茨博士、赫伯特·麦克唐纳、我本人以及控方团队的其他专家所应用到的法庭科学，在传到我们手里时业已历经几个世纪的发展。在当代，非常复杂的成功诉讼的新闻报道，有时有助于对侦查人员、普通公众和意见领袖进行教育。不过，在技术发展的同时，成功的犯罪侦查仍然必须建立在警方侦查人员的日常工作和奉献精神基础之上。如果希洛警察局的侦探保罗·费雷拉及其同事没有执着于追查原始血液证据线索，那么我们或许无法看到案件被成功追诉的那天，而那个残忍谋杀自己妻子的人还在逍遥法外。

我觉得有必要单独说一说库尔特·W. 斯庞为这起艰难诉讼所作的杰出工作。我很高兴能看到，库尔特·W. 斯庞已经调任夏威夷州检察院，成为一名极具才干的副检察长。我从一开始就深信，这个控方团队汇集了像库尔特·W. 斯庞这样甘于奉献且无私忘我的各层级人士。当然，每一个成功男人的背后都有一个伟大的女人。库尔特·W. 斯庞的背后是他那漂亮又可爱的妻子。她应该是库尔特·W. 斯庞的动力源泉，就如同我一样，妙娟是我的力量支撑。我们结婚已 39 年。没有她的支持，我无法整日在实验室或犯罪现场忙碌，殚精竭虑地通过物证去寻找每起案件的科学真相。希洛警察局的保罗·费雷拉侦探现在是一名中尉，而弗朗西斯·罗迪利亚中尉也已擢升上尉。正如库尔特·W. 斯庞一样，他们正在继续自己伟大的事业，不断扩大个人威望。此外，还有许多其他警察和调查人员因对本案的贡献而获得了应得的褒奖。

我希望，伊冯娜·马西森不会白死，这个悲剧清楚地告诉我们，必须终结家庭暴力。马西森案应当也向夏威夷乃至世界各地的人们传递了一个信息：杀人凶手作案时不可能不遗留下尾巴。只要准确调查科学事实，获取关键物证，就一定能把罪犯送交审判。诚然，不管最终结论是什么，揭露科学事实都是我们这些从事法庭科学和刑事司法工作的人员的责任。

第二章

碎木机谋杀案

如果我有什么不测，请相信那绝不是什么意外。

——海伦·克拉夫茨（Helle Crafts）

碎木机案促成了美国刑事司法制度的一次转变。直到 19 世纪 80 年代，古老的英国审判制度和我们的普通法传统才把警察发现尸体作为证明杀人案发生的必备证据。历史悠久的“犯罪事实”（*corpus delicti*）一词就源自这个传统。这个古老的拉丁文单词的字面意思就是“犯罪的尸体”（the body of the crime）。在美国历史上，这种观念似乎主宰了法院和执法部门的大脑。

不过，到了 1985 年，这个要求用尸体来确证杀人案件的铁律开始动摇。随着美国人口膨胀以及人们为了工作机会频繁迁徙，一种新的社会需求出现了。如果某人失踪，但遗留有一定的犯罪物证，而且其家庭成员或朋友圈子仍在密切关注其下落，那么警方也会被要求开展调查。其中最为关键的是，潜在被害人的家人和朋友彼此之间仍然保持联系。国内警察机构和法院系统必须适应这个正在变革的时代。

本章所要讨论的是一位欧裔年轻女士的案件。她叫海伦·克拉夫茨（Helle Crafts），生在一个距离她的最后居住地非常遥远的地方，而这个背景情况在案件调查过程中发挥了重要作用。海伦·克拉夫茨和丈夫理查德·克拉夫茨（Richard Crafts）及他们的三个孩子居住在康涅狄格州西部城市新镇（Newtown）郊区一处树木繁茂的地方。海伦出生于丹麦，在其担任飞行员的丈夫眼里，她是一个理想的妻子，守旧且任劳任怨。而对于两个儿子和一个女儿来说，她是一个深爱着他们的母亲。她在美国没有其他近亲，不过，幸运的是，有一群关系密切且热心肠的朋友非常关心她。1986 年的最后几个月里，我忙着上课，因为兼任位于梅里登的康涅狄格州警察法庭科学实验室主任，我还得面对繁重的日常案件调查工作。在那年感恩节之前，新镇发生的这起案件并没有引起我的关注。当这起疑似谋杀案的消息刚传到我耳朵里时，我马上意识到，在接下来的圣诞假期里，家人们将难得见我一面。下面就是这个案件的始末。

本案事实

“如果我有什么不测，请相信那绝不是什么意外。”海伦·克拉夫茨对好几个密友都说过这句话。这些朋友中多数都和海伦一样，是泛美航空公司（Pan American Airlines）的年轻空乘人员。泛美航空公司当时正如日中天，员工来自世界各地且富有魅力。截至 1986 年 11 月，海伦在泛美航空公司工作的时间达 17 年之久。海伦原名海伦·洛克·尼尔森（Helle Lorck Nielsen），1947 年 7 月 7 日出生于丹麦的一个中产家庭，父母为伊布·尼尔森（Ib Nielsen）和伊丽莎白·弗雷德里克森·洛克·尼尔森（Elisabeth Fredericksen Lorck Nielsen）。海伦的父母居住在哥本哈根（Copenhagen）北部一个名叫夏洛滕隆（Charlottenlund）的小镇，而海伦是他们唯一的孩子。

海伦的母亲很宠女儿，两人关系极为亲密，这种关系延续了一生。在早期校园生活期间，海伦很活跃，尊敬师长，和同学们也能打成一片。她具有一种非常阳光和理性的气质，而且所有科目都是优良。后来，海伦表现出惊人的语言天赋，不仅掌握了英语和法语，而且能够使用瑞典语、挪威语和德语交流。海伦 7 岁时，父母离婚了。经营一家加油站的伊布·尼尔森和另一个女人有染，这是导致夫妻离婚的直接原因。伊丽莎白认为，女人的作用不应仅仅局限在照顾孩子上，因而一直坚持工作，在附近一所学校的秘书岗位上干得有声有色。海伦的父亲伊布·尼尔森曾积极参与第二次世界大战时纳粹德国占领丹麦期间的抵抗运动（Danish Resistance）。后来，作为国民自卫军（Home Guard）的一员，伊布·尼尔森也把枪放在家里。随着慢慢长大，海伦因而也对家中放有武器习以为常。海伦不仅经常看到家中有武器，而且还学会了如何使用。16 岁时，她顺利完成了 10 年的公立学校学习，这是在丹麦不选择攻读医学、法学或科学专业者的常见做法。当海伦长大成人时，伊布和伊丽莎白再度结合——他们复婚了。不过为了节约开支，第二次正式婚礼仅仅是例行公事。

结束丹麦的学校生活后，海伦前往英国求学，作为互惠生以服务换取膳宿。她后来又作为互惠生去了法国，这使得她的法语水平得到极大提高。她留学的本意是想要回到哥本哈根当一名口译员。但海伦越来越喜欢旅游和飞行。她在 20 岁时成了首都航空公司（Capital Airways）的空姐，这也是她的第一份空乘工作。在这次新的人生里程中，她为刚果航空飞布鲁塞尔（Brussels）和法兰克福（Frunkfurt），这是首都航空创办的一种整机全员包租服务。所有这些都强化了海伦想通过在航空公司工作游览全世界的想法。

海伦长成了一个高挑苗条、有着一头灰金色头发的漂亮姑娘。她待人随和，真诚而谨慎，很容易和他人交上朋友，因此很快就能赢得了新认识的其他年轻女性的信任。她很少谈自己的私事，对八卦也没什么兴趣。她有着优雅的体态，高高的颧骨，下颌微凹，笑容可掬，看上去就是个魅力四射的年轻女孩。邻居家一位两个孩子的母亲有次午餐时坐在海伦对面，她是这样描述海伦的："她非常安静，举止端庄，长相迷人，有点像演员布莱思·丹纳（Blythe Danner）。海伦也证明了自己是个出色的母亲。换句话来说，她很有趣，同时也是个非常认真的人。"

艾丽丝·史密斯（Alyce Smith）*（"*"表示化名，以下同）是海伦在20世纪60年代末认识的好朋友之一，移民美国后仍然与海伦保持着密切联系。艾丽丝与海伦同龄，也是个金发碧眼的漂亮姑娘，但比海伦更外向和活泼。1969年，海伦和艾丽丝根据招募广告应征泛美航空空姐。这次，泛美航空接纳了8名丹麦申请者，但仅有海伦和艾丽丝获得空姐培训机会。泛美航空的培训地在迈阿密（Miami），为此她们俩都来到美国，最后也都定居美国。在培训过程中，泛美航空的受训者们都住在伦尼斯海德威（Lennie's Hideaway），这里有个受人欢迎的大泳池，所有干线航空公司的空勤人员都会顺便来游泳池边和刚来的新成员们闲聊。当年5月底，就在母亲节周末的前一天，海伦遇见了一个单身汉，他在美国军队服役的经历似乎激起了海伦的兴趣，而这个人也想把商业客机飞行员当做自己的终生职业。[本章许多内容，尤其是海伦·尼尔森（也即后来的海伦·克拉夫茨）和理查德·克拉夫茨的早期背景，参见阿瑟·赫佐格（Arthur Herzog）1989年出版的佳作《碎木机谋杀案》。有关理查德·克拉夫茨的背景材料，也源自我的合作作者托马斯·W. 奥尼尔（Tom O'Neil）与理查德·克拉夫茨的通信往来和两次个人访谈。]

理查德·克拉夫茨的全名为理查德·布奈尔·克拉夫茨（Richard Bunel Crafts），1937年12月20日出生于纽约市。他是约翰·安德鲁·布奈尔·克拉夫茨（John Andrew Bunel Crafts）和鲁克里娅·布奈尔·克拉夫茨（Lucretia Bunel Crafts）夫妇俩的第一个孩子，下面还有妹妹苏珊娜（Suzanne）和卡伦（Karen）。老克拉夫茨先生被人称作安迪（Andy），他在派克大街（Park Avenue）成功创办了一家会计师事务所。安迪年轻时阅历丰富，在第一次世界大战期间开过飞机，上大学后是一名橄榄球运动员。安迪从未向他的三个孩子透露过自己早年有过一次失败的婚姻，而理查德喜欢保守秘密的个性或许遗传自他的父亲。安迪离过婚的消息是长大后的卡伦偶然得知后才曝光的。

安迪是个非常成功的商人，他把家搬入康涅狄格州达里恩（Darien）一处最富庶地区的豪宅。房子坐落在风景优美的城郊，乘火车一小时内就能到达纽约中央火车站。安迪还是个严厉且冷漠的父亲，脾气非常暴躁，酗酒时更是如此。安迪对自己的成就颇为自豪，他加入了达里恩的星火乡村俱乐部（Wee Burn Country Club），而这个俱乐部的成员不到100人。19世纪50年代，安迪的妻子鲁克里娅在城区开了一家童装店，店名为年轻人的时尚。

理查德的小学生活是在私立学校度过的。他不是特别优秀，但也没有不守纪律之类的毛病。大约也是在这个时候，理查德开始陷入典型的青春期困扰之中，他被人抓到用BB型气枪向建在街对面的一栋房子的窗户射击。中学期间的理查德在班级里也不引人注目。达里恩中学1955年年鉴中有一张理查德的毕业照，他是极少数照相时不笑的人之一。他没得过奖学金，也不是运动员，身高5英尺8英寸，身形瘦削，寡言少语，从各个方面看都不太突出。他看起来不过是市郊白人人群中的一员，再普通不过了。

但是，毕业以后，理查德·克拉夫茨身上似乎再也找不到平凡的童年和青少年时期的痕迹。尽管父亲经济上非常阔绰，但是理查德·克拉夫茨没让他支付大学学费，而是跑到一家便利店打工，同时承担全时课程。在康涅狄格大学斯托尔斯（Storrs）分校读了一个学期的农学后，这个19岁的年轻人发现读书是个非常辛苦的差事，再加上对自己的学分不满，于是离开了学校。1956年8月，理查德在一次午餐时宣告自己要加入海军部队。这个决定让家人极为震惊，他的父亲为此大发脾气，母亲也感到非常失望。

对理查德·克拉夫茨的4年海军生活，我们知之甚少。在与托马斯·W. 奥尼尔的一次会谈中，理查德·克拉夫茨说过自己在部队学会了开“117型飞机”。成为飞行员的理查德·克拉夫茨正在追随父亲的步伐。刚入伍的理查德·克拉夫茨在帕里斯岛（Parris Island）的海军新兵训练营表现出色，他比同排其他战友先晋升一等兵。不久，他成了一支精锐海军的仪仗队（marine drill team）成员，跟随仪仗队走遍了全国各地。后来他又获准进入位于佛罗里达州彭萨科拉（Pensacola）的美国海军飞行训练基地（United States Naval Air Training Station），最终成为一名直升机飞行员。担任飞行员意味着理查德·克拉夫茨可被授予少尉军衔。在北卡罗来纳州（North Carolina）一处空军基地服役一年后，理查德·克拉夫茨被调到远东，这个地方对年轻军官和上百万其他美国军人都非常重要。他被派驻韩国和日本，和他的中队一起执行三海巡飞任务，这项任务也说明他能够熟练地在航空母舰飞行甲板上起降飞机。18个月后，理查德·克拉夫茨晋升中尉，和其他许多初级军官一样，克拉夫茨的职责也包括在军事法庭上对海军陆战队士兵和水手进行起诉或提供辩护。大约也是这个时候，他与马尔科姆·伯德（Malcolm Bird）共事，后者后来遇见、追求并最终迎娶了理查德·克拉夫茨的妹妹苏珊娜。

尽管理查德·克拉夫茨热爱飞行，但在未获准调任其志在必得的某海岸基地职位（shore station billet）后，他决定离开海军部队。

他在远东海军服役期间主动承担过美国航空公司（Air America）安排的任务。美国航空公司是美国中央情报局（the Central Intelligence Agency，简称 CIA）对老挝（Laos）、柬埔寨（Cambodia）和越南（Vietnam）执行秘密军事任务的一支空中力量。他后来否认自己曾为 CIA 工作，但又向托马斯·W. 奥尼尔承认，美国航空公司由 CIA 独家资助。在法越终战的《日内瓦协议》签署之前，美国航空公司负责运送了大批人员和军火，但在协议签署之后，其业务相应缩水。因此，主动离开海军后，理查德·克拉夫茨被美国航空公司直接聘用，但其新岗位的正式管理者是美国国际开发署（the United States Agency for International Development）。

这显然是理查德·克拉夫茨认为的最适合自己的工作。这是他首次也是唯一一次进入东南亚的战区。不过，很少有美国人知道美国卷入东南亚战争的程度。他驾驶固定翼飞机给老挝的友军空投大米和军火。有次执行任务时，他的腿被地面火力击中受伤。理查德在后来的一些私人宴会上也说起过自己的其他任务，比如对在老挝内战中通共的一名地方领导人执行斩首行动。理查德·克拉夫茨彻底远离了米老鼠般单调乏味的部队，他现在已经成为一名名利双收的 CIA 雇员，忠于职守，富有爱国心，在远东过着雇佣兵的生活。达里恩的少年时代对他来说已经成为遥远的记忆。

1966 年夏天，在美国航空公司待了 4 年后，理查德·克拉夫茨告别 CIA 生涯，从远东回到美国。回家后，他四处帮别人开飞机，打零工赚钱度日，这样的日子一直持续了 18 个月。30 出头的他知道自己热爱飞行，他有着比大多数格斗专家更值得吹嘘的惨烈经历。不过，理查德·克拉夫茨应当也明白，自己在正规教育方面成就甚少，没有获得大学学位，因此飞行无疑是最适合他的职业。由于大学生们开始反对越战，因此重回大学不太现实。他在纽约市开直升机，到全国各地打零工，后来终于得到一个重大机遇，东方航空公司（Eastern Airline）于 1968 年初聘用了他，超过 5000 个小时的飞行经历是他成功受聘的主要原因。

1969 年 5 月，新东家把理查德·克拉夫茨送到迈阿密培训，换发该公司数种机型的证书。这个 31 岁的单身汉跑到伦尼斯海德威去玩，在这里碰到泛美航空公司最近招募的一期空姐学员，那是再自然不过的事。虽然是飞行员，但和坐在游泳池边的其他飞行员和飞行机械师（他的第一份工作是机械师）相比，理查德并不突出。身材相对瘦小的理查德衣着朴素，从着装看就像是个美国的乡巴佬。他的黑发有开始变灰的迹象，而且总是有点乱七八糟的。他不是故意要设计出“L. L. 比恩”（L. L. Bean）* 那样的形象，而是真的很邋遢。不过，据他在公司的同事和其他熟悉的朋友说，他总是有办法吸引异性的注意。他确实很喜欢勾搭陌生女青年，过着一种无赖式的生活。在不断追求异性的过程中，理查德·克拉夫茨习惯于以一种直白的方式向女性表白。

两人首次邂逅时，似乎是海伦·尼尔森正在打量她同事正在惦记着的理查德·克拉夫茨。尽管海伦身边有一些很浪漫的人选，但生性不羁的克拉夫茨很快就证明了自己的特别之处。海伦和艾丽丝结束乘务员训练后与许多同事一起被分配到纽约地区。理查德·克拉夫茨在纽约皇后区（Queens）有住处，于是海伦请理查德·克拉夫茨帮忙在皇后区找了间公寓。皇后区公寓的价格很公道，离机场也很近。海伦和 6 个女孩一起搬入了这间三居室的公寓，由于总有几个女孩要上班，因而公寓显得很宽裕。

---

* 以创始人名字命名的美国著名户外品牌。——译者注

理查德后来告诉警察，在接下来的七年里，他和另一名女子订了婚。而在这期间，他与海伦经历了一段分分合合的浪漫史。理查德似乎能够轻而易举地俘获女性，对此，海伦没有与他分手，而是选择了接受。当然有几次两人闹得也很凶。19 世纪 70 年代初，理查德被东方航空公司再派至迈阿密一年，而他们也约定要相互探望。1973 年，理查德又被派回纽约，这对欢喜冤家开始谈婚论嫁，过安定的日子。两年后的秋天，海伦发现自己怀上了爱人的孩子，这时两人认为结婚的日子到了。海伦和理查德不久即举办了婚礼。1975 年 11 月 29 日，感恩节刚过，在弗雷德里克·埃滕（Fredric Etten）和厄休拉·埃滕（Ursula Etten）位于新罕布什尔州（New Hurapshire）的家中举办了一场庄重的仪式，海伦和理查德·克拉夫茨从此也就成了克拉夫茨太太和先生。由于时间太紧，海伦的父母亲都没能赶来参加婚礼。海伦通过丈夫认识了来自荷兰的埃滕夫妇，并待之以友。艾丽丝·史密斯与经商的未婚夫阿瑟·贝内特（Arthur Bennett），以及已经寡居十年的新郎母亲鲁克里娅·克拉夫茨，都是当天婚礼的贵宾。理查德·克拉夫茨最小的妹妹卡伦及其丈夫大卫·罗杰斯（David Rodgers）也见证了这对新人的结婚典礼。

我们花费了些时间来分析这场婚姻的背景和其他要素，这是很有必要的。如果考虑到海伦后来的失踪以及她的失踪在密友圈中所引发的盛怒，就必须重点关注理查德·克拉夫茨和海伦·克拉夫茨之间关系的性质。因此，仔细审查理查德与海伦初次相识和后来结婚以及相识、结婚的中间过程，将有助于我们准确把握本案。同样值得一提的是，FBI 在内部设立了一个专门为犯罪者进行“心理画像”（Profiling）的特殊部门。要想干好警察工作，就必须关注行为人犯罪行为背后的动机。本案的调查成了多学科交叉应用的范例，涉及许多专业领域，包括：齿科学（研究牙齿结构、比对和异常的科学)、人类学、血迹分析学、微量物证学和法医学。

本案调查需要所有这些学科领域的参与，因为在本案和数起类似案件发生之前，传统的警察工作要求证明有犯罪事实，主要是要求发现尸体。杀人案件需要找到尸体以便迅速确定其是否为杀人案件的被害人。不过，随着法庭科学的进步，传统上要求获得完整尸体的做法已经一去不复返，现在对人的同一认定通过 DNA 鉴定、血清学分型、牙科记录和指纹来实现。

海伦和理查德夫妇俩，特别是后者在婚前的性格和行为非常重要。在达里恩成长时的旧相识、服役时的战友以及工作后的同事当中，几乎没人知道理查德有着惊人的聪明才干。高智商并没有给他带来早期的成功，相反，还曾让这个在康涅狄格大学连两学期都熬不过的年轻人感到极为沮丧。有迹象表明，理查德·克拉夫茨与父亲的关系也非常紧张。他的父亲事业兴旺，经济富有，但容易情绪化，甚至还同意让儿子在斯托尔斯校区附近打工支撑自己的高等教育费用。

美国新英格兰地区*是清教徒信仰最早覆盖的区域，人们喜欢管闲事、好打听，对邻居家的了解超出了合理的程度。倘若所有这些复杂背景都是发生在康涅狄格州新镇一对过着田园生活的夫妻身上，那么我们费力去调查这些事情就是不合时宜的。我在此强调理查德·克拉夫茨的境况，即在 19 世纪 80 年代中期，当他感到事态变糟时，他就开始考虑杀害海伦以结束这段婚姻。如果杀人者能够成功处理掉被害人的尸体，那么他必定会推断，当局绝对不可能去找他的麻烦。因为没有尸体就没有犯罪。而且他的妻子是个外国人，又喜欢旅游，还在航空企业做全职工作，这一切就更是天衣无缝了。

---

* 新英格兰是位于美国大陆东北角、濒临大西洋、毗邻加拿大的区域，包括缅因州、新罕布什尔州、佛蒙特州、罗得岛州、康涅狄格州和马萨诸塞州。——译者注

理查德·克拉夫茨和海伦一共生育了两个男孩和一个女孩，即安德鲁（Andrew）、托马斯（Thomas）和克里斯蒂娜（Kristina）。至1986年底，他们分别为10岁、8岁和5岁。时光倒流至1976年，这对夫妻花费73 000美元在康涅狄格州新镇买了一套“L”字型单层平房。房子坐落在新区路（Newfield Lane）5号一处2.6英亩的地产上，灰色木制瓦、白墙，距离纽约机场一个小时车程。新镇的许多人家都见过至少一名这栋房子里的成年人（通常是男主人）每日乘坐火车或驾车往返于新镇和曼哈顿之间。克拉夫茨夫妇的新家距离新镇城区商业区大约一英里路程。安顿下来后，克拉夫茨夫妇开始在他们宁静的住所过着田园生活，平淡得就如同他们新社区，即新镇的名字一样。新镇始建于1705年，最初就是一个农村公社。1986年，这个宁静、地势起伏的小镇有20 000居民，多为中产阶级和高收入专业人群，而且基本上都是白人，其中有些是退休人员。有些年轻夫妇的孩子就在小镇良好的学校系统上学，在这里居住的航空公司雇员也不在少数。和克拉夫茨夫妇一样，为了应对许多美国家庭都可预见的潜在经济压力，这里多数家庭的男女主人都是全职工作。

在整整十年时间里，克拉夫茨夫妇以夫妻身份生活在一起，他们共同奋斗，成功地为不断扩大的家庭营造了良好的生活环境。然而，理查德·克拉夫茨在他们恋爱时就已挑战海伦之耐心的那类行为，婚后又不断地成为他们关系中的大麻烦。理查德·克拉夫茨在东方航空公司获得数次晋升，从第一雇主手中能够拿到82 000美元的年薪。这在19世纪80年代中期属于高薪，以购买力换算，超过了今天的100 000美元。海伦一年的总收入只有32 000美元，还要经常加班。理查德的收入几乎是海伦的3倍，但是，理查德要求将海伦和他的账户分开，海伦的薪资几乎全部用于支付家庭开支，包括他们之前留下的50 000美元房屋抵押贷款。理查德则拿着自己的钱买了各种各样的景观美化设备，一台反铲挖土机和一辆小货柜车，而最让人关注的是，他还买了一大批枪支。身兼父亲和丈夫双重角色的理查德·克拉夫茨几乎每天都要喝1~2箱（6瓶装）啤酒，这个习惯可能使他比普通人更沉闷，也更容易情绪化。19世纪80年代初，海伦和理查德在邻近的柯里塔克路（Currituck Road）买下了一处3.6英亩的未开发住宅用地，总价37 000美元，首付为13 000美元。理查德乐衷于用劈木机在这块地或者他们在新区路的家中及附近砍木头。他经常把成捆的木柴送给几个好朋友，或者他的妹夫大卫·罗杰斯。罗杰斯一家住在约40分钟路程远的韦斯特波特（Westport），也是长岛海湾（Long Island Sound）的一处高收入人群聚居区。理查德·克拉夫茨在纽约还租着一套公寓，每月都要支付租金，他说自己需要这样一个中转站，以便长途飞行后于深夜到达纽约时有个休息之所。在理查德·克拉夫茨的坚持下，他们家的电话号码没有登记入册，亦即在公共电话簿上查询不到。

这批枪让海伦特别头疼。虽然理查德买了两个保险柜存放枪支，但她担心两个儿子有天会找到打开保险柜的方法。而且，海伦有次在地下室也看到过武器，她害怕孩子们或许有天也会有这样的“收获”。两个孩子拿到枪的后果是明显的，他们或者射击对方，或者自伤，或者射击他们的妹妹，当然也有可能射击其他孩子。海伦已经形成一种习惯，但凡有一丁点回旋余地，她都不会去批评喜怒无常的理查德·克拉夫茨。但这次她没法保持沉默，这个“军火库”里有50多种武器，大部分是手枪、猎枪和半自动步枪。而且，这批装备花了很多钱，这也让她感到愤怒。

海伦与理查德·克拉夫茨还存在其他问题，其中有些尤其影响到了她生活中最为珍贵的部分——她的三个孩子。理查德·克拉夫茨是个内向的人，他对两个儿子和一个女儿似乎很冷漠。他不时还以暴怒打破自己的沉默。有人看见，有次吃饭时，理查德·克拉夫茨平静地要求他的儿子们行为规矩点，但当孩子们还不听话时，理查德面不改色，猛地把手伸过桌子，抓住孩子头发往上提，松手时已经扯下了一撮头发。海伦对这样的事情经常感到极不舒服，但也只能小心翼翼地进行干涉、保护孩子，之后再向朋友们解释丈夫的行为，告诉他们这种情况很少见，这只是他教育的方式之一。但是，在大多数时候，理查德·克拉夫茨似乎把养育子女当成走过场。他经常不回家，也缺席学校的家长会、孩子的生日派对以及传统上作为一名父亲应当出现的其他场合。1981 年，海伦快要分娩时，理查德·克拉夫茨不知所踪，海伦对外说自己决定不麻烦别人——这或许是为了避免自己难堪。她自己开车去了医院，生下了最小的孩子克里斯蒂娜。

刚到新镇的头几年，夫妻俩还会一起去当地商店买东西，但随着时间推移，越来越难看到这一场景。海伦会去参加当地圣公会教堂的宗教活动，但在人们印象中，理查德·克拉夫茨只去过一次，那还是他的大儿子第一次洗礼的时候。理查德·克拉夫茨的邻居们也很少看到他，但经常见海伦，而且她和几个邻居走得很近。海伦做事井井有条，她总是把行程安排记在一本日历上，而她的丈夫来去似乎都很随意。他会连续消失好几天，朋友们问起时，海伦有时会解释称理查德·克拉夫茨到邻州参观枪展去了。

1982 年，尽管驾机飞行时间很长且经常不在家，理查德·克拉夫茨还是决定担任新镇警队的志愿警察（volunteer policeman）。他没有向东方航空公司汇报，按照公司规定，他另寻兼职需要向公司支付费用。这份工作是无偿的，或许也表明理查德·克拉夫茨很怀念在海军部队服役和在美国航空公司工作的日子。他在这份工作中无权实施逮捕，但可以带枪。他的职责包括疏导交通和通过巡逻等勤务提高见警率。警队的正式警员们发现理查德·克拉夫茨执勤时非常严肃。有个周六下午，理查德在教堂外指挥交通时和一名司机吵了起来。为了让对方顺从，他一度还把手按在枪上。他这种做法让人们感到很震惊，也招致一位上级的训斥。理查德对这份工作很卖力，他也喜欢参加警察培训课程，甚至自掏腰包前往加利福尼亚长滩（Long Beach）参加了由致命武器协会（the Lethal Force Institute）举办的为期5天的研讨会，还参加了新镇警察局于每周四晚开办的训练科目。沃尔特·弗拉纳根（Walter Flanagan）当时是主管丹伯里司法区事务的首席州检察官，就在这里的高级法院大楼处理公务。他有时也会给这个周四晚进行的培训班上课。弗拉纳根是个经验丰富的检察官，他在1986年初对理查德及新镇其他警察授课之前已经成功办理了好几起大案。虽然弗拉纳根上课时对理查德没有什么特别印象，但是他后来将在理查德的人生以及本案中扮演极为重要的角色。

1984年，理查德被诊断出结肠癌，切掉了1.5英尺的结肠。理查德还有一些淋巴结和部分肝脏被切除。具有讽刺意味的是，因为这次健康危机，夫妻俩待在一起的时间比以往任何时候都长。在向东方航空公司请了病假后，理查德开始接受化疗。1985年，他拿回了飞行员执照，急切地回去上班，按照正常班次值飞。海伦后来对朋友们说，她感觉这次健康危机期间是她和丈夫走得最近的一段时间，她精心照顾丈夫，让他得以痊愈。

丈夫被确诊为癌症后，海伦认真盘算了自己的收入，认为自己需要在担任空乘之余再做些其他工作。她在宅前标价出售房子，卖掉了之前购买的嘉康利理财产品（Shaklee Products），省下了每个月100美元的额外开支。她还卖掉了一些东西，如玩具和玩偶。她用这些钱和一名邻居以及同在泛美航空公司担任空乘的密友安娜·巴泰利（Anna Batelli），共同做起了窗帘生意。海伦的生意很成功，她也把家里打扫得很干净，这和她丈夫的一些奇特行为形成鲜明对比：理查德·克拉夫茨在院子里开始了一项野心勃勃的项目，但在完成前又放弃了，把屋里屋外弄得像一个肮脏的垃圾场。

安娜·巴泰利以及艾丽丝·贝内特（即艾丽丝·史密斯，她与阿瑟·贝内特于1977年结婚）等密友开始觉察到海伦的婚姻已经处于危机的边缘。理查德很忧郁，对海伦及孩子有暴力倾向。他是个冷漠的父亲，还有一些其他非常自私的毛病。除此之外，海伦最难忍受的是，她确知丈夫理查德·克拉夫茨在外面有女人，其中有些还是她认识的空姐。在婚前，理查德·克拉夫茨对其他女人的吸引力似乎提高了海伦对他的兴趣，但或许也提高了她的朋友们对他的兴趣。1986年，为了三个不到10岁的孩子，海伦·克拉夫茨开始积极考虑结束丈夫带给她和孩子的痛苦。

1986年初，49岁的理查德·克拉夫茨放弃了兼职的新镇志愿警察工作，到邻近的绍斯伯里（Southbury）当上了每小时7美元的普通警员。和上次一样，他这次也没有按照规定把新兼职的情况告诉东方航空公司的老板。不久，他又自掏腰包参加了新汉普希尔（New Hampshire）的一个培训班，主题是刀对刀练习和警察致命武器管理等课程。绍斯伯里警方听说过理查德·克拉夫茨想要当“超能干探”（super cop），这让一些专职警员和他们在新镇的同行们一样感到紧张，因为理查德履行职责的方式使警队遭到了公众的质疑。

除了健康问题、家庭关系日益紧张以及其他警察对他的不满之外，理查德·克拉夫茨还有一个最主要的隐忧——东方航空公司开始出现滑坡征兆。1985年，德克萨斯航空公司（Texas Air）收购了东方航空，但却为它的雇员发愁。由于政府管制、燃料和劳动力成本猛涨以及航空公司之间割喉式的价格竞争，整个美国的航空企业都开始遭遇利润瓶颈。绝大多数飞行员都比较传统，仅仅是喜欢“开飞机”，他们把对公司和行业命运的担忧留给了每日衣冠楚楚的上司们。当东方航空处于危机时，飞行员们紧密团结在一起，果断决定筹措资金，自己买下公司，以确保公司将来发展。结果他们的努力失败了。理查德·克拉夫茨此刻不得不开始担心自己的工作以及他在公司积累的30万美元养老金的安全。他生活里的所有事情似乎都在往坏的一面发展，这对他的未来、家庭和本人直接构成了威胁。

时光荏苒，一晃到了1986年下半年。理查德·克拉夫茨在新区路的邻居们对他已经非常熟悉，他在自家房前启动了一项野心勃勃的项目，用反铲挖土机挖了出一条长壕沟，买一堆石头填上，打好基础，但却一直没有完工。他的车随意停在外面，其中有一辆是没有车牌架的老式破奥迪车。他的车里面似乎只有一辆是自己真正喜欢和自豪的，那就是1985年版的蓝色福特维多利亚皇冠车（Ford Crown Victoria），因为州警察用的就是这种车。理查德·克拉夫茨在屋后空地上堆满了劈好的木柴，这些都与海伦深感自豪的整洁有序的内宅形成反差。

海伦对自己的婚姻越来越厌烦和忧虑。她开始采取措施，准备向丈夫提出离婚。事实上，她碰巧也得到新证据，自己的丈夫与一个情人整夜鬼混。海伦以前见过这个女人，这个第三者与理查德相识已有数年，就住在邻近的新泽西州。

1986年夏末，39岁的海伦迫不得已聘请了一名非常有经验的离婚诉讼律师。律师名叫黛安娜·安德森（Dianne Andersen），办公室设在丹伯里，她特别擅长处理涉及航空公司职员的婚姻纠纷。海伦起初对提起离婚诉讼举棋不定。她曾向信赖的朋友吐露过，她希望维持这段婚姻，因为孩子们需要一个父亲，尽管作为父亲的理查德·克拉夫茨一身毛病而且过于沉闷。安德森对海伦说，对婚姻不忠就是她提出离婚诉讼的坚实理由。律师还建议海伦雇用一名私家侦探，并向她推荐了自己认识的基思·梅奥（Keith Mayo）。根据丈夫账单上的一个信用卡号，海伦发现了那名可疑第三者的姓名和电话号码。她叫玛丽·埃文斯（Marie Evans）*，30多岁，是东方航空公司的空姐，住在新泽西州中部米德尔敦（Middletown）的一处公寓里。根据其他有关理查德的外遇调查证据，包括电话单和他无法解释的没有飞行任务时的外出情况，海伦此刻终于决定向前迈出那一步。

海伦决定雇用基思·梅奥，从事实上终止了自己与丈夫的婚姻关系。9月初，基思·梅奥轻松拍到了理查德·克拉夫茨从玛丽·埃文斯的公寓出来，两人在大门口亲密拥抱。这些照片促使海伦正式向丈夫提出离婚，并建议他开始考虑聘请自己的律师。她还告诉他，自己不会再和他睡在一张床上。但是，谨慎的海伦没有告诉他自己用于离婚诉讼的证据，也没说自己已经看过照片，而那些照片正是他背叛妻子的铁证。理查德·克拉夫茨本人看起来非常轻松，他甚至给海伦的律师黛安娜·安德森的办公室打电话，但安德森拒绝接听。安德森从理查德·克拉夫茨对前台接线员说的话中推测，他是要打听海伦和他离婚的证据。

不过，除此之外，理查德·克拉夫茨对海伦的离婚通告基本上是听之任之，他甚至没有去找律师咨询。到了10月，海伦告诉他，他将会收到她的律师专门起草的起诉书。理查德·克拉夫茨表面上还是显得非常平静，看上去很配合。11月，到了应答负责送达传票的治安官助理电话的时间。理查德·克拉夫茨曾称，这名送达人员先前爽约（事实是，理查德没有给治安官助理回电确认送达的时间和地点），而后来为了避免再次送达，他没打招呼就溜出了他们家。

实际上，理查德·克拉夫茨曾经向住在韦斯特波特的妹夫大卫·罗杰斯打听过离婚诉讼的细节，但没有专门提到海伦当时采取的各项行动。罗杰斯把离婚后要支付离婚赡养费和孩子抚养费的严重后果告诉了理查德。和这笔昂贵支出相关联的还有对财产处理方式的潜在影响。毫无疑问，这意味着要将他们俩的财产、房子和柯里塔克路地块均分为二。理查德·克拉夫茨最终想出了一个具有戏剧性的策略。他对海伦说，肿瘤科医生告诉他，他的癌症复发了，病情正在加重。他接着说，他已经决定不再和癌症作斗争，也就是说他不会再采取治疗措施，而是选择去死。海伦立即打电话询问医生，理查德的谎言马上被戳穿。这件事激怒了海伦，更加坚定了她离婚的念头。当然，海伦对自己将要采取的最后行动似乎也怀着一些非常复杂的情感。她流着泪对几个好朋友说，她仍然爱着自己的丈夫，希望他会改，成为一个好丈夫和好父亲。遗憾的是，她只对非常要好的朋友说过这些知心话。

1986年初夏，克拉夫茨夫妇雇用了一个名叫玛丽·托马斯（Marie Thomas）* 的20岁保姆。她搬到他们家，在夫妻双方或其中一人外出值飞时帮着照看孩子们。托马斯每天在当地的麦当劳兼职工作数小时。搬到克拉夫茨家后，她住进了理查德·克拉夫茨在车库顶上搭建的卧室，车库里放满了理查德的设备和储备物品。玛丽·托马斯将成为在克拉夫茨家发生的那起惨剧的宝贵证人，对此后文将详细介绍。

1986年秋天，正在办理离婚事务的海伦·克拉夫茨开始对朋友们说，她为自己感到担心。在造访艾丽丝·贝内特位于滨海村庄的家时，面对着眼前小小的避风港和远处的长岛海湾，海伦对陪在身边的艾丽丝说："如果我有什么不测，请相信那绝不是什么意外。"在和她结识时间最长也最亲密的朋友的长谈中，海伦还表达了对丈夫的愤怒，因为她刚刚才发现，理查德在初秋即获东方航空公司提拔，由飞行机械师升任副驾驶员，这意味着收入大幅增加，但他从未想过要把这个好消息告诉自己的妻子。海伦至少还对安娜·巴泰利和另一对夫妻提到过类似担忧，她害怕理查德的暴力个性，担心自己的人身安全，尽管这些都是私下交谈时非常冷静地道出的。不过，海伦没有接受她们的建议——从家中搬出，把自己和孩子藏起来。她说，理查德·克拉夫茨完全可以动用在警方的关系找到自己。她认为，这样做的话，理查德·克拉夫茨会指控她绑架，或者至少可以利用这起事件跟她争孩子的监护权。海伦仍然辗转于三个孩子的母亲和泛美航空公司空姐的双重角色之间。随着休假旺季的来临，她那一丝不苟的日程表上显示有许多事情要做。这一年的感恩节大餐，轮到海伦做东招待卡伦·罗杰斯和大卫·罗杰斯夫妇。海伦喜欢这个假期，很乐意为这些事情忙前忙后。她为感恩节的会餐预定了两只火鸡，这是必需的，因为聚餐的许多人都喜欢吃鸡腿。她还预定了佛蒙特一处为家庭度假准备的滑雪度假小屋，她打算一月份时两家人一起去那里度假。在前一年里，理查德和她本人以及孩子们都很享受这种度假方式。

11 月 15 日，即星期六，海伦准备值飞前往德国汉堡的航班。此时，她对照看孩子的保姆玛丽·托马斯应该是非常信任的。这次旅程实际上也意味着她可以暂时摆脱每日与离婚、丈夫以及自己内心恐惧的斗争，出来喘口气。到达德国后，安娜·巴泰利将庆祝自己的 38 岁生日。海伦买了只泰迪熊作为好朋友的生日礼物，并计划和泛美航空公司的餐饮管理员们一起为她办一个快乐的小型聚会。她离家时，邻居们没有发现任何异常的情况。有人碰巧看见理查德·克拉夫茨把货车泊在车库前车道上，这或许可以算是个特别情况。当然，克拉夫茨家的前院如往常一样乱七八糟地堆放着各种物品。

这位目击者看到克拉夫茨位于新区路的住宅上空黑云密布，这是前所未见的。

作为一名母亲，海伦·克拉夫茨要细心抚育孩子，作为全职空姐，她有着繁忙的工作，她在两种角色之间寻求着平衡。她还要操心和已经维持十年夫妻关系的复杂丈夫的离婚。而在这时，理查德·克拉夫茨也迈出了通往惨剧的第一步。10 月底，他瞒着海伦在丹伯里一家经销商那里买下了一辆 1980 版的银色大众高尔夫。这一举动很不寻常，因为他们家已经有了三部车：海伦的雄鹰牌轿车（Tercel）、一部蓝色的福特维多利亚皇冠车和一辆小货车。这时的海伦本已不再在意查看理查德信用卡账单时的不快，但当从一张 USAA（一家军官们喜欢光顾的圣安东尼奥的保险公司）的汽车保险单中发现理查德买了新车后，海伦非常生气。

不过，海伦从未发现丈夫在 11 月 10 日，即星期一忙忙碌碌地买了很多其他东西，包括从新米尔福德（New Milford）的福特麦克劳克林经销店（McLaughlin Ford）订了一辆翻斗卡车。这辆崭新的福特 350 汽车价值 15 000 美元，经销商承诺在下个周四，即 11 月 13 日交货。理查德·克拉夫茨还要求福特麦克劳克林经销店在车后部加装一个牵引钩，方便他拖一些重型设备。麦克劳克林公司的员工不会安装，于是他们把这辆新车开到了布里奇波特（Bridgeport）。但是，在完成安装回新米尔福德的路上，这辆新卡车的油管发生了泄漏，最后只能找拖车拖回去。销售人员给理查德·克拉夫茨打电话，要求延迟交车，但承诺不会迟于下周二，即 11 月 18 日。11 月 10 日，理查德·克拉夫茨还给附近一家园林企业打过电话，咨询碎木机租借事宜。这家本地企业没法提供，于是推荐他去找达里恩租赁公司（Darien Rentals）。达里恩租赁公司于 11 月 14 日，即星期五，为理查德预定了一台大型碎木机，他可于下周二，即 11 月 18

日来取。11 月 13 日，即星期四，理查德·克拉夫茨花了 375 美元在丹伯里的泽梅尔电视电气用品店（Zemel's TV and Appliances）购买了一台西屋牌（Westinghouse）冷冻柜。他将于 11 月 17 日，即下周星期一开车去取，这是海伦从汉堡返回的前一天。商店后来报告说这名顾客没有提供姓名，只是自称“卡什先生”（Mr. Cash），而且对冷冻柜的尺寸问得特别详细。还是 11 月 13 日，即星期四，订购冷冻柜的同一天，理查德·克拉夫茨驾车往西横跨纽约，到布鲁斯特（Brewster）买了一双耐火手套和一把平头铲。在这一路上，他途经了康涅狄格州好几家卖同样东西的五金店。此刻的理查德·克拉夫茨忙着织就一张复杂精细的致命网。

海伦·克拉夫茨往返汉堡属于常规作业。在值飞过程中，海伦继续表现出对离婚的焦虑，但这种心情并没有影响其为同行的密友安娜·巴泰利如期举办生日聚会。与海伦同一机组前往汉堡的还有她的另一位好友——来自绍斯伯里的苏·米勒（Sue Miller）*。返回纽约时，她们乘坐的 747 客机遭遇逆风，晚点一个小时，落地时已是灰蒙蒙的黄昏时分。在轻松地通过海关“雇员”通道时，海伦给家里打了个电话，说自己晚点了。这次回家轮到苏·米勒开车，安娜·巴泰利和海伦搭乘苏·米勒的车，用了一个小时的时间回到新镇。她们在车上收听广播，梅尔·戈尔茨坦（Mel Goldstein）博士和康涅狄格州气象中心（Connecticut Weather Center）播报将有一场不合季节的暴风雪逼近这一地区。三个人都很放松，因为到了播报的下雪时间，她们应该都已经安全到家了。苏·米勒先把安娜·巴泰利放下，之后大概在晚上 7 点将海伦送到家。到家时，当看见丈夫的小货车停在车道上，海伦只是简单地说了句“理查德的家”，然后下了车走进自己家门。这是她的朋友最后一次见到她，之后她似乎凭空消失了。

本案的侦查

警察也是人，不管接受过多少培训，他始终还是个人。有两方面的事实对克拉夫茨案有影响。首先，新镇的警察把理查德·克拉夫茨视为活宝，他在4年的志愿警察生活中时不时会吸引他们的注意。大多数警察都和理查德·克拉夫茨一起驾车巡逻过，彼此之间必定会有一些私人交往。另外，理查德·克拉夫茨的参战记录以及他在海军部队的服役经历也为他带来些许名声。因此，对于在新区路5号的那类事情，很多侦查人员都不会理睬，他们没有及时抓住事件所显露出来的可怕的一面。如果有人报告说自己的朋友失踪了，警察将根据业已确立的标准程序来处理这一状况。等待和观察是标准程序的一部分。绝大多数的失踪案中，失踪者会再次露面，身体状况良好，而且能够对失踪原因作出解释。如果涉及婚姻问题（这也是一种常见情形），警察的回应是确定失踪者是否会跑回娘家（在本案中，海伦的老家在丹麦），简单地评估一下她的生活状况，或许她甚至和新的另一半私奔了。当然没有，即便有，也只有极少数警察能够想到11月18日晚上在克拉夫茨夫妇之间以及接下来的48小时里发生了什么。因此，海伦·克拉夫茨的朋友们首度咨询警方时，所能获得的回答就是等等看。

接下来好几天没人再看见过海伦，关心海伦下落的人们直接表达了对她的担忧，而人力资源工程的另一面开始发挥自己的作用。新镇警察局长路易斯·马切塞（Louis Marchese）之前是康涅狄格州警队的一名上尉，他在30年的职业生涯里做得非常成功。马切塞局长曾经是警察专员（police commissioner）这一最高职位的候选人，但未能如愿升职，对此他极为失望。根据管辖规则，海伦·克拉夫茨案的初始管辖权在新镇警察局，因此，当负责丹伯里事务的州检察官沃尔特·弗拉纳根认为必须更换本案侦查人员时，他要克服的关键障碍就是个性十足的马切塞局长。72岁的路易斯·马切塞局长正处于最为专制的时期，他命令全局看紧手中的权力，对任何挑战警察局自治权和他个人权威的行为予以坚决回击。[11]这就是海伦·克拉夫茨的朋友们希望警方采取行动调查海伦失踪一事时的真实遭遇。

11月18日的数天前，理查德·克拉夫茨在执行计划过程中碰到几个出乎预料的问题。由于油管泄漏，翻斗卡车第二次延迟交货。甚至那辆大众兔牌车（VW Rabbit）* 也超出了预定时间才交货。回到11月18日，那天晚上的暴风雪一直肆虐到第二天清晨。梅尔·戈尔茨坦博士仍然记得，对于11月中旬来说，那场暴风雪是“极其罕见的”。经过一夜的狂风和电闪雷鸣，地上积了足足5英寸厚的湿雪。[12]暴风雪导致新区路清晨断电，这也是理查德·克拉夫茨没想到的。更加倒霉的是预订好的“Asplundh Badger Brush Bandit 100”型碎木机重逾4200磅，他的小型卡车拖不动大型设备，因而没法去取。由于不能在星期二把碎木机拖走，理查德·克拉夫茨决定每日支付260美元租金保留这台机器，这一举动也引起了达里恩租赁公司管理层的注意。实际上，理查德·克拉夫茨在接下来的两天里也没有来取碎木机。他那台新翻斗卡车在经销商处又出了些其他问题，还是交不了货。

克拉夫茨家断电的准确时间是11月19日，即星期三凌晨3点35分。玛丽·托马斯那天很晚才结束在麦当劳的工作，回到新区路5号时已是凌晨2点。除发现理查德·克拉夫茨的货车不在车道上外，她没有看到任何异常情况，之后她上床睡觉。第二天早上6点左右，理查德·克拉夫茨把玛丽叫醒，让她和三个孩子去韦斯特波

* 大众高尔夫旗下品牌，即前文所说的那辆大众高尔夫。——译者注

特的卡伦和大卫·罗杰斯家。玛丽向理查德·克拉夫茨询问海伦的下落，他支支吾吾地说海伦已经前往卡伦家，他们将在那儿与她会合。海伦的蓝色丰田雄鹰车不在外面。那天凌晨，大约是断电一小时后，理查德·克拉夫茨给妹夫大卫打电话称，因为断电想带玛丽和三个孩子去他那儿。到达大卫家后，玛丽没看到海伦，于是再次询问理查德·克拉夫茨。理查德极不耐烦地说不知道她去哪儿了，玛丽这时决定不再多嘴。之后，理查德·克拉夫茨把玛丽和三个孩子留在韦斯特波特，自己开车回新区路，到家时是上午 9 点。理查德·克拉夫茨说自己担心断电期间家里冰箱出现问题，所以必须回去。对此罗杰斯夫妇可能会感到奇怪，因为理查德·克拉夫茨有一台便携式发电机，在断电的情况下，完全可以靠它来提供电力。理查德·克拉夫茨这次不同寻常的拜访引起了卡伦·罗杰斯的怀疑。她知道，理查德·克拉夫茨以前就是在经常停电的环境中生活的。她当时想，他或许是想拿这次暴风雪做幌子，借机去找另一个女人。克拉夫茨家于上午 10 点 44 分恢复供电，但他在中午 12 点 11 分与玛丽通电话时仍称还没有来电。下午 3 点钟左右，理查德·克拉夫茨打电话到罗杰斯家，他说电力不久前恢复了，但他会晚点到，因为车在房前车道滑行时陷入雪中了。对卡伦来说，这又是一个可疑的说法，因为她很清楚自己哥哥的驾车能力，他在什么条件下都能开。[13]

暴力犯罪后会遗留大量证据，不期而遇的暴风雪为理查德·克拉夫茨赢得了处理证据所需要的宝贵时间和独处机会。我在别的场合曾经说过，在缺乏现场物证的情况下，比如血迹斑斑的尸体被从现场移走，犯罪调查人员可以运用推理方法揭示作案人为掩盖犯罪所采取的行动。不过，在本案中，理查德·克拉夫茨必定想过，只要清除亡妻的尸体，警方的追诉就不可能成功。还是前面那句话：

“没有尸体，就没有犯罪”。或许这能解释为什么理查德·克拉夫茨在犯罪后没有尽其所能地彻底清洗现场。相反，他在上天“恩赐”的绝佳时间段里跑到新镇金融中心（Newtown Banking center），把海伦做窗帘生意收到的一张300美元支票存入夫妻俩的共同账户。理查德·克拉夫茨后来主动把这笔钱给了海伦的好友和生意伙伴安娜·巴泰利。意味深长的是理查德还利用这段时间去了趟布鲁克菲尔德（Brookfield）的卡尔多零售店（Caldor's Store），于下午1点27分用自己的维萨信用卡（Visa Card）买了两床羽绒被和两个枕头，总价为257美元。

在我看来，有点讽刺的是理查德·克拉夫茨必定是忙着转移某些证据，还要弄台足以拖动所租碎木机的大车，因此他甚至没有为海伦的朋友们准备好一个有关她下落的解释。而海伦的这些好朋友肯定很快就会来找她。理查德·克拉夫茨终于在晚上9点到韦斯特波特接走玛丽·托马斯和三个孩子，四人一起返回了新镇那栋漆黑而又空旷的房子。

在暴风雪肆虐期间，安娜·巴泰利和丈夫格伦·巴泰利（Glen Batelli）* 可没有新区路的居民们那么幸运。他们家直到11月19日，即星期三晚上还没有恢复供电。安娜·巴泰利是第一个想找海伦的人，但是那天给海伦打了数次电话都没人接听。11月19日深夜，格伦和安娜开车去杂货店买东西，路过新区路时，他们注意到海伦家的灯亮着。一到家，安娜就往克拉夫茨家打电话，电话是理查德·克拉夫茨接的。他告诉安娜，海伦出去了，他还主动说，如果需要的话，她们可以到他家来洗热水澡，不过安娜谢绝了。第二天，即星期四上午，安娜再次打电话，接电话的是玛丽·托马斯，她漫不经心地说海伦“应该在飞机上”。安娜不太相信这个说法，因为根据泛美航空公司的规定，所有职员在两次飞行任务之间必须有48小时的休整时间。安娜和海伦既是好朋友，又是生意伙伴，两人每天都要相互聊天。昨天一整天海伦都没有联系安娜，对此安娜已经起了疑心。安娜马上再度联系玛丽·托马斯，问她为什么说海伦上班去了。玛丽·托马斯称，海伦的乘机旅行手提包不在家，这说明她回公司工作了。安娜脑海里浮现出一幅不详的图景，她想起了海伦对她和其他人都说过的那句宿命式的话："如果我有什么不测，请相信那绝不是什么意外。"安娜于是告诉玛丽，海伦曾说过，如果她失踪了，则希望安娜采取一定的行动，但玛丽不认为海伦不在家有什么特殊的意味。

星期四下午，理查德·克拉夫茨给安娜·巴泰利回电。理查德称，海伦得到紧急通知，已经被叫回到生病住院的母亲的病榻之侧。理查德说，星期三早上，海伦经停伦敦时还给他打过电话。这让安娜感到非常吃惊，因为海伦上周六还在德国给她母亲打过电话，没提过有任何疾病。安娜问理查德·克拉夫茨，他是否要和泛美航空公司联系，帮他的妻子请紧急事假，因为按照公司政策，如果因"无法联系"而连续三次错过工作安排，那么海伦将会被解雇。理查德则希望安娜帮他处理这件事。在安娜的要求下，理查德给了安娜一个丹麦的电话号码，据他说是海伦母亲家的。安娜家还没有恢复供电，家里这两天很冷，儿子发烧了。本来她和海伦第二天，即11月21日都要参加泛美航空公司的例行培训课程，但此刻她必须请假了。第二天一大早，安娜打电话给空乘主管贝蒂·考德威尔（Betty Caldwell），要求取消自己的培训。同时她也提到了理查德·克拉夫茨所说的海伦的情况。贝蒂随即告诉安娜，只有海伦本人或她丈夫可以申请紧急事假。安娜马上把这一情况转告了玛丽·托马斯，她答应会告诉理查德·克拉夫茨。

安娜·巴泰利于星期六抵达纽约肯尼迪国际机场（JFK Airport）

的泛美航空公司停车场，准备值飞下午4点30分前往法兰克福的航班，海伦也在此次航班的值班表内。安娜发现海伦的蓝色雄鹰车就停在泛美航空公司的员工停车场。安娜在等待登机时把她所知的海伦的情况告诉另一位主管即勒妮·丹泽尔（Renee Denzel）*，勒妮为安娜变通了规定，帮助海伦申请了48小时的假。到了欧洲后，安娜往克拉夫茨家打了数次电话，希望提醒理查德·克拉夫茨，帮海伦申请紧急事假的最后期限是星期一下午5点，逾期不申请的话，海伦的工作就岌岌可危了。安娜也试过拨打理查德给她的海伦母亲家的电话，但未能接通伊丽莎白·尼尔森家，不过安娜当时以为是自己不懂丹麦语所致。

11月24日，即星期一，回到国内的安娜打电话给理查德·克拉夫茨，督促他务必在当天下午5点之前帮海伦申请紧急事假。理查德推脱说每次拨打泛美航空的电话，总机都是忙音，而且他还忙着去开家长教师会。安娜还告诉理查德，他给的那个丹麦电话号码联系不上伊丽莎白·尼尔森家。理查德建议她打电话问问海伦住在加利福尼亚的表亲波尔·冈斯加德（Poul Gamsgaard）。在安娜的督促下，理查德同意等有空时亲自致电泛美航空公司。此时的安娜焦虑万分，她把自己的担忧告诉了丈夫。随着事态的发展，海伦的其他朋友和同事也纷纷站出来寻找海伦的下落，事后证明，她们的介入是非常重要的。安娜等人此前从未见海伦有过下落不明的情形。

越来越多的亲友把目光对准理查德·克拉夫茨及其所作所为。玛丽·托马斯和一位邻居后来回忆称，在克拉夫茨家屋前雪地里和草坪上见过两道深深的车辙印，一直通往车库。新米尔福德的汽车经销商没有修好那辆新翻斗卡车的油路，理查德·克拉夫茨越来越失望。他每天要为保留那台碎木机支付260美元，他给经销商下了通牒，如果不能马上用上自己的卡车或者类似车辆，他就取消预订。

11 月 20 日，即星期四的中午，理查德·克拉夫茨两次致电福特麦克劳克林经销店的销售经理，强调自己当天就要用那辆卡车拖包括碎木机在内的一些重型设备。由于害怕丢掉这单生意，经销商随即答应先借给理查德一台福特 50U 型重载卡车作为替代车辆。在这当口，理查德·克拉夫茨没心情吹毛求疵，他同意经销商下午 2 点把车送到新区路。这辆车的两侧刷了橙红色和灰色的公司商标，比理查德·克拉夫茨预想的更招摇。理查德随后开着这辆 U 型重载卡车去达里恩租赁公司，把碎木机挂在后面。一辆 U 型重载卡车后面再拖上一台两吨重的碎木机，颠簸行驶在路上，引得路人纷纷侧目。

黄昏刚过，理查德·克拉夫茨回到了新镇。回来后他才知道，原定每周四晚上在警察局开办的培训课程因恶劣天气被取消，他当晚 10 点要到绍斯伯里警察局上班。玛丽·托马斯本来要去麦当劳，但因理查德要上班，于是决定待在克拉夫茨家，和孩子们在一起。当晚约 7 点，乔·威廉姆斯（Joe Williams）和妻子驾车经过位于新镇和绍斯伯里之间、靠近胡萨托尼克河（Housatonic River）的一个地方。当临近横跨胡萨托尼克河的银桥（Silver Bridge）时，乔·威廉姆斯听到一阵嘈杂声，紧接着看见一辆 U 型重载卡车停在桥上，后面拖着一台碎木机。尽管由于自己车的内窗玻璃上有雾气，视线不是很好，但威廉姆斯仍然看见有个男子蹲在卡车和碎木机之间的桥面上，似乎不太想被人看见。这个人身披橄榄绿雨衣，头上戴着一顶在军人和警察身上常见的软帽。威廉姆斯是个急性子，他犹豫了一会儿，在看到桥对面车道有车驶来后，他决定不去帮忙，而是继续赶路。这个人可能是要往河里倒碎木屑，他也不想去指责这种不道德的行为。不过，威廉姆斯注意到那辆卡车后车厢载着两堆木屑和一些像是塑料或布制的袋子。理查德·克拉夫茨后来否认威廉姆斯看到的是自己，他说那时自己正在当地一家小餐馆喝咖啡，不过他这份不在现场证据从未得到证实。

当天晚上，理查德·克拉夫茨穿着牛仔裤到绍斯伯里警察局上晚上10点至次日凌晨2点的轮班。丹尼·刘易斯（Danny Lewis）是绍斯伯里市政厅（municipal department）的雇员，当晚正好他值班。他记得晚上9点左右曾看见一辆U型重载卡车拉着一台碎木机在市政府大楼停车场转悠。停车场里停满了卡车和扫雪车，这辆重型卡车找不到车位，于是继续向前开走了。大约晚上11点，刘易斯发现这个奇特的组合正停放在罗尚博学校（Rochambeau School）空荡荡的停车场内，这个停车场离市政府大楼和警察局大约有200码远。

11月21日，即星期五的凌晨4点，绍斯伯里警员理查德·怀尔德曼（Richard Wildman）在罗尚博学校停车场碰见了反穿警用风雪衣的理查德·克拉夫茨。凌晨2点下班后，理查德·克拉夫茨一直没走，还在警察局大楼内闲逛，所以怀尔德曼对这时看见他并不觉得惊讶。但是理查德·克拉夫茨面前那辆后部拖着一台碎木机的U型重载卡车还是让怀尔德曼觉得很古怪。理查德·克拉夫茨这时正从绍斯伯里警察局的一辆巡逻车里取出自己的个人装备，放到卡车上。怀尔德曼当晚11点开始上班，为时8小时，在上班之前，他和理查德·克拉夫茨说过话，两人闲聊了一会儿当地仍在继续的暴雨。理查德·克拉夫茨把巡逻车交还警察局后，怀尔德曼开车把理查德·克拉夫茨送回他的卡车和碎木机那儿。理查德·克拉夫茨告诉怀尔德曼，他是上周三租的这台碎木机，因为暴风雪刮断了他家树林几棵树的树干*，这让怀尔德曼惊呼这些树干的尺寸："那得是多粗的树干啊?"理查德·克拉夫茨后来告诉警察，那天凌晨2点30分他直接回了家，他所经过的路线无论如何也不可能把他带到银桥

* 原著表述为"limb"，原著作者此处加注引号，语带双关，因为这个词在英文中除树干之意外，还可以指人的躯体。——译者注

附近区域。当天凌晨 4 点 30 分，怀尔德曼在一处换乘停车场（commuter parking lot）再次看到这个 U 型重载货车和碎木机组合，不过这次他没有看到理查德・克拉夫茨。半个小时后，当他再度经过这个停车场时，卡车和碎木机都不在了。上午下班前，他在填写报告时写到了第一次碰见理查德・克拉夫茨的情形，但没有提到第二次看见卡车和碎木机的情况，对理查德・克拉夫茨谎言的调查很快就会找到他这里来。

回过头来看理查德・克拉夫茨的托词，很明显，他不是很在意其在这些关键时刻遭到严格调查。他必定是筋疲力尽了。不过，他的肾上腺素会分泌很活跃，推动着他继续往下走。电话记录表明，星期五上午 9 点，他给住在佛罗里达州的母亲打过电话。之后的 10 点 30 分左右，那辆 U 型重载卡车和碎木机出现在新米尔福德的福特麦克劳克林经销店，理查德・克拉夫茨前来督促他们赶紧移交他那辆翻斗卡车。理查德・克拉夫茨后来说，从家中到福特麦克劳克林经销店只用了 20 分钟。但是，大卡车拖着碎木机沿着乡间小路一路颠簸驶来所花费的时间，保守估算也要 40 分钟。催完福特麦克劳克林经销店后，理查德・克拉夫茨折返新镇。理查德・克拉夫茨后来还说，他在自家位于柯里塔克路的地块上用碎木机粉碎树枝，用了至少 2 小时时间。这又是一个谎言。无论是自相矛盾还是与实际情况之间具有差异，似乎都不太重要。但是，随着时间的推移，得不到海伦本人的只言片语，也没有关于其下落的任何信息，在这种情况下，理查德・克拉夫茨的谎言和混乱有助于激起警方对海伦失踪一事的调查兴趣。

星期五下午，理查德・克拉夫茨再次离开新镇，开着那辆重型卡车把碎木机拖回达里恩租赁公司归还。加上税，碎木机租赁一共花了他 900 美元，他用信用卡结了账。根据达里恩租赁公司的出勤记录，理查德·克拉夫茨还碎木机的时间是下午 1 点 29 分。为了把碎木机拆离卡车，达里恩租赁公司的彼得·格罗斯贝克（Peter Groesbeck）不得不抬高车的后门。格罗斯贝克后来回忆，他看到在卡车里朝前堆着两堆木屑，还有一个煤气罐、一些耙子和铲子，以及一把中等型号的链锯。他认出这把链锯是“斯蒂尔”（Stihle）牌的，因为公司多年来一直出租这个牌子的东西。格罗斯贝克没觉得这些东西有什么异常之处。

当天下午，还完碎木机并清理掉木屑后，理查德回到新镇，把 U 型重载货车停在离家步行不远的大联盟停车场（Grand Union parking lot）。下午 5 点 30 分，福特麦克劳克林经销店终于把那辆红白两色的新翻斗卡车交给了理查德·克拉夫茨，理查德用现金支票支付了 11 408 美元 80 美分余款。随后理查德·克拉夫茨又前往绍斯伯里警察局上了 4 小时班。在此前一周，熟悉理查德·克拉夫茨的警员们就有数次发现他显得非常疲惫，他本来应当精神抖擞的。到了第二天，即 11 月 22 日，星期六，理查德·克拉夫茨回到东方航空公司，乘坐免费航班到达迈阿密，值飞前往波多黎各（Puerto Rico）并最后返回纽约的航班。重返自己真正的工作岗位让他感到很愉快，甚至有点得意扬扬。但是，让他始料不及的是，关心海伦·克拉夫茨及其下落的人正在掀起一场风暴。

理查德·克拉夫茨选错了作案时间，他难以解释妻子为何对孩子们不辞而别，她怎么把感恩节假期的职责给忘了。（本案与马西森案有着可怕的相似性，即两名凶手都选择了感恩节假期前后作案。）到了感恩节这周的星期一和星期二，安娜·巴泰利非常担心海伦，迫切想知道海伦在哪里。安娜很了解海伦，那是个充满活力的朋友和三个孩子的母亲，到这时还联系不上她，这确实太不寻常了。海伦在泛美航空公司本是个值得信赖且守时的员工，这次事件会影响公司对她的评价以及她的饭碗。特别值得一提的是，海伦对其丈夫提起的离婚诉讼即将开庭。星期一去泛美航空公司时，安娜看到海伦的雄鹰车还停在员工停车场。星期二，安娜检查了她和海伦为经营生意而共用的邮政邮箱，但一无所获。海伦和安娜背着理查德·克拉夫茨租了一个银行保管箱，但里面也没有发现海伦的任何信息。到了感恩节的前一天，安娜有些魂不守舍，脑海里萦绕着海伦有关其人身安全的那句警语。安娜打电话给苏·米勒，米勒劝她要谨慎些。通过使用语言支持业务，安娜终于接通了理查德·克拉夫茨给她的那个丹麦电话，并证实这个号码是理查德编造的。安娜把自己的担忧告知丈夫格伦·巴泰利，两人逐渐认定，海伦·克拉夫茨已经被她的丈夫杀害了。

玛丽·托马斯似乎想要告诉安娜和格伦些什么。巴泰利家的后院有个小鸡窝，玛丽·托马斯经常顺道来巴泰利家买些新鲜鸡蛋。一个新消息是，理查德·克拉夫茨给自己买了台翻斗卡车，表面上看是在柯里塔克路的地块上盖房子时要用，但海伦从未提过盖房子的事。到了 11 月 25 日，即星期二，玛丽·托马斯带来一条爆炸式的信息，即上星期六，11 月 22 日，玛丽·托马斯在主卧地毯上看到一块“有一个葡萄柚那么大”的黑色污渍。几天后，理查德·克拉夫茨把主卧和孩子们的两间卧室的地毯都抽走扔掉了。玛丽·托马斯还说，她那本记着海伦家人和朋友电话的号码本也不见了，她认定号码本的失踪和理查德·克拉夫茨有关。

巴泰利夫妇越来越担心他们自己的安全。格伦推断，如果理查德·克拉夫茨是一个狡猾且冷酷的杀手，那么他有可能会把怒火撒向不停寻找海伦下落的安娜身上。但安娜毫不畏惧，她在感恩节的前一天，即星期三又给理查德·克拉夫茨打了电话。理查德·克拉夫茨称，他没有接到海伦的电话，也没有时间找她在加利福尼亚的表亲波尔·冈斯加德去核实伊丽莎白·尼尔森的丹麦电话号码。理查德对安娜说，他忙着照看他的孩子们，比如要带他们去预约好的牙医那儿做诊疗。理查德·克拉夫茨补充说，明天卡伦夫妇会带他们的孩子来参加感恩节宴会，“看样子要由我来烤火鸡了”。第二天，卡伦来到克拉夫茨家，她对海伦的缺席感到很吃惊，因为正是她这位嫂子邀请她们来的。本案还有一个带有讽刺意味的巧合：安娜的儿子也预约在星期三下午看牙医，当安娜和理查德·克拉夫茨在牙医办公室相遇时，安娜的眼里掠过一丝惊恐。理查德·克拉夫茨赶紧躲得远远的，他跑到儿子正在接受治疗的牙科治疗室，似乎想确保妻子的好朋友没在后面跟着他。理查德·克拉夫茨走时也没有和安娜打招呼。

安娜和格伦的感恩节是在马萨诸塞州度过的。在返回新镇的路上，格伦认为应该把对海伦的担心说给他认识的一个新镇警察听听。安娜反对这么做，她害怕警队有人会把她的话透露给理查德·克拉夫茨。不过，这次假末开车回家成了安娜的一个转折点。海伦·克拉夫茨绝不可能不和三个孩子共度感恩节，更不用说连句话都没留下。安娜此刻更加坚定了那个可怕的想法，即最坏的情况已经发生了。海伦被她的丈夫杀死了，至少在今生，安娜是再也看不到这个好朋友了。

就在感恩节的第二天，安娜、苏·米勒和帕特里夏·冯·伯格（Patricia Von Berg）* 坐在纽约肯尼迪国际机场的自助餐厅喝咖啡。帕特里夏·冯·伯格也是泛美航空公司的空姐，安娜以前在克拉夫茨家举办的派对上见过她。安娜说，她看到海伦的雄鹰车还在停车场。当她提及玛丽·托马斯所说的理查德·克拉夫茨从主卧抽走的地毯上有黑色污渍时，两名听众惊呆了。三个女人都是面如死灰。帕特里夏不假思索地说出了海伦曾经也告诉过安娜的那句关于其人身安全的警语。安娜第一次知道，海伦曾经向其他人说过她对自己性命的担忧。安娜和苏·米勒随后飞往瑞士苏黎世，这次航班她们本来应和海伦共同值机的。两人听到了对海伦名字的呼叫，要求她到机组报到，但海伦没有出现。启程前，安娜对其他人说，她仔细查看过与海伦的共同邮政信箱，找到了海伦请的离婚律师的名字。尽管黛安娜·安德森律师这个星期五可能请假不上班——事实上她也确实请假不在办公室，但帕特里夏仍然同意一到家就给她打电话。

帕特里夏的丈夫弗雷德·冯·伯格（Fred Von Berg）* 是一名理财规划师，曾在泛美航空公司工作。听到这个惊人的消息后，他致电泛美航空公司，找昔日朋友打听自 11 月 19 日以来乘坐泛美航空公司航班前往丹麦的乘客情况，但没有海伦的登机记录。帕特里夏给理查德·克拉夫茨打电话说，她听见公司呼叫台传呼海伦值飞前往苏黎世的航班，这是海伦第二次旷班。理查德·克拉夫茨称，他的妻子在过去 17 年里一直都是非常独立的。他重申海伦正在丹麦，预计下周日会返回。帕特里夏突然想到，自认识理查德·克拉夫茨起，“他和我就没说过几句话”。她对理查德说，她会在周日再打电话来找海伦，理查德·克拉夫茨回答，“好吧”。

对海伦·克拉夫茨的担心在她的朋友圈子中迅速传播。帕特里夏·冯·伯格迅速致电海伦的另一个当空姐的朋友薇姬·卡森（Vicki Carson）*，她也说没有见过海伦，但她在本周早些时候给理查德·克拉夫茨打电话时，理查德说他接到过海伦从哥本哈根打来的电话。理查德对薇姬的解释和他对海伦其他朋友的解释并无不同。薇姬同意立即给理查德·克拉夫茨打电话，她说做就做。理查德·克拉夫茨在通话时告诉她，海伦的妈妈伊丽莎白·尼尔森情况不太妙，而且“头脑已经迟钝”。理查德·克拉夫茨答应在次日下午早些时候给海伦在丹麦的一个表亲打电话，询问尼尔森家正在使用的电话号码，但后来证实，在约定应当往丹麦打电话的那个时间点，理查德·克拉夫茨正在驾机飞行。

帕特里夏·冯·伯格是瑞典人，丹麦语也说得很好，她在周六通过电话获得了伊丽莎白·尼尔森的准确号码，和理查德·克拉夫茨所给的号码不是一个区号，而且号码中有一个数字也不一样。此刻，帕特里夏终于可以直接和海伦的母亲说上话了。她用词很小心，避免给这个老太太造成不必要的刺激。伊丽莎白·尼尔森的表达非常清晰，思路敏捷。她告诉帕特里夏她没有生病。海伦的妈妈问起了自己的外孙和外孙女的情况，她还告诉帕特里夏，自己要到次年4月份才能见到海伦，因为海伦那时会带三个孩子到丹麦度假并看望她。

帕特里夏打给伊丽莎白·尼尔森太太的电话戳穿了理查德·克拉夫茨编造的故事，在海伦的朋友圈中又投下了一枚炸弹。薇姬·卡森马上付诸行动，她直接打电话责问理查德·克拉夫茨，为何他所说的妻子下落和她们查清的事实差别如此之大？理查德·克拉夫茨沉默了一会，然后蹩脚地说道，伊丽莎白·尼尔森肯定在撒谎。理查德称，以前海伦的爸爸病重时，她就说过谎。在薇姬的催问下，理查德·克拉夫茨说，也许海伦去巴黎看望她的一个名叫“维维”（Vivi）的女性友人了，但海伦的朋友们从未听海伦提起过这样一个人。理查德·克拉夫茨还推测说，因为语言障碍，伊丽莎白·尼尔森歪曲了事实。薇姬提醒理查德，丹麦人和瑞典人可以很顺畅地进行交流。薇姬变得更加担心，疑心也越来越大。她还提醒理查德，在下周一之前，海伦的工作尚可无忧，但是他最好立即采取措施，否则他们家将有丢掉海伦这份收入的风险，而理查德所在的东方航空公司最近恰恰减了薪。在薇姬看来，理查德对此似乎无动于衷，甚至是漠不关心。于是她直接问理查德·克拉夫茨，他和海伦的婚姻是不是存在问题。理查德·克拉夫茨称，是存在问题，但最近还不算太坏。他在回答薇姬接下来的提问时说道，或许海伦想把这些事情想清楚，因而躲到什么地方去了。

薇姬和帕特里夏这时都给艾丽丝·贝内特打了电话，艾丽丝对事态的发展和理查德·克拉夫茨的说法感到非常不安。海伦失去联系已经9天，这是前所未有的，而且她永远也不可能在感恩节这样的假期不做任何解释就抛下三个孩子不管。艾丽丝·贝内特与海伦自1969年起就在一个机组工作，海伦也没有理由不告诉她一声。更何况，海伦应当非常清楚，不执行空乘任务会让她丢掉在泛美航空公司的工作。艾丽丝·贝内特立即致电伊丽莎白·尼尔森，证实海伦的妈妈没有见到海伦。之后，艾丽丝往克拉夫茨家连打了三次电话，但都是玛丽·托马斯接电话，直到星期六深夜才找到理查德·克拉夫茨。

理查德认识海伦时起就认识了艾丽丝，因而也健谈了许多。他告诉艾丽丝，他在下着暴雪的11月19日一大早就把三个孩子送到韦斯特波特的妹妹家了，并且他预料海伦会到那儿和他们会合。但跟其他朋友一样，艾丽丝知道，海伦不喜欢在下暴雪时开车。令艾丽丝同样迷惑不解的是，理查德·克拉夫茨说海伦走时穿了件赤狐皮大衣，而艾丽丝知道海伦把这件衣服寄存在了新镇的一家干洗店。理查德还主动说，他不知道纽约肯尼迪国际机场的泛美航空公司员工停车场在哪儿。在艾丽丝看来，这又是一个非常反常的地方，因为理查德·克拉夫茨经常去的东方航空公司员工停车场就在这个停车场的街对面。放下电话后，艾丽丝坚信理查德·克拉夫茨在扯谎，但她需要更多确凿的事实证据来证实。

海伦的密友们坚持不懈，一定要揭开在海伦身上到底发生了什么。薇姬·卡森星期六晚上从艾丽丝·贝内特那里了解到理查德·

克拉夫茨说法中的新的矛盾之处。薇姬立即进行追查，她当晚和海伦在加利福尼亚的表亲波尔·冈斯加德取得了联系。波尔·冈斯加德对理查德·克拉夫茨的评价很低，他也对海伦以如此方式“抛弃”孩子和家庭感到非常焦虑。他也很清楚海伦和她丈夫之间的婚姻问题。波尔·冈斯加德同意打电话到丹麦。第二天，他打过电话后告诉薇姬，丹麦那边没人知道海伦在哪儿。艾丽丝·贝内特这个周日再次致电理查德·克拉夫茨，督促他亲自去报警或者给 FBI 打电话。理查德嘲笑艾丽丝，她肯定是“《迈阿密风云》（*Miami Vice*，当时很受欢迎的一档警察节目）看多了”。理查德还说，一旦他的妻子回来后发现自己几天不在就闹出这么多是非，甚至被报失踪，她会感到很丢脸的。

安娜·巴泰利已从苏黎世回到美国，她周日也给理查德·克拉夫茨打了电话，径直质问他先前有关海伦下落说法的矛盾之处。理查德·克拉夫茨曾经对贝蒂·库珀（Betty Cooper）*——他们家的邻居，也是海伦的朋友，说海伦去丹麦了，而最初他对安娜则说不知道海伦去哪儿了，仅仅一天后，就又编出海伦去了丹麦的故事。理查德·克拉夫茨再次改变了说法。他对安娜说，根据他新近获得的信息推测，也许海伦出人意料地给自己放了个长假，去了加那利群岛（Canary Islands）的地中海俱乐部（Club Med）。这一说法让安娜有些目瞪口呆。理查德·克拉夫茨接着说出了几个可能和海伦在一起的女性朋友的姓名。根据理查德·克拉夫茨提供的姓名，安娜联系了现住在佛罗里达的老邻居埃伦·奥布赖恩（Ellen O'Brien）*，但她说已经有一段日子没有和海伦联系了。海伦·克拉夫茨的朋友们此刻极为紧张，一天不找到答案，她们就无法放松心情。这些忠实的朋友们找到了一名新的支持者，她们并不太喜欢这个人，但也正是这个人做了大量工作，让刑事司法系统在时间还不算太晚的时候介入到海伦失踪案的调查当中来。

1986年12月1日，即星期一之前，基思·梅奥对于海伦失踪之事还一无所知。那天早上，他去了新米尔福德的办公室，这是自上周三以后他第一次来这儿上班。他原以为新的月份会是个安静的开始，他可以做些文书工作和缴付账单。他的助手苏·施奈德（Sue Schneider）也在办公室。但不久后电话就响了，打电话的是海伦的离婚诉讼律师黛安娜·安德森，她给基思交代了一项为期三周的任务，目的是将海伦失踪案呈递康涅狄格州警政厅重案处（Connecticut State Police's Major Crimes Unit）。安德森律师向基思简要地介绍了她周末接到海伦三位好朋友紧急电话的情况，这三个人分别是安娜·巴泰利、艾丽丝·贝内特和帕特里夏·冯·伯格的丈夫弗雷德·冯·伯格。安德森把围绕着海伦失踪的各种详情转告基思，基思·梅奥马上跑出去咨询旁边办公室的罗兰·穆兹（Roland Moots）律师。罗兰·穆兹告诉这位私家侦探，更稳妥的做法是获得新镇警察局填写的失踪人员报告。这位律师担心基思·梅奥会掉入一个法律陷阱，爬出来时脖子被套上毁坏他人名誉之诉讼。基思·梅奥明白，必须先获取失踪人员报告。他迅速给黛安娜·安德森回电，后者也明白了这么做的重要性，两人约好一小时后在丹伯里会面。基思·梅奥肯定想过，是不是他拍的那些照片直接导致了这场悲剧。

基思·梅奥曾在邻近的新费尔菲尔德（New Fairfield）警察局当过警察，后来又加入新米尔福德警察局。新费尔菲尔德比新米尔福德小，其警察局的警员归一支常驻此地的州警察支队管理。基思·梅奥还在我任职多年的纽黑文大学学习了两年刑事司法。刚直的性格曾让基思·梅奥陷于困境，他曾公开指控新米尔福德市警察委员会的一名委员将晋级考试答案泄露给其中意的候选人。基思·梅奥当时参加了晋升中士的考试，但名次不太理想，于是决定离开警队，开办了自己的私人侦探机构。他的业务以调查外遇为主，他帮海伦·克拉夫茨提供的就是这类服务。[14]

或许是因为他认识海伦·克拉夫茨，或许是他在进行外遇调查时对理查德·克拉夫茨有一定了解，或许是因为他容易激动，总之基思·梅奥立即开始追寻答案。黛安娜·安德森告诉他，给她打电话的那三个人很担心理查德·克拉夫茨家的保姆玛丽·托马斯，除了理查德本人外，居住在新区路5号的就剩她一个成年人了。如果理查德·克拉夫茨认为她是个麻烦的话，那么不幸也许就会降临到她的头上。基思·梅奥马上给新米尔福德警察局的一个老朋友打电话，征求他的意见，随后很快就和新镇警察局局长路易斯·马切塞通上了电话。

基思·梅奥要求采取紧急行动，例如派出警察保护玛丽·托马斯，而路易斯·马切塞对此的回应则是，基思·梅奥以及所有人都必须明白，这个地方由他这个局长负责，他不会允许任何人尤其是一个私人侦探闯入他的势力范围。一直到当天下午4点30分，基思·梅奥也没能找到人来审查这个案件。毕竟，每周都有一两起失踪案件，几乎所有案件最后都以失踪者在数天后自行回到家中而告终。不管路易斯·马切塞局长是否曾正式向其手下的侦探或其他警员传达其立场，这些想法实际上都已经在新镇警察局对海伦·克拉夫茨失踪案的回应中得到了深刻的反映。[15]

那天上午10点30分，基思·梅奥来到丹伯里，与黛安娜·安德森在法院大楼碰头。安德森带基思·梅奥去见了州助理检察官罗伯特·布鲁内蒂（Robert Brunetti），后者曾在新米尔福德一家律师事务所执业，并曾聘请过基思·梅奥。布鲁内蒂年近四十，虽然不久前才就职，但成功律师的职业履历和平易近人的处事风格，使其很快就在法律界声名鹊起。可能因为安德森是报案的一方当事人，罗伯特·布鲁内蒂决定下到大厅去找负责新米尔福德事务的首席州检察官沃尔特·弗拉纳根。基思·梅奥和黛安娜·安德森已经反复向布鲁内蒂强调，玛丽·托马斯正处于危险之中，而布鲁内蒂也把这一情况转告了弗拉纳根。很明显，如果检察官办事处对此无动于衷，布鲁内蒂将被要求承担责任。

沃尔特·弗拉纳根从一开始就很重视助理检察官汇报的情况。弗拉纳根身材高大，为人保守而谦恭，当年 49 岁的他早已证明自己是康涅狄格州最优秀的检察官之一。弗拉纳根 1960 年毕业于圣十字学院（Holy Cross College），1963 年自康涅狄格州大学获得法学学位，在其家乡布里奇波特与威廉·莱弗里（William Lavery，他后来担任法官，本案中对克拉夫茨家不动产的搜查令就是他签发的）一起从事律师工作，1971 年进入检察官事务处工作。弗拉纳根很了解路易斯·马切塞及其在新镇警察局的军阀作风。为此，他很快就明白，海伦·克拉夫茨的失踪很有可能不会引起当地警察的重视。更何况，理查德·克拉夫茨还曾在新镇警察局工作过。

见过沃尔特·弗拉纳根后，罗伯特·布鲁内蒂出去打了个电话，随即告诉戴安娜·安德森和基思·梅奥，他让一名巡警（inspector）联系过路易斯·马切塞，但后者没有改变主意，近期不会见基思。布鲁内蒂还建议他们俩鼓励海伦·克拉夫茨的朋友们向新镇警察局表达她们的关切。他还希望基思与玛丽·托马斯取得联系，确认她是否安全。

玛丽·托马斯第二份兼职工作是在新镇一家小寄卖商店记账。那天中午，她上班迟到了。基思·梅奥和这家商店老板吵了一架，之后，他通过一名新镇警察给罗伯特·布鲁内蒂打电话，布鲁内蒂同意他带玛丽前往新镇警察局。玛丽·托马斯有着一头浅黄色头发，看上去就 20 岁，只要被问到有关海伦下落的问题，她就开始抽噎。

玛丽在警察局与基思交谈的半个小时里简述了 11 月 19 日即周三早上的情况。她强调，理查德·克拉夫茨那天看起来筋疲力尽，在驾车从韦斯特波特返回新镇的路上竟然打起了瞌睡。会谈被一名新镇警察打断，他把玛丽带到了另一个房间，但这些内容足以让基思更加相信海伦已经发生不测。海伦的失踪存在诸多谜团，例如那天下着暴雪，为什么海伦在破晓之前留下了她的雄鹰车，而理查德·克拉夫茨仍然说她在韦斯特波特的罗杰斯家中呢？基思·梅奥在警察那里碰了一鼻子灰，唯一值得庆幸的是得到了一份玛丽·托马斯的陈述记录。

基思·梅奥的助手苏·施奈德致电安娜·巴泰利，后者立即来到基思在新米尔福德的办公室。刚听安娜说了一会儿，施奈德就决定把她带到新镇警察局。安娜在警察局里向一名巡警做了一个半小时的陈述。期间，基思和施奈德把玛丽·托马斯送回寄卖商店的停车场。玛丽在这里取车，这辆车正是理查德·克拉夫茨不久前购买的高尔夫。基思和施奈德跟着玛丽回到新区路 5 号，理查德·克拉夫茨不在家，因而两人对把玛丽留在那儿比较放心。基思一直非常担心玛丽会有不测，现在全看运气了。基思行事起伏不定且容易冲动，这在最初的几周里将是一个大麻烦。

接下来的几天里，围绕着海伦·克拉夫茨失踪的紧张气氛明显升级。12 月 2 日，即星期二的上午，新镇警察局把理查德·克拉夫茨叫去谈话。警察局有位核心调查人员出来作证说理查德·克拉夫茨品行良好。在这次与侦探的会谈中，理查德·克拉夫茨说自己的妻子与她的亚裔情人私奔了，因为不想“家丑外扬”，他向玛丽·托马斯以及海伦的朋友们隐瞒了这一事实。在填写关于海伦的失踪人口报告时，侦探询问海伦的失踪时间，他说妻子是在一两个星期前失踪的。侦探问他，现在有很多人怀疑他，为什么他不亲自站出来解释清楚。理查德回答，他本来就准备在下午来警察局说明情况。不过侦探并不相信这一说辞。随后，理查德在记载了他所说的事实版本的笔录上签了字。不过，新镇警察并没有提及理查德面临的离婚诉讼。为了转移话题，理查德那天还栽赃说海伦在丹麦开了一个有大额存款的银行户头，对此警察也不置可否。基思·梅奥第二天才听说新镇警察局询问了理查德，还是罗伯特·布鲁内蒂告诉他的。那个星期三的上午，布鲁内蒂给新镇警察局打了三次电话，其中第三次电话是要求警方提供一份打印的理查德的询问笔录，不过警方一直没有给他。布鲁内蒂还告诉基思·梅奥另一个非常重要的新信息，理查德·克拉夫茨同意接受测谎。

大约与此同时，《丹伯里新闻时报》（*Danbury News-Times*）得到风声，海伦·克拉夫茨的失踪是一个大新闻。28 岁的帕特里克·奥尼尔（Patrick O'Neil，这个奥尼尔与我的合作作者奥尼尔没有任何关系）是个非常聪明而且精力充沛的记者，之前还得过奖。他在新镇警察局见到了基思·梅奥和两位美女（安娜·巴泰利和苏·施奈德）。他被告知，这两位女士都是空姐。基思·梅奥还给一个报社编辑打了电话，对他说了玛丽·托马斯和安娜·巴泰利所告发的情况，并且坚持要这位编辑刊发稿件时要同时署上编辑、玛丽、安娜及其本人的名字。帕特里克·奥尼尔此刻对这个案件饶有兴趣，而且其负责任的报道将有助于推动案件的调查。奥尼尔的报道与接下来数周和数月内涌现出来的一些小报式煽动性报道形成了鲜明的对比。

基思·梅奥以及海伦的朋友们一直将理查德·克拉夫茨作为杀害海伦的可疑凶手进行调查，但事情接下来的发展让他们如遭雷击。理查德·克拉夫茨轻松通过了 12 月 4 日即星期四在位于梅里登的州警察总部进行的测谎。那天上午，在被从新镇警察局送去测谎之前，理查德接受了新镇侦探询问，并在询问笔录上签字。这表明，在其妻子失踪一事上，理查德已经遭受“严重指控”（serious accusation），当天他接受测谎是为了表明自己的“合作”态度；他“没有获得”咨询律师以判断“接受测谎是否明智”的“机会”。

抵达梅里登后，理查德·克拉夫茨告诉测谎人员，他在前不久受雇绍斯伯里警察局时接受过测谎。绍斯伯里当时有两人给理查德做测谎，经过联系，其中一人对州警察说，理查德·克拉夫茨是他见过的对测谎响应度最低的受试者。那天上午，梅里登的测谎人员总共交替问了理查德 9 个问题，这些问题涉及质疑其无辜辩解和诚实度、直接询问其是否知道海伦下落以及他是否杀害了海伦等。理查德非常顺利地通过了测试，有位测谎人员甚至认为他在测试时的反应过于完美了。

经验老到的人有很多办法让自己通过测谎。无须深究更多的细节，仅理查德·克拉夫茨在 CIA 的从业经历就已经教会了他通过测试的方法。方法之一就是在鞋子里面放一枚大头钉，用尖的一头刺脚，但只在诚实地回答所设计之问题时才有效。足部的疼痛会释放出一种可追踪的反应，类似于受试者说谎时被记录到的反应。所以，当其回应无罪问题时，就不会用脚去撞钉尖了。基于这类原因，尽管这样做有时会使诉讼受挫，但是法院不允许将测谎结论作为证据使用是非常明智的。测谎在确定侦查方向时是非常有效的工具，但在绝大多数法院，测谎结论仍然是不可采的。具有讽刺意味的是，克拉夫茨案成了支持这一做法的又一个有力理由。

基思·梅奥被测谎结论吓了一跳，他咨询了该领域的专家，得到了一个提醒，即有着理查德·克拉夫茨这种经历的人有能力在测试时瞒天过海。12 月 5 日，星期五，基思·梅奥与黛安娜·安德森取得联系，两人决定与海伦最亲近的朋友们会商，彼此交换意见并确定下一步的行动。12 月 8 日，星期一，海伦朋友圈中的几个核心人员与基思·梅奥和黛安娜·安德森在安德森位于丹伯里的办公室会面。会议持续2小时，参会的是安娜·巴泰利、艾丽丝·贝内特和薇姬·卡森。与会人员很快就达成共识，即海伦绝对不可能在假期里抛下她的三个孩子离家出走。他们对海伦所说的不祥预言和理查德·克拉夫茨关于海伦下落的谎言进行了评论。多数人是第一次和基思·梅奥见面，但都认为他很有见地而且忠诚于雇主。安德森和基思离开房间后，由于都害怕理查德·克拉夫茨报复或提起法律诉讼，因而海伦的朋友们打算秘密聘请基思。基思强调，新镇警察把他们都当成害虫，不可能全心全意调查案件，而在理查德·克拉夫茨通过测谎后更是如此。海伦的朋友们制定了聘用基思的筹款方案。与会者把焦点放在海伦停在泛美航空公司员工停车场的雄鹰车上，那是一个应当立即追查的确凿证据。第二天，泛美航空公司的贝蒂·考德威尔告诉基思，若要进入这辆雄鹰车，必须持有警方命令。不过，基思从贝蒂那里获知，除了可能是支付给基思本人的1000美元外，海伦在泛美航空公司信用合作社的账户没有异动。

12月10日，星期三，记者帕特里克·奥尼尔给理查德·克拉夫茨家中打电话，向其询问与海伦失踪调查有关事项。理查德漫不经心地回应："什么失踪了？"然后就礼貌地挂断了电话。奥尼尔也已经听说了测谎一事，可以想到，路易斯·马切塞局长不会派人去调查此案了。[16]

星期一的与会者们要基思·梅奥再询问一次玛丽·托马斯，并要求录像。基思于星期三照办，并从这位保姆身上得到了更多的信息。玛丽·托马斯之前于6月份根据克拉夫茨家在《爱达荷政治家报》（*Idaho Statesman*）上刊登的广告应聘保姆，这种登报找保姆的方式对东部的家庭来说是一种标准程序。玛丽·托马斯在这次询问中说道，海伦的制式衬衫和化妆品都不见了。她以前对安娜·巴泰利夫妇说海伦的一套泛美航空公司的行李箱不见了，但这次她向基思做了澄清，因为她刚在一个壁橱里面发现了海伦最近收到的一套新的行李箱。海伦失踪一段时间后，理查德·克拉夫茨对玛丽说，他不会再关注自己的妻子，她已经从他的生活中消失了。玛丽还说，她从没听说海伦生活中还有别的男人，海伦只有在和黛安娜·安德森通电话时才会遮遮掩掩的。玛丽随即又告诉了基思一个最为重要的信息，她在海伦钟爱的主卧地毯上看到一处圆形污渍。理查德·克拉夫茨解释说，那是他把煤油泼到地毯上了，玛丽确实也闻到了煤油的气味。这是基思首次听说地毯上有黑色污渍。玛丽还告诉基思，理查德已经把地毯移走并且处理掉了。玛丽所说的这一情况让基思花费了大量精力去寻找这块毯子，它对于揭示本案真相意义非凡，但基思的寻找最终是徒劳的。

见过玛丽·托马斯后，基思·梅奥兴奋地建议两天前在黛安娜·安德森办公室会谈的人们立即碰头，安德森除外。基思也把这些进展情况告知了罗伯特·布鲁内蒂，布鲁内蒂马上转告了一直高度关注海伦案的沃尔特·弗拉纳根。基思于8点赶到薇姬·卡森家中。让他吃惊的是，与会的几名成员表达了另一种担心，即如果理查德·克拉夫茨杀死了自己的妻子，那么他的定罪实际上会让三个孩子成为孤儿。艾丽丝·贝内特打断了这种议论，她说，如果“理查德这个婊子养的”确实杀死了她的好朋友，他就应当为其罪行付出代价。基思在商谈中表现出来的积极性让这个小团体的几个人感到不太舒服。海伦的朋友们仍处于悲痛之中，这位私家侦探似乎不能理解这种情感，尽管他们目标一致，都是要应对可能已经真实发生之事。比如，安娜·巴泰利就说，她不愿再和基思打交道，她们选择艾丽丝·贝内特作为这个小团体与基思联系的代言人。

到了次日上午，基思·梅奥几乎把所有的精力都用在了寻找克拉夫茨家主卧那块上面有污渍的地毯上。从那个星期二的 11 点开始，基思发动了一批朋友和志愿者，打算沿着乡间公路前往西北方向 90 英里处的小乡村坎特伯雷（Canterbury）。垃圾搬运工会开车把垃圾从绍斯伯里运往这里的垃圾填埋场。基思·梅奥之所以追踪绍斯伯里的垃圾，是因为他听信了罗伯特·布鲁内蒂提供的一个小道消息，即有人在绍斯伯里的垃圾箱旁见过理查德·克拉夫茨，当时他的举止很古怪。

12 月 13 日，星期六，基思·梅奥驱车来到坎特伯雷，在垃圾填埋场负责人的帮助下准备进行搜索。他把志愿者们聚拢在一起，还花钱雇了些临时工。从星期一早上破晓时分开始，这些人持续挖掘和搜索了将近三天时间，终于找到了一块上面有黑色污渍的深蓝色地毯，似乎与玛丽·托马斯所说的那块地毯吻合。而实际上，他们真正要找的那块地毯被漫不经心地放在了克拉夫茨家屋后。

在这段时间里，基思·梅奥也逐步向警方施加压力，要求启动对海伦失踪案的实质调查。他把在垃圾场搜索地毯一事通知了帕特里克·奥尼尔。虽然这位记者没有应邀去坎特伯雷，但他始终密切关注事态的进展。基思还找了老朋友奥兰多·默（Orlando Mo）帮忙。奥兰多·默是基思以前在新米尔福德警察局工作时的同事，现在是一名州警。通过这层关系，基思使本案进入了州警政厅西区重案支队（state police's Western District Major Crimes Squad）的视野。西区重案支队位于沃特伯里（Waterbury），新镇在该支队管辖范围之内。奥兰多·默驻扎在风景如画的康涅狄格州小镇索尔兹伯里（Salisbury），他也认为应对本案做更深入的调查。12 月 17 日，星期三的上午，基思·梅奥在沃特伯里与重案支队的业务负责人詹姆斯·希尔茨（James Hiltz）中尉见面。不久之后，由于基思的人已经找到那块地毯，我也将开始听取海伦失踪情况的汇报，并将介入该案的调查。

基思·梅奥对帕特里克·奥尼尔的督促也开始生效。为了防止其他有竞争关系的新闻媒体抢先报道坎特伯雷垃圾填埋场的搜索工作，帕特里克所在的报社决定开始刊发有关海伦·克拉夫茨失踪案的第一份报道。星期二晚，奥尼尔再次给理查德·克拉夫茨打电话，问他对自己将要发表的报道的看法。理查德似乎只关心奥尼尔对海伦姓名的拼写是否准确。和以往一样，理查德在收线前都会礼貌得体地说上一句“晚安”。第二天早上，报纸刊发了海伦失踪案的报道，题为“警方搜寻新镇失踪妇女”。根据报道，新镇警察局长路易斯·马切塞说，警察局将本案定性为人口失踪案，但又补充说，新镇警方会“调查所有可能性”。

与12月初的漠不关心不同，到了12月中旬，新镇的侦探部门开始全力以赴调查本案。至12月8日，星期一，新镇的侦探们已经开始亲自搜集信息。安娜·巴泰利陪同一名侦探去了新镇金融中心，银行不允许侦探直接进去查验安娜与海伦两人共用的保险箱，因为海伦的珠宝还在保险箱内。安娜对这名侦探说，“如果你认为海伦还活着，那你就是个傻子”。其他侦探根据安娜提供的卡号对理查德·克拉夫茨的信用卡使用记录进行调查。调查发现，理查德11月19日在卡尔多零售店购物花了257美元96美分，但直到两周后才发现这笔钱是用于购买新的卧具。新镇警方联系了丹麦驻纽约领事馆，通过他们请求丹麦警方协助在丹麦查找海伦。不过，尽管说过要“调查所有可能性”，但马切塞局长拒绝花费人力、财力去搜查仍然停放在纽约肯尼迪国际机场泛美航空公司员工停车场内的雄鹰车。[17] 新镇警方也向绍斯伯里警察局调查理查德·克拉夫茨的情况，特别是他的工作日程。

12月11日，星期四的晚上，正当基思·梅奥准备前往坎特伯雷时，新镇侦探部门决定打电话给绍斯伯里警察局，要他们把正在执勤的理查德·克拉夫茨送过来接受询问。此时，新镇的侦探们已经发现，关于理查德·克拉夫茨的疑点越来越多。在这次询问中，侦探们告诉理查德，海伦雇用的私人侦探已经记录了他与住在新泽西州的玛丽·埃文斯有染的事实。这时还穿着警服的理查德看了看基思·梅奥拍摄的那些照片。他否认玛丽·埃文斯知道海伦失踪之事，但他承认，因为自己在埃文斯家附近使用信用卡购物，海伦和他吵过架。侦探们继续质疑理查德更换地毯一事，理查德·克拉夫茨重申他把煤油泼在了主卧地毯上，而且一周前就已经把地毯扔到了新镇的垃圾填埋场。11 月底，有人发现理查德违反警察规范，执勤时把自己的三个孩子也带到了警车上。在接受调查过程中，理查德对绍斯伯里的一名警务督察撒了谎（因为这次违规，理查德后来收到一封书面训诫），侦探们也直接问起了这件事。

这次询问结束时，新镇的侦探们事实上已经清楚地认识到，理查德·克拉夫茨在好几个地方都对他们撒了谎。不过，马切塞局长领导下的新镇警察局仍然将海伦·克拉夫茨作为失踪人口对待。海伦的朋友们不停地往新镇警察局打电话。有名警官对海伦的一位朋友说，她和她的“朋友们肯定是电视看多了”。这进一步表露了警方对本案的冷漠。考虑到理查德·克拉夫茨本人也说艾丽丝·贝内特《迈阿密风云》看多了，这位警官的评述似乎也折射出与嫌疑人相同的思维模式。新镇警方的着装警察和便衣警察们在调查本案时遇到了越来越多的问题。一些警察觉得，沃尔特·弗拉纳根对他们的局长越来越没耐心，本案有可能会从他们辖区移走。[18]

12 月 17 日，星期三，基思·梅奥和他的团队找到的那块蓝色地毯被送到位于梅里登的州警察法庭科学实验室。当时我在华盛顿作演讲，当天就从沃尔特·弗拉纳根的来电中正式了解了本案的一些情况，但我直到 19 日，即星期五才回到办公室。我很了解沃尔特·弗拉纳根，也很尊敬他。在那天的谈话中，我们俩都意识到，今后我们将要为这个案件密切合作许多时日，其中包括许多周末和假日。

州警察法庭科学实验室1986年还坐落在梅里登州警察建筑群中的5号楼。这个建筑群曾经是一所招收失足青少年的工读学校。不过，法庭科学实验室现在已经搬到了一栋价值1000万美元的具有艺术气息的新建筑中。5号楼由一栋三层集体宿舍改造而成。虽然这栋楼里有数个实验室供犯罪学家们检验物证，但这些房间都不足以铺下一块9英尺×12英尺的地毯。我认为，既然这块从垃圾堆里刨出来的地毯已经被污染，那么在室外进行检验也没什么大碍，我选了州警建筑群的篮球场地面。在康涅狄格州警政厅西区重案支队马丁·奥瑞登（Martin Ohradan）中士和我的得力助手伊莱恩·帕格利亚诺（Elaine Pagliaro）的帮助下，我们对地毯进行了逐寸检验，希望能找到线索。我们对每一处可疑污渍都做了化学检验，4个小时的检验都快让人累趴下了，但没有一处污渍能被证明是血迹。

我随即给在沃特伯里的詹姆斯·希尔茨打了个电话，告诉他地毯上的污渍不是人血。下周一我将在基思·梅奥、马丁·奥瑞登中士和詹姆斯·希尔茨中尉在场的情况下对这块地毯做更细致的调查。过了周末，我们把地毯摊在我办公室后面的篮球场上后，发现这块地毯之前从未被固定在地板上，而理查德·克拉夫茨主卧的地毯是铺满整个地板的，固定处的反面应当会有痕迹。我知道，我让大家失望了，尤其是基思·梅奥，但他应该从他激情的工作中感受到更为积极的一面，因为他是我们介入本案的催化剂。

就在美国人准备庆祝1986年圣诞节之际，海伦的许多朋友可谓五味杂陈——悲伤、对理查德·克拉夫茨的愤怒、对海伦三个孩子的担心以及对理查德可能会洗脱杀人嫌疑的恐惧。艾丽丝·贝内特周六晚参加了一位邻居家的圣诞派对，她站在装饰派对的那颗燃烧的心形图案前面，平静地对东道主和其他朋友道出了自己对海伦·克拉夫茨的担忧，她也表达了对警察低估该案严重性的不满。她只能寄希望于媒体和其他力量，如州警察机构能够变得更为积极主动。她认为或许还有机会让理查德为其所作所为付出代价。

沃尔特·弗拉纳根正在筹划如何度假。12 月中旬，这位检察官对海伦案的兴趣达到白热化地步，他还与卡伦夫妇面谈了些事情。卡伦是理查德·克拉夫茨的妹妹，她不太礼貌地直视沃尔特，坚定地支持自己的哥哥。大卫·罗杰斯当时和理查德·克拉夫茨还是好朋友，他也表示不相信理查德会干出格的事。此后，就在假期之前不久，弗拉纳根和妻子前往韦斯特波特皮科特图书馆（Pequot Library）观看一场他们孩子的节目演出。落座后，弗拉纳根抬起头，看见一位性感的女子站在面前，微笑着向他伸出手来。弗拉纳根站起来回应她的致意，但因为不记得她是谁，所以他一开始还有些尴尬。这名女子离开后，妻子安娜·弗拉纳根（Anna Flanagan）询问这名不速之客的身份。这时弗拉纳根突然想起来了，她正是卡伦·罗杰斯。卡伦改变了自己的想法，她对弗拉纳根的亲切问候只代表着一件事——作为理查德的妹妹，她现在相信她的哥哥杀害了海伦。[19]

回到办公室，弗拉纳根接到报告称新镇警方不愿意与詹姆斯·希尔茨所在部门合作。例如，他的助理检察官罗伯特·布鲁内蒂就抱怨，他没有收到警方 12 月 11 日询问理查德·克拉夫茨笔录的复印件。12 月 20 日，星期六，詹姆斯·希尔茨属下的核心调查人员马丁·奥瑞登中士在新镇警察局软磨硬泡了 4 个小时，也没能带走他认为一项对办案有用的证据——海伦·克拉夫茨的牙科记录。此前，弗拉纳根已经于 12 月 18 日下令本案应当联合调查，由位于沃特伯里的詹姆斯·希尔茨重案支队处理所有法庭科学工作，其他工作则由新镇警方完成。[20] 12 月 23 日，星期二，弗拉纳根的耐心终于到了极限。

联合调查只维持了短短几天。美国各地警察机构之间一直存在争地盘问题，FBI、州警察机构和地方警察机构经常为侦查的管辖权和法定机构发生争执，本案也不例外。争权夺利往往会妨碍侦查的进展，我在世界各地演讲时都要向执法机构强调团队合作的重要性。从理论上说，不管由哪个机构负责，警方调查人员都应当团结合作。我在不久前出版的《李昌钰犯罪现场勘查手册》（*Henry Lee's Handbook on Crime Scene Investigation*）中着重强调，在犯罪侦查中需要"团队观念"（team concept）。有时我们必须作出艰难决定，把案件从一个机构移交另一个机构。这类决定可能会伤害一些人的自尊和情感，但从长远来看，它对侦破案件具有积极作用。毕竟，我们工作的目的是维护公众对我们侦破所有案件及预防犯罪的信心和信任。

沃尔特·弗拉纳根下令，本案侦查工作交由州警主管，新镇警方只负责根据州警的要求提供必要协助。根据指令，新镇警察局必须立即移交全部卷宗材料。这对弗拉纳根来说肯定是一个非常艰难的决定，对新镇警队中真正全身心投入本案的那些警员来说也是一个沉重的打击。但是，现实问题是还有很多调查工作都没有开展。例如，海伦·克拉夫茨还停放在纽约肯尼迪国际机场的泛美航空公司员工停车场内的雄鹰车。再如，一些重要的询问工作还没有安排。具有讽刺意味的是，就在圣诞节前的那个星期一，负责调查理查德·克拉夫茨信用卡的新镇警方侦探发现理查德早前租赁过一台碎木机。这个事实让他们如遭雷击，但是沃尔特·弗拉纳根很清楚自己应该怎么做。就在圣诞节两天前的星期二，弗拉纳根指示詹姆斯·希尔茨起草一份搜查新区路 5 号克拉夫茨家的令状申请书。[21]

克拉夫茨家内部的情况逐渐开始显露。12 月 20 日，星期六，卡伦·罗杰斯到克拉夫茨家接玛丽·托马斯和三个孩子。玛丽当时已经提出辞职，打算返回爱达荷州。正如弗拉纳根所想的，卡伦对哥哥抱有极大怀疑。不过，她似乎仍然不愿意直接采取行动。当她到了克拉夫茨家后，玛丽·托马斯把主卧床垫和一条毛巾上的可疑褐色污渍给她看。毛巾放在浴室，清洗过，叠得很整齐。卡伦让她给海伦的邻居兼朋友贝蒂·库珀打电话。贝蒂的丈夫詹姆斯·库珀（James Cooper）是海伦核心朋友圈中的热心肠，他替妻子去了趟克拉夫茨家。

贝蒂此前联系了正在新镇警察局的马丁·奥瑞登，他向其保证，因为有玛丽的邀请，所以詹姆斯·库珀进入克拉夫茨家并不违法。玛丽把床垫给詹姆斯·库珀看，床垫就直接横放在地上，没有骨架或弹簧装置，儿童房里的床垫也放在主卧的地上。玛丽说，理查德·克拉夫茨和孩子们一起睡在这个房间已经长达一月之久。她有一次清楚地听见理查德对孩子们说："妈妈不在，我们做得更好，是吧？看到了吗？我们不需要她。"詹姆斯·库珀往四处看了看，在床垫一侧看到一块污迹，上面似乎有什么东西被擦掉了。除此之外，床垫一侧还有不同尺寸的污点，所有这些都是褐色的干血。所有进入屋内的人都能清楚地看到，在屋外折腾了数年的理查德·克拉夫茨现在把曾经干净整洁的屋内也弄得肮脏不堪。

圣诞节前夕，詹姆斯·希尔茨拜会弗兰克·麦克唐纳（Frank MacDonald）法官，要求签发一份搜查令，准许搜查克拉夫茨家及其在柯里塔克的资产。弗兰克·麦克唐纳法官以前当过检察官，后来被约翰·罗兰（John Rowland）州长任命为州首席法官。申请搜查令时提交的所有证据都是间接证据（circumstantial evidence）。理查德·克拉夫茨的谎言也可以被认为是在试图掩盖严重的家庭纠纷，而海伦对自身安全的警语可能只是她本人的多虑之举。万一控方错了怎么办？所有人都明白，如果他们所设想的杀人案件没有发生，或者如果海伦·克拉夫茨突然从地球上某个遥远的角落返回家中，那么他们都有可能要面对理查德·克拉夫茨提起的民事诉讼。沃尔特·弗拉纳根担心法官会要求提交更多的证据，但结果完全出乎他的预料，麦克唐纳法官签发了搜查令，他的决定将改变我从第二天即圣诞节之后的数月的生活。

州警察部门和沃尔特·弗拉纳根此时似乎不想轻举妄动。到了这个时候，了解海伦·克拉夫茨失踪案的人都很清楚，理查德·克拉夫茨是一个非常狡猾而且人脉很广的人。侦查中有一条定律，即时间拖得越长，证据就越有可能被毁灭或污染。因此，犯罪现场勘查的基本原则之一，就是要迅速及时勘验原始现场。现场应当得到妥善保护，以防证据被污染或毁损。实际勘验之前，现场情况应当得到全面认真的记录。之后，应当对现场进行细致搜索，收集并妥善保管证据。时间一天天过去，海伦没有给她的孩子或朋友们打电话，也没有在自家大门前出现过。调查人员进一步认定，他们正在处理的是一起谋杀案，他们必须把理查德绳之以法。诸如理查德租赁碎木机之类的信息，如燎原之火一般在警队内部传播。正是因为这些考虑，尽管圣诞节在外工作对我们本人和家庭是一种牺牲，但大家都毫不犹豫地点头同意，以激昂的斗志开展工作。

我们选择圣诞节开始搜查，除了想赶早之外，也是因为我们估计理查德·克拉夫茨假期会带着三个孩子到韦斯特波特与卡伦一家团聚。实际上，理查德·克拉夫茨把孩子们带到了佛罗里达州的伯克莱顿（Boca Raton），和他的母亲一起欢度圣诞。他们是星期一，即12月22日去的，由于儿子托马斯耳痛，理查德·克拉夫茨在途经新泽西时用信用卡购买了一些药品。一进入克拉夫茨家，我们就看到橱柜上贴着一张理查德·克拉夫茨留给海伦的便笺。便笺上注明的时间是 12 月 23 日，其中提到理查德最近购买了海伦显然还不知道的大众高尔夫车，并恳求海伦到理查德母亲家与他们团聚。理查德在便笺中还说他的福特车坏了，而这又是一个谎言。便笺中注明的书写日期显然是假的，这从他的信用卡使用记录中可以轻易得到证明。这封便笺也使我们得以从另一个视角探寻理查德·克拉夫茨用以试探和迷惑调查人员的既奇特又混乱的思维模式。便笺也告诉我们，理查德非常狡猾，而且预料到了我们会搜查他家。

下午，我们早早来到新区路 5 号。我们原本想从车库门进入，因为听说这道门锁不上，但实情并非如此。于是，马丁·奥瑞登打开了厨房门上的一扇小窗，从而使我们得以进入室内。在具体勘验之前，我们摄录了房间内部以记录房子的原始状态。诚如前述，我们发现屋内被弄得一团糟。主卧以床所在位置为中心，随意摆放着好几张床垫。我们使用 35 毫米相机对每件物品、每件家具所处的位置单独拍照。这么做的主要原因之一是确定现场的真实图景，防止辩护律师质疑我们为使理查德·克拉夫茨入罪而安插证据。对大多数警察机构的侦探来说，这属于标准化操作程序。

在此，我要花点时间说说在重要节日办案的一些想法。圣诞节的确是西方社会最重要的节日。我在台湾长大，后来成为台北警察局的一名警官，虽然那里的圣诞节也会有一些庆祝活动，但始终没有成为主要节日。因此，在圣诞节工作对我来说并不是什么大问题，但对于我的家人来说，这又是另外一回事。自 1965 年移民美国后，我们逐渐适应了西方文化习俗，我们开始庆祝圣诞节，特别是在我的女儿李孝美和儿子李孝约出生之后。我的妻子宋妙娟相信，这是个重要的节日，我应当离开实验室，和朋友以及家人待在一起。

1976 年以来，我们一直都在安东尼·德马约（Anthony Demayo，即托尼·德马约）法官家与他们一家人共享圣诞大餐。在这个习惯形成之初，他还是纽黑文县的首席公设辩护律师。德马约法官是一名优秀的法学家，具有很强的正义感，他的妻子艾琳（Eileen）也是个心地善良、聪明贤惠的女子。我们最初是在办案时认识的，那时我还是纽黑文大学法庭科学系的全职教授。那段时间，安东尼·德马约需要一些法庭科学方面的建议，而我需要一些职业咨询服务，我们便成了非常要好的朋友。

从那年开始，我们每年都在德马约家共同举办盛大的宴会。我们也经常同去看望我的母亲李王岸佛。父亲去世时我才 4 岁，是母亲独自将我们 13 个兄弟姐妹抚养成人的。她现和我的姐姐李小枫（Sylvia Lee-Houng）博士一起生活。李小枫是纽约大学医疗中心的教授。正是在姐姐的引导和支持下，我才能够来到美国并获得生物化学博士学位。长话短说，在 1986 年的那天，当我告诉妻子，圣诞节前夕和圣诞节当天我必须工作，不得不打破与德马约家聚餐和看望我母亲的惯例时，她和孩子们都非常失望。以己度人，我相信参与本案的其他侦探极有可能也处于我这样的境况。他们的家人必定也非常失望，这是他们在假日里作出的重大牺牲。

在搜查之前，我们这支特别小组向重案支队简要汇报了情况，来自西区重案支队的 12 名侦探和我开始准备开展工作。我们以前就曾多次共同进行过类似调查，因而彼此都知道如何与他人密切合作。我们希望这次行动尽可能低调，不愿意吸引任何媒体的注意。我们也清楚，现在是圣诞节，最好不要惊扰克拉夫茨的邻居们，影响他们的度假。我们发现，理查德·克拉夫茨已经精心重置了屋内设施，因此我特别想知道海伦·克拉夫茨失踪前这间屋子里是什么样子的。我们被迫打电话给安娜·巴泰利，而接电话时她正在为家人准备圣诞大餐。安娜最初说她假期有很多事要做，拒绝前来帮我。但是，为了尽可能做好主卧的重建工作，我们再度致电安娜。如果不这么做，我们不可能重建现场，也无法对本案进行调查并发现关键线索。11 月 18 日，当海伦冒着大雪走进家门时，里面到底是什么样子的呢？安娜不愧是海伦的好朋友，她最终同意前来帮忙，并且不到 15 分钟就到了现场，她当时的帮助对我们的调查工作至关重要。

我们开始探寻细节问题。首先要确定克拉夫茨家的氛围、生活方式，然后要判断这个环境是否有显著变化。经过核实，房子内部处处都有明显的变化。屋内不仅脏，而且杂乱无章。餐厅的桌子出现在厨房里，厨房的桌子搬到了餐厅，桌子上方还有一张破破烂烂的双层床斜靠在墙边。餐厅内还有许多盒子和一个抽屉里装满玩具的柜子，起居室里侧横放着一个衣柜。壁炉里有一大堆灰烬，这些灰显然不是木柴燃烧后形成的，而像是焚烧纸张或纤维类物品后留下的。对于法庭科学调查人员来说，这堆灰烬就是不会说话的线索。我们开始逐层收集这些灰烬，以便日后使用红外技术检测它们的物质类型，以及烧过的纸张上面有没有文字。未开封的圣诞礼物随意堆放在一个壁橱里，其中有一件是理查德·克拉夫茨给妻子的，里面有理查德在国外买的丹麦甘草霜。现场表明，理查德和他的孩子们都睡在主卧。安东尼·戴勒希尔（Anthony Dalessio）来自沃尔特·弗拉纳根的办事处，是一名经验丰富的调查人员，他评论道，“他们就像一个被包围的小团伙”。[22]

原本由孩子们使用的两间卧室（其中，克里斯蒂娜单独一间）现在已经闲置，而且里面的地毯也不见了。那年早些时候，贝蒂·库珀和海伦·克拉夫茨一起把走廊和主卧刷成了蓝色，目的是和现已被理查德弄走的地毯颜色相匹配。理查德还扒走了地毯下三分之二面积的橡胶垫，房内一侧剩下的三分之一橡胶垫通往浴室和一个梳妆台。为什么理查德只取走部分垫子呢？这又是一个无声的线索。

主卧的大床有两层床垫。让我特别疑惑的是，本来应该放在特大号床垫下的弹簧床垫，此刻被直接放在地板上。之后我又发现，两个男孩各自把弹簧床垫的一半当作自己的床。由于一整张安放在大号或特大号床垫下的木框弹簧床垫无法通过大多数住宅的拐角并进入卧室，因此，床上用品店销售的是由两部分拼成的弹簧床垫。理查德·克拉夫茨留下了弹簧床垫。我的目光聚集在床上用品以及这间屋子内的其他地方。我寻找着褐色污渍和斑点。我的内心有个声音，“这里一定发生了什么事。”又一个无声的线索被找到了。

圣诞节的初次搜查仅仅持续了半天。我们没有在冰箱找到尸体，也没有重要证据表明发生了犯罪行为，只找到若干无声的线索。我们需要时间重整队伍。此外，我们也知道，年轻的侦探们希望有机会回去和家人待上几个小时。圣诞节的次日是星期五，这支团队重返克拉夫茨家，从上午一直工作到当晚10点。与此同时，我组建了一支由实验室的高级职员组成的法庭科学团队，开始对证据进行初步检验并筹划搜寻失踪的海伦·克拉夫茨的科学程序。这类搜查的标准程序是把房子分成若干搜索区，并依次划分成更小的分区。每个分区由两名调查人员组成的团队进行搜索，之后由另两名调查人员再共同搜索一遍。

我们的首要搜索目标是寻找血迹和其他可以证明存在暴力行为的证据。或许，最理想的结果是我们能够发现海伦的尸体被埋在后院，或者部分尸块藏在冰柜里。这支团队也需要特别留意寻找任何可能成为杀人凶器的物品。当然，我们也要寻找处理尸体的证据。当进入地下室时，侦探们被理查德·克拉夫茨所收藏武器的规模和种类吓了一跳。其中有一枚装了火药的手榴弹，一位军械专家马上把它拆掉了，另外还有几枚没有装填火药的手榴弹。海伦的担心是对的，这些危险武器处于她的两个孩子活动范围之中，一旦他们打开理查德的枪支保险，后果不堪设想。

这个武器库中还有许多实弹弹匣、一支弩、一把大号折叠猎刀和许多枪。枪支中有数把史密斯 & 韦森手枪（Smith & Wesson pistol)，法国 Nanurrn 手枪（French Nanurrn Pistole)、沃尔特 PPK 手枪（Walther PPK)、Colt-45 手枪、芬兰 Sako 手枪（Finnish Sako Pistol)、勃朗宁半自动手枪（A Browning Semiautomatic)、温切斯特步枪（Winchester rifle)、9 毫米口径贝列塔手枪（Berretta）和汤普森冲锋枪（Thompson submachine gun）各一支，另有许多其他类型枪支。按照惯例，所有枪支和武器均被扣押并贴上标签，我们继续搜寻杀人凶器。在漫长的一天结束时，有 113 项物品被作为证据提取，其中还不包括在乱糟糟的车库里找到的两把链锯。实验室的科学家们将开始对每项证据进行科学分析，这些工作将为我们提供更多无声的线索。

我们对房子的外部也拍了照，包括一棵云杉周围冻泥中两道深深的车辙。搜查团队的摄影师威廉·卡明斯基（William Kaminski）还去了一趟克拉夫茨家在柯里塔克路的地产，给停在一辆反铲挖土机旁边的那部福特牌维多利亚皇冠车拍了照。卡明斯基还用他在房子里找到的钥匙打开了那辆卡车，对其内部拍了照。车内不见座席，堆满了木屑等各色物品。

星期五，当我们正在工作时，记者帕特里克·奥尼尔出现在了大门口。他问我们在干什么，我们什么也没告诉他，但他获准在外面站了一会儿。帕特里克·奥尼尔肯定是从某位邻居或者新镇警察那里听到风声的。沃尔特·弗拉纳根那天会见了新镇警察局局长路易斯·马切塞，正式通知他——实际上他已经知道，海伦案由州警独立进行调查。马切塞很平静地告诉这位检察官："我相信你犯了个错误。"[23]

12 月 27 日，星期六，我们重返克拉夫茨家。我很清楚，我们又得在这里待一整天了。调查人员对这栋房子的现状认真进行了拍照，也详细记录了安娜·巴泰利对这栋房子在海伦失踪前的状况的陈述。在头一天，马丁·奥瑞登已经要求贝蒂·库珀前来，尽量恢复主卧先前的状况。贝蒂·库珀注意到，搭在床垫上的一块褶边床围不见了。马丁·奥瑞登手下的侦探们接着把大床搬回原处，依据是这个地方没有弹簧床垫。海伦·克拉夫茨照理应该睡在靠近浴室的一侧，因为这个地方放了一摞女性杂志。玛丽·托马斯先前看到这个房间的地毯上有黑色污渍，它应该来自海伦一侧的床底，在这块污渍旁边，我发现了几处红褐色污渍。

我携带了三种“法宝”，包括大量鲁米诺（luminol）。鲁米诺是由三种干燥化学制品制成的化合物，添加蒸馏水后，在合适的视觉辅助下，可以检测出血迹，肉眼可以看到鲁米诺的检测效果。鲁米诺也可以用于判断某处痕迹是否为血迹的假定试验（presumptive test）。（本章后文还将进一步讨论鲁米诺的使用问题。）另两件“宝贝”是放大镜和便携灯源。我拿着放大镜和便携灯源在房间四处走动，检查地板和每一面墙。有三分之一的地板表面还铺着泡沫橡胶垫，但其他部位几乎都是裸露的木板。之后，我们拉下窗帘和门帘，挡住照进室内的光线。我们要使用鲁米诺了，鲁米诺会与红细胞血红蛋白中的亚铁血红素发生反应。我随后在地板、墙和床垫的可疑部位洒下鲁米诺，有几个地方发生了鲁米诺化学反应。这些反应表明，这些污渍可能是血。经测量鲁米诺反应所发出之荧光照亮的地点的尺寸，我还得出一个结论：较小一些的血滴属于中速喷溅血迹，是以10度锐角方向喷溅到地面或墙面的（在本书第一章马西森案中曾对这类问题进行过分析）。根据计算，我能够推断，海伦在遭受攻击后肯定曾跪倒或俯身至床脚，而且攻击很有可能来自她身后，她并不是躺着被杀的。这一发现也表明，在袭击发生时，床上的被褥也可能被移动到床的这一侧，否则这些血滴应该能够渗入床垫，她很有可能是在更换床单时被丈夫袭击并杀害的。

我让调查人员割下一块6英尺×6英尺的床垫，带回梅里登的实验室做进一步检验。这些喷溅血迹的量或大小都不足以使血液渗入到床垫的内部。我还检查了浴室的清洁布和已被清洗并折叠好的毛巾，其中一些经测试有血液反应，因而也被带回实验室。

两天后，我离开理查德·克拉夫茨的住宅，以便对圣诞节时接到的另两起谋杀案件的调查邀请作出回复。当驶出新区路时，理查德·克拉夫茨在我们调查他妻子失踪一案（现在是作为谋杀案件调查）时所提供的那些自相矛盾的说法让我很困惑。很明显，理查德·克拉夫茨非常周密地策划了这起可怕的案件：海伦的雄鹰车停在纽约肯尼迪国际机场停车场；充分地利用那场不期而遇的暴风雪，将玛丽·托马斯和孩子们安置在韦斯特波特，以便清洗犯罪现场和销毁证据。不过，理查德·克拉夫茨还是为我们留下了虽然不多但很有价值的血液证据。我们这时还不知道他租赁碎木机一事，也没有获得两名证人关于看见有人在约尔拉湖（Lake Zoar）畔使用这台机器的证言。马丁·奥瑞登及其部下于12月28日，即星期天的下午5点左右结束了搜查工作，他们在克拉夫茨家厨房留下了一份搜查令状的复印件。[24]次日，我们首次听说了碎木机一事，这一发现让我们兴奋不已。接下来的几个星期，我们将继续与时间和大自然作斗争。康涅狄格州的气候一年四季变幻莫测，在该死的冬天尤其如此。

12月29日，星期一，根据詹姆斯·希尔茨的命令，我们在新镇警察局进行了一场任务交接，但交接并不顺利。马丁·奥瑞登派出两名侦查员到新镇警察局来接收工作。新镇警察局没有记录碎木机一事，而且对此什么也没说。马丁·奥瑞登亲自去了一趟柯里塔克路，查扣了那辆福特维多利亚皇冠车，并用平板载货车运至位于沃特伯里的重案支队总部。马丁·奥瑞登等人还特别查看了克拉夫茨家在柯里塔克路的地产上的一处废弃矿井，里面积满了水，足以隐藏尸体。他们把矿井里的水排干，但没有发现任何异常。马丁·奥瑞登看到那儿有许多被粉碎的木片，但当时并没有留下深刻印象。

当天，我对从克拉夫茨家主卧提取的床垫进行了检验。通过显微镜观察，我们在床垫上发现了大量红褐色污渍。经初步测试，这些都是血。床垫上共有三种不同的血迹，分别是两角五分硬币大小的血迹、6平方英寸的血迹和许多由中速撞击力形成的细微点状血迹。我们需要在实验室进一步检测，确定这些血迹是否是人血。经过抗人血红蛋白测试，可以判定，这些血迹来自于人。我们对其中的一些血迹进行了血型检验，发现它们与海伦·克拉夫茨血型一致，都是O型血。

人类共有四种血型：A型、B型、O型和AB型。每种血型都有独特的抗原和抗体。在干血中可以检测到这些抗原和抗体。我们采用了一种经过改良的吸附解离方法（absorption-elution method），这种方法的始创者是英国的S. S. 金德（S. S. Kind）教授。我的好朋友R. E. 盖恩斯伦（R. E. Gaensslen）博士与我修改了吸附解离法的程式，以抗血清滴定的方法判断抗体的反应度，使检测程序更具反应性，结论也更为明确。下表揭示了每种血型中的抗体的情况：

美国人ABO血型系统的统计情况				
血型	抗原	抗体	美国人口中的大致比例	
			白人	黑人
A	A	抗A	40%	27%
B	B	抗B	11%	20%
O	H	无	45%	49%
AB	A和B	抗A和抗B	4%	4%

之后，我们完成了 PGM（phosphoglucomutase，葡萄糖磷酸变位酶）同工酶（Isoenzymes）定型。红细胞同工酶遗传标记的分离以它们的电泳淌度为基础，亦即接通电流后根据蛋白质的大小和变化来分离蛋白质。所有人都可以划分成三种类型：1 型、2-1 型和 2 型。我们发现，床垫上的血迹以及后来在约尔拉湖堤坝上找到的人体组织都属于 PGM1 型。不过，我们没有海伦·克拉夫茨的血样作为比对样本。此外，根据我们的研究，PGM 的活性取决于其存活期和温度。一般而言，人死之后 12 个月，PGM 将失去酶活性，并失去效用。我们在床垫血迹中检出了 PGM 活性，说明这些血迹是新近形成的。

除了詹姆斯·希尔茨之外，调查团队的所有成员都变得非常焦躁。如果没有关于任何尸体的线索，那么能否认定某人犯有谋杀罪呢？詹姆斯·希尔茨建议马丁·奥瑞登去一趟绍斯伯里警察局，问问他们是否听到过什么信息。绍斯伯里警察局的理查德·本诺（Richard Benno）警官告诉马丁·奥瑞登，暴风雪那周的一个深夜，有两名目击证人见到过一辆大卡车，后面拖着一台碎木机。其中一名目击者是一名兼职警察，他认出了理查德·克拉夫茨，甚至还让理查德·克拉夫茨搭了车。马丁·奥瑞登倒吸了一口冷气。他立即想起上个夏季发生的一桩缺德事，有个 25 岁的男青年把一条德国牧羊犬丢进了碎木机，并因此被判处一年缓刑和强制接受精神治疗。媒体曾对此事件大肆报道，《丹伯里新闻时报》收到过许多写满了愤怒的读者来信。马丁·奥瑞登马上指派两名侦查员前去询问修路工乔伊·海因（Joey Hine），据说他看见过河间大道（River Road）外的银桥上停着一台碎木机。尽管已经是经验丰富的谋杀案侦查员，但马丁·奥瑞登还是感到极为震惊。理查德·克拉夫茨肯定是从上个夏季那起案件中得到了某种启发。马丁·奥瑞登很快也意识到，案件侦查所取得的这些进展必须保密以免被媒体利用，而媒体的渲染可能对理查德·克拉夫茨有利。12 月 29 日下午 4 点 30 分，一名新镇警察向马丁·奥瑞登证实，理查德·克拉夫茨租过一台碎木机。这个消息来得太及时了，抓住它，我们就能揭开案件的真相。

次日，即 12 月 30 日星期二的正午时分，州警重案支队侦探帕特里克·麦卡弗蒂（Patrick McCafferty）和 T. K. 布朗（T. K. Brown）在市区停车场找到了乔伊·海因。乔伊·海因清楚地记得那件事。扫雪车司机在暴风雪肆虐的凌晨 4 点遇见他人使用碎木机，一辈子能有几次这样的机会呢？乔伊·海因高大强壮，胳膊上刺有文身，记忆力也很强，但他关于是哪天晚上看到碎木机的陈述后来证明有误。乔伊·海因说，他看见碎木机停在桥上，占了部分道路，有个穿着橘色雨衣的男人从碎木机后面走出来指挥桥上的交通。

乔伊·海因把侦探们直接带到了约尔拉湖畔，即他看到那些奇怪举动的事发地点，就在约尔拉湖堤坝上的一条岔路上。约尔拉湖实际上不是湖，而是胡萨托尼克河的一处开阔水面。侦探们很快就发现了两边堤坝上覆盖着的木片，它们似乎是被人用干草叉或铲子洒向四周的。侦探们在木片堆里找到了一些淡蓝色物体碎片和一些纸屑。帕特里克·麦卡弗蒂和 T. K. 布朗瞥见堤坝下似乎有个信封，于是顺着堤坝爬下。信封上有个小小的裂口，寄件人处署名为“美国癌症学会”（American Cancer Society）。两名侦探都知道，理查德·克拉夫茨是一名业已康复的癌症患者。为了避免触动物证，T. K. 布朗小心翼翼地跪在地上，手撑着地面，仔细查看信封上的收件人栏，辨别出一个名字：海伦·L. 克拉夫茨女士。帕特里克·麦卡弗蒂大叫了一声：“这儿一定有什么不对劲的地方。”在调查有疑问的犯罪现场时，我经常也会冒出这样的念头。

帕特里克·麦卡弗蒂留在当地保护现场，而T. K. 布朗则开车将乔伊·海因送回找到他的那个市区停车场。之后，T. K. 布朗飞驰至A队（Troop A），这是邻近新镇的州警基地，设有重案支队的一处指挥中心。布朗一见到马丁·奥瑞登就大声嚷道："我在一张纸上找到了她的名字。"詹姆斯·希尔茨和马丁·奥瑞登带人直奔约尔拉湖。他们顺堤坝而下，找到了被撕碎邮件的其他部分，上面有海伦·克拉夫茨的名字和地址。（理查德·克拉夫茨始终坚持，自11月18日以后他的妻子就没有收到任何信件，而这又是一个谎言。）对于所发生的一切，所有侦查员都觉得有些迷惑。马丁·奥瑞登甚至说，如果理查德·克拉夫茨确实犯下了如此恐怖的罪行，那么他将选择退休。詹姆斯·希尔茨在日记本上记下了马丁·奥瑞登的这段评论，破案后还以此来戏弄他。马丁·奥瑞登直到此刻还心存怀疑，他认为理查德·克拉夫茨不过是像下棋一样，借碎木机布下烟幕，目的仅仅是要把警方"耍得团团转"。

根据新镇警方提供的信息，侦查人员火速赶到达里恩租赁公司，找到了理查德·克拉夫茨上个月租赁的那台碎木机。他们马上把它拖到位于韦斯特波特的州警基地，一组侦探和实验室科学家组成的调查团队已经在此恭候多时。州警指挥官（State Police Commissioner）莱斯特·福斯特上校（Colonel Lester Forst）和约翰·莫纳根（John Monogan）中校动用了他们所能动用的所有资源和人力，以支持西区重案支队的侦查人员对约尔拉湖沿岸进行大范围搜索。快要下雪了，调查团队既要提防调查工作被媒体获知，又要担心如果再下一场雪就会进一步掩盖散落在他们周围的证据。河面已经结冰，天空灰蒙蒙的，而詹姆斯·希尔茨业已决定不让州警驻扎守卫此地。一辆警用巡逻车或运输船就足以吸引外界对警方作业的注意。证据会被雪掩埋，而实际上雪就像制冷剂，能够对任何潜在的诸如血液、组织和骨骼之类的生物学证据形成良好的保护。

后来，理查德·克拉夫茨的辩护律师尖锐地抨击州警未能保护好现场，但根据这些独特的气候条件，我支持詹姆斯·希尔茨对此类犯罪现场勘查所作的判断。有人认为，詹姆斯·希尔茨的决定为警方或基思·梅奥之类的有心人“植入”证据打开了方便之门，我对此也进行了驳斥。

在此期间，我动员了实验室的全部力量。在 1986 年，州警察实验室仅有 28 名科学家。实验室提供如下服务：血清免疫学分析、化学分析、火灾调查、痕迹分析、仪器分析、枪弹检验、指纹鉴定、文书检验、照相和犯罪现场重建。如此少的科学家却要为康涅狄格全州（包括 12 支州警机构、143 支地方警队和 170 支消防机构）服务，繁忙程度可想而知。由于在应用科学证据侦破犯罪方面不断取得成功以及新法庭科学技术的发展，实验室接到的支援请求出现井喷。我始终致力于以团队合作方式处理克拉夫茨案这类复杂案件。一旦遇到大案，整个实验室都会被发动起来，共同对物证进行检验。而在通常情况下，案件会被分配给 1~2 名主检人（lead examiner），因此需要较长时间才能得出实验室检验结论。

接下来，我要谈谈我们是如何进行检验和测试工作的。我们有一张很大的检验桌，团队所有成员围坐在桌旁，每名成员都在资深检验人员的监督下对分配给自己的证据进行检验。物证检验的流程图如下：

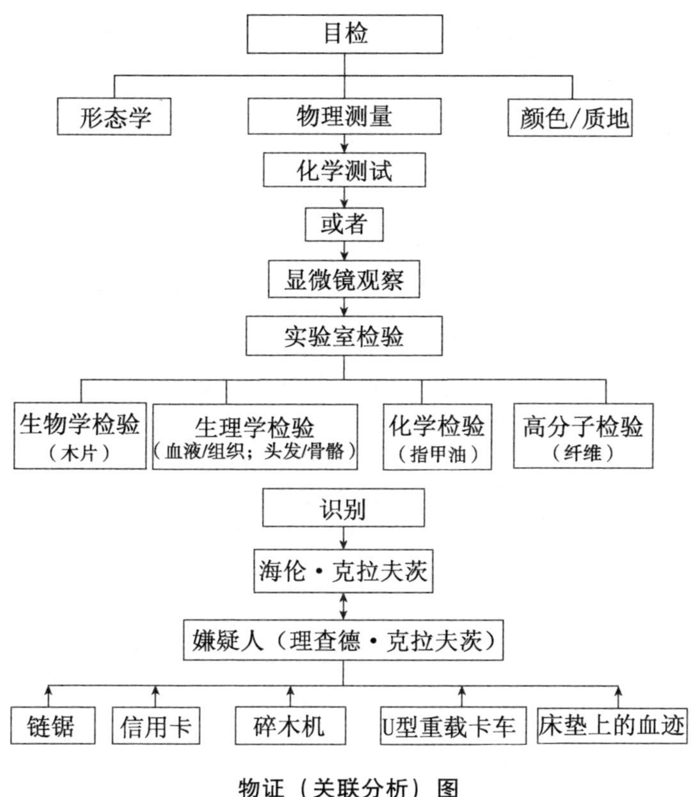

物证（关联分析）图

我们按照专门设计的证据收集程序将雪一点点融化，用人工方法将潜在证据从树叶和垃圾中分离出来。法庭科学调查小组与侦探们累计收集了超过 24 袋证据。每发现一份潜在证据，就要进行拍照、记录，然后装入马尼拉麻纸制成的证物袋中。这项工作进行得一丝不苟，沿着约尔拉湖堤坝搜索了超过 2 英里距离。收集的证据非常吓人，包括许多金发和后来被证实为人骨的细小碎骨。其中有一张嘉康利维生素标签，但当时没人意识到其重要性，因为当时我们都还不知道海伦·克拉夫茨曾经销售过这类产品。所有这些证据都被封存并送至韦斯特波特的州警营区，然后转送到我们在梅里登的法庭科学实验室，由法庭科学家们组成的团队认真检验了每件证据并进行了科学测试。绝大部分重要证据都是在一个星期二发现的，距离11月底那个灰暗的日子正好六个星期——那天，海伦·克拉夫茨最后一次走进自己的家门，她在迈出苏·米勒的车时说了句“理查德的家”。

幸运的是，1986年12月的最后一个星期二，逼近康涅狄格州的暴风雪最终没有降临，而是移至新英格兰。经过新年的短暂休整（但州警侦探和法庭科学家们没有停歇），调查人员又收集到了新的证据。这些证据被放至侦查人员在韦斯特波特营区搭建的一间屋子中晾干，屋子地板上铺满了防渗纸，放着锯木架支撑胶合板搭起的桌子。这些设置都是为了弄干我们从约尔拉湖拉回的木片中收集的那些潮湿且微小的证据。

所有可辨识的证据都被立即送到实验室。在实验室，法庭科学家们开始进行初步检验。我得到了许多团队成员的协助，包括法庭人类学家布鲁诺·弗罗利希（Bruno Froelich）博士、犯罪学家伊莱恩·帕格利亚诺和痕迹分析学家罗伯特·米尔斯（Robert Mills）中士等。警方送来的每项证据都需记录、拍照和测量。之后，我们使用立体显微镜对这些证据作了进一步检验。这些证据被放大5~40倍。我们也使用更高倍率的显微镜进行检测，把这些证据放大40~100倍。我们证实，这些证据来自人的身体。对这些证据，我们还进行了化学和免疫学检测。

为便于对我们的结论进行独立评估，警方还组建了一支法庭科学专家咨询小组。根据以往经验，对于此类案件，我们必须排除合理怀疑并证明这些残骸来自海伦·克拉夫茨，而且她已经被杀害。换言之，如果不能证明存在谋杀，则不能指控理查德·克拉夫茨。

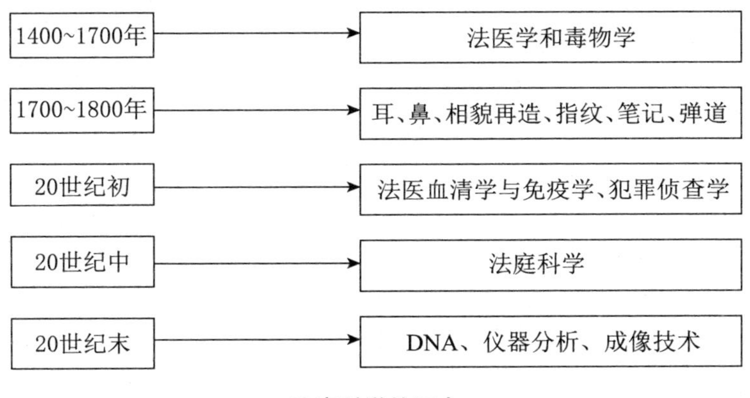

法庭科学的历史

上述表格显示了法庭科学领域的发展，从医学迈向人身识别，从犯罪侦查学迈向DNA分型。今日之法庭科学已经高度专业化，每一个分支学科都有专门从事该领域研究工作的专家。在大多数情况下，让这些专家独立检验、鉴别证据和向法庭提交专家意见是至关重要的。每个人的能力都是有局限的，人生的一个重要经验就是，必须认识到我们的局限性并在调查初始阶段就寻求他人的帮助。同样重要的是，必须认识到，不同机构之间的“地盘”之争是调查工作中的主要障碍。团队合作是调查得以成功的唯一路径。考虑到我自身能力的限制，我马上联系了一群法庭科学家，希望得到他们的帮助。由于法庭科学实验室和州警没有向这些专家支付报酬的预算或基金资源，我只能依靠自己的私人关系和“优惠券”，这种做法在我们这个领域很常见。对于他们的协助，我将以讲座、服务或咨询等形式提供回报。

我们很快组建起了一支一流的法庭科学团队，下面是专家名单以及他们所擅长领域：纽黑文大学的艾伯特·哈珀（Albert Harper）博士，专长为骨骼；康涅狄格州警察法庭科学实验室的布鲁诺·弗罗利希博士，专长为骨骼；康涅狄格州大学医疗中心牙科学校（University of Connecticut Health Center Dental School）的艾伦·拉斯金（Alan Raskin）博士，专长为牙齿；州警察法庭科学实验室的康斯坦丁·卡拉祖勒斯（Constantine Karazulas），专长为牙齿；纽约州警察法庭科学中心的洛厄尔·莱文（Lowell Levine）博士，专长为牙齿；首席法医官韦恩·卡弗（Wayne Carver）博士，专长为病理学；康涅狄格大学材料科学实验室（material science lab）的约翰·莱弗纳（John Reffner）博士，专长为纤维；FBI的哈罗德·戴德曼（Harold Deadman）博士，专长为头发；马萨诸塞大学的布鲁斯·霍德利（Bruce Hoadly）博士，专长为木材；阿尔卡迪·卡茨内尔松（Arkady Katsnelson）博士，专长为病理学；法医官马尔卡·沙赫（Malka Shah），专长为病理学；法庭科学实验室的伊莱恩·帕格利亚诺，专长为血清学；法庭科学实验室的罗伯特·米尔斯中士，专长为痕迹分析；法庭科学实验室的德博拉·梅西纳（Deborah Messina），专长为痕迹分析；法庭科学实验室的弗雷德·鲁佐拉（Fred Ruzzala）博士和鲍勃·奥布赖恩（Bob O'Brien）博士，专长为仪器分析；纽黑文大学的罗伯特·格伦斯伦（Robert Grensslen）博士，专长为血清学；法庭科学实验室的卡伦·拉米（Karen Lamy），专长为犯罪侦查学；法庭科学协会（Forensic Science Institute）的赫伯特·麦克唐纳，专长为血痕分析；法庭科学实验室的肯·泽西（Ken Zercie），专长为指纹；法庭科学实验室的罗伯特·芬克尔（Robert Finkle），专长为指纹。

在这支法庭科学团队的支持下，我们得以发现如下重要证据：①18堆共2660根白人头发。②一个假牙金属架。③一颗人牙的一部分。④一片头盖骨，后被确证为颅骨。这片骨头长1/4英寸，其边缘状况表明曾遭外力切割。⑤60片细小的骨头碎片。⑥3盎司的人体组织。⑦床垫上的血迹。⑧蓝绿色纤维。

此时，理查德·克拉夫茨的维多利亚皇冠车已被送到梅里登的警方停车场。那天是星期五，当天我们即对整车进行了仔细检查。把车抬高后，我们发现了圣诞节即已注意到的木屑和其他微量物质。在车内部，我们找到了与在约尔拉湖畔发现的证据相似的一系列证据：白人金发（也已经被漂白过）、人骨碎片、皮肉和已经褪色的蓝色织物。这些证据非常重要，但是由于侦探们在这次调查过程中犯下的一个重大失误，这些证据后来未被获准进入法庭。10 天前使用的搜查令状的适用范围仅限于新区路 5 号和柯里塔克路的地产，当这辆福特车从柯里塔克路运走后，这份搜查令状就对其不再适用。为此，审判本案的法官后来裁定，当该车不在搜查令状所适用的两处地方时，不得对其进行搜查。

接下来的星期一，即 1 月 5 日的下午，州警潜水部队开始在约尔拉湖岔路周围冰冷的水面下进行探测。水深约 35 米，为了完成这项艰难的任务，持有海军认证资质的每位蛙人都穿上了两套绝缘潜水服，其中一套还是厚重的维京冷水服（Viking cold water suit）。胡萨托尼克河的水很浑浊，蛙人的视线不太好。水太冷，每位蛙人只能在水底停留 5~10 分钟，他们需要在这段时间里摸索出自己的一套搜索方式，利用自己的触觉查找证据，这是一项极富挑战性的艰苦工作。蛙人们起初以靠近银桥的区域作为搜索重点，桥下水流很急，足以冲掉蛙人的面罩，警方为此联系了发电厂的管理层。发电厂通过上游的拦河大坝调整了流量，控制了水流。站在岸上的丹尼尔·刘易斯（Daniel Lewis）中士看见了一个小小的红色反光物体，这也是这次搜索的第一个重要发现。打捞上来后一看，它像是人体组织，可以辨别出是一段残缺的手指。后来，指甲上涂的红色指甲油与我们在海伦·克拉夫茨浴室找到的一瓶指甲油比对吻合。

打捞至第四天，即 1 月 8 日星期四，斯科特·奥马拉（Scott

O'Mara）中士在湖里发现了一个绿色大包，里面装满了骨头。他系上浮标，之后因鼻子流血而不得不出水。詹姆斯·希尔茨立即与我取得联系（我当时正在哈特福德为另一起谋杀案出庭作证），而我试图尽快重返现场，但直到正午才得以脱身而出。正午左右，这些骨头已被打捞上岸，被装入一名在殡仪馆工作的绍斯伯里辅警所提供的尸袋里。作证一结束，我火急火燎地开车驰抵约尔拉湖。我对每个人的发现都饶有兴趣。我只瞥了一两眼就看出这是一包鹿骨，可能是偷猎者在禁猎期猎鹿后销毁证据时抛入湖中的。这个结果的确让人很失望，但也有点搞笑。和发现基思·梅奥送来的地毯有误不同的是，这头鹿的尸骨点中了大家的笑穴，众人相视爆笑。当然，这也意味着蛙人必须迅速返回冰冷浑浊的湖水中继续搜索。湖底还捞出了鞋子、袖珍书和酒瓶之类的许多乱七八糟的东西。这个湖就好像是一座装满了破旧教学用书的图书馆仓库，也许附近学校的学生们在每学年末的春季都有一个扔书的仪式。

不过，蛙人的搜索收获颇丰。保罗·克里斯维京（Paul Krisavage）中士看见30英尺深的水底有一道橘色闪光。他在斯科特·奥马拉之后潜入水中，找到了一把链锯并将其带出水面，这把编号被人磨掉的德国斯蒂尔牌链锯激起了我的兴趣。链条缠在锯子周围，链杆不见踪影。蛙人们知道，链杆是一项重要组成部分，必须找到。他们跑到桥上，通过扔石头入水的方法来计算链杆可能移动的位置。第二天，即星期五，这项工作也有了进展，保罗·克里斯维京发现湖底沙堆上插着一根4英寸长的链锯杆。此时，媒体已经知道了警方的行动，保罗·克里斯维京不小心泄露了他的最新发现，当其把链锯杆塞进证物袋时，没有留意到头顶盘旋着一架电视台直升机。为防生锈，链锯杆被立即放到一桶水中，并且被立即送到法庭科学实验室。后来证实，链锯杆上黏附的头发和纤维与我们在其他地方提取到的头发和纤维样本具有相同的特征。

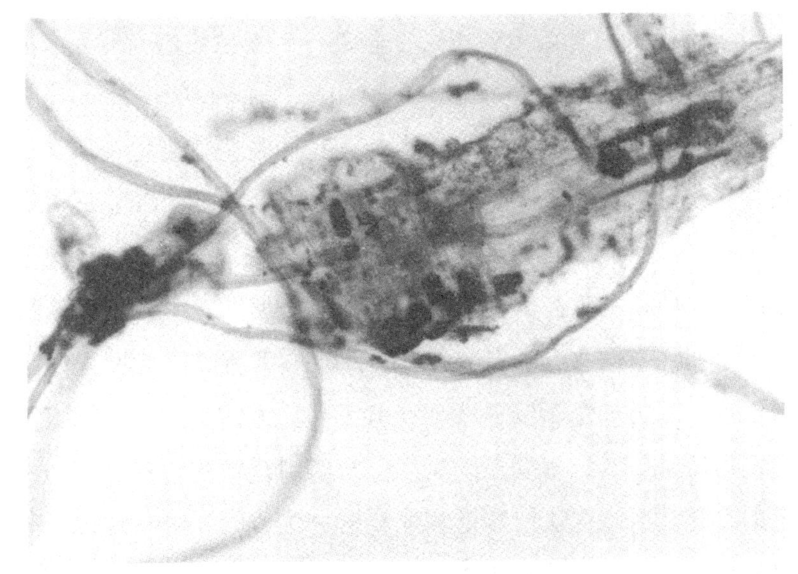

碎木机案中链锯上发现的毛发和组织

到了星期五，康涅狄格州国民警卫队为我们送来一顶大帐篷，之后我们在岔路周边的堤坝上展开了一场彻底的搜索。理查德·克拉夫茨极有可能是在这个地方处理杀人凶器和妻子遗体的。接下来的一周，每天 10~20 小时，我们的调查人员艰难行走在 2 英尺厚的积雪里，从已经冻住的冰冷土层中搜寻证据。由便携式发电机驱动的“火蜥蜴”加热器（Salamander heater）主要是用于融雪而不是暖手的。我们把整个搜索面划分成众多 8 英寸的网格面，每个网格面的土层都被铲起，放至帐篷内由锯木架搭建的胶合板桌上，以便通过探照灯就近检验有无更多证据。所有表土和其他物体都用筛子过滤，分离树叶和更大的物体，然后再进行清洗和研究。比较重要的物品会放到另一张更小的桌上用 8 英寸照明放大镜加以分析。数千件这样的微粒随后被装入由硬纸板制成的证物箱，运送到位于梅里登的法庭科学实验室做深入检验。

搜索工作不断取得突破。1 月 10 日，星期六，约瑟夫·夸提诺（Joseph Quartiero）侦探发现了一个物件，后来被我们确证为人的趾关节。两天后，侦探约瑟夫·德斯蒂法诺（Joseph Destanfano）找到一件东西，表面非常光滑，不像木片。我们很快就判定，那是人的手指的一部分。在此，我要提到格斯·卡拉祖勒斯（Gus Karazulas）博士，他是一位优秀的牙医师，自 1978 年我加入州警察法庭科学实验室以来，他就是我们的首席实验室顾问。格斯·卡拉祖勒斯博士在这个星期六参与搜索达 10 个小时，但一无所获。接下来的星期三，他重返现场工作，似乎还将徒劳无功。大约是正午，正在河堤上搜索的格斯·卡拉祖勒斯，突然一只脚滑进河里，鞋子里马上灌满了冰冷的河水，这让他非常懊恼。这位优秀的牙医师猛地抓起刚掘起的泥沙，把它们甩在桌上，一边甩一边说："我的脚又冷又湿，真是倒霉透了。"当他捡起一件灰色物件时，脸色瞬间就变了。格斯·卡拉祖勒斯博士很快就回过神来，他捡起的是磁牙箍的一部分，上面还附有部分下颌骨。

我在警察法庭科学实验室的同事艾伯特·哈珀博士和布鲁诺·弗罗利希博士既是人类学家，也是考古学专家。他们和我共同研究了在约尔拉湖畔发现的碎骨。这些碎片是"油性的"（greasy），这表明上面还附有人体脂肪和油脂。这种情况并不罕见，只不过说明这些骨头是不久前被扔在这里的。让艾伯特·哈珀着迷的是这些骨头所处的状况，他唯一能够进行类比的是这些极小的碎片就像是被焚烧过一样。当然，此前我们从未见过由碎木机粉碎过的骨头。

约尔拉湖畔的紧张工作还在继续，调查组成员们戏称自己是"泥猴子"。调查组有时也允许了解本案的人前来看看我们正在进行的工作。艾丽丝·贝内特的丈夫阿瑟·贝内特似乎对我们的工作感到非常吃惊。最终，我们在约尔拉湖发现了2660根金头发（漂白过）、69块人骨碎片、5滴人血、2颗牙、1块被截短的人颅骨、3盎

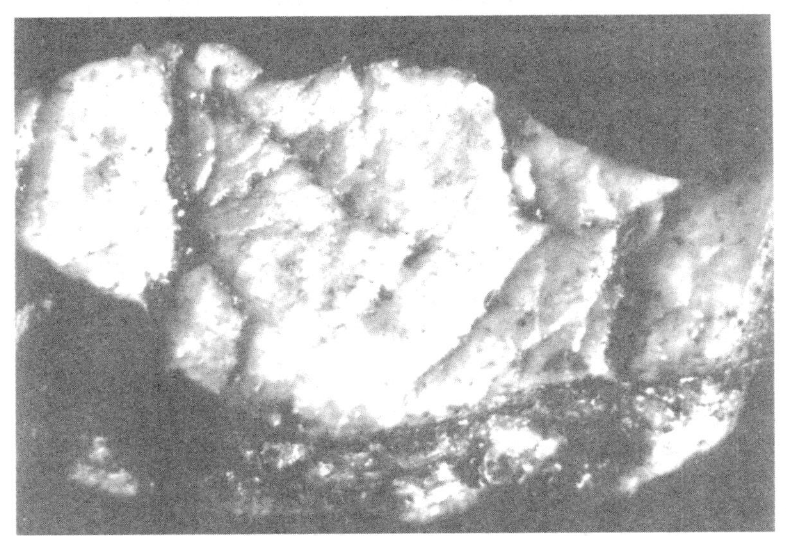

碎木机案中的一块碎骨，经鉴定为人的颅骨

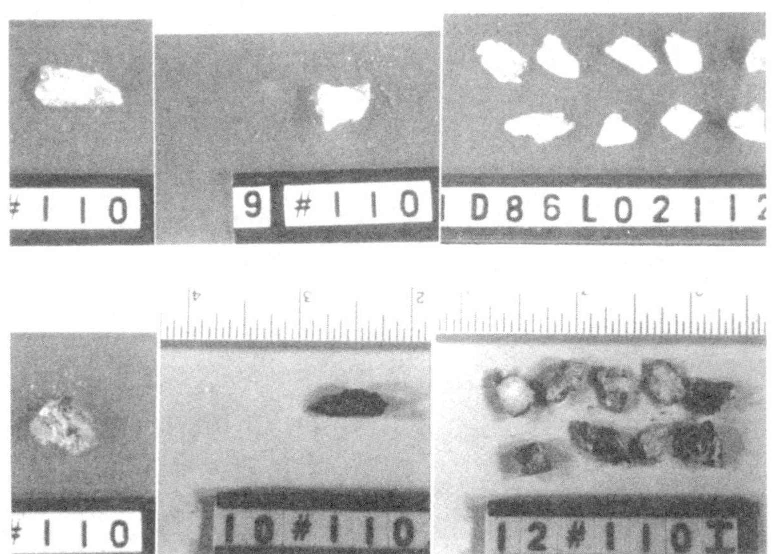

碎木机案中从约尔拉湖河堤找回的**69**块骨头小碎片

司人体组织、1 小节人指、1 片指甲和 1 小片趾甲。这次全面搜索获取的证据非常充足，最终促成了对理查德·克拉夫茨的逮捕，理由是他于 1986 年 11 月 18 日当日或前后杀害了他的妻子海伦·克拉夫茨。

克拉夫茨案是一起非常费力的案件。在依靠证据获准逮捕并最终判决理查德·克拉夫茨有罪方面，所有参与追诉者都必须慎之又慎。正如我在本书第一章所说的，我们的调查越细致，法庭科学工作的收获就越大。随着约尔拉湖畔的搜索落下帷幕，让我们提前来看看接下来数月将要发生的事情：在这段时间里，我们执行了一次逮捕，有过一次夭折和拖延的陪审团遴选，两次更换审判地点以及进行了两次审判。

我们还有一些非常重要的法庭科学工作要做，但绝大部分工作都已经在 1987 年 1 月 13 日，即星期二之前完成，那天，侦探们包围了克拉夫茨位于新区路的家，最终说服理查德·克拉夫茨走出家门主动投降。我对詹姆斯·希尔茨和马丁·奥瑞登所表现出来的耐心深感钦佩，那晚理查德·克拉夫茨想要撕毁自己关于如何以及是否投降的承诺，而詹姆斯·希尔茨则要顾忌海伦被杀案的三个最重要的被害人，即她的孩子们的感受。午夜刚过，当逮捕大剧落幕之时，克拉夫茨的几个孩子都已经在床上睡着了。贝蒂·库珀随后把三个孩子带到自己家。值得注意的是，贝蒂在进入克拉夫茨家时，正好理查德戴着手铐被押送出门。他用非常复杂的眼神看着贝蒂，并在最后离开家时对贝蒂说："谢谢你照顾我的孩子们。"

需要指出的是媒体对此事的报道利弊参半。《丹伯里新闻时报》的帕特里克·奥尼尔早就听到了警方已经获得逮捕理查德·克拉夫茨的令状的风声。自感恩节假期那些昏天黑地的日子，他就开始高度关注本案。他赶到了现场，州警要求他远离克拉夫茨家，帕特里克·奥尼尔听从了这一安排，但他找了个足以观察到整个场景的地方。

他所在报社的摄影记者聚集在房子周围，妨碍到了警方当晚的行动。

不过，当地和全国性媒体获悉谋杀及逮捕的消息后，新闻业“恶”的一面也显露无遗。《纽约每日新闻报》（*New York Daily News*）就是一个缩影。这份报纸在题为“劈成碎片”的报道中泄露了案情，

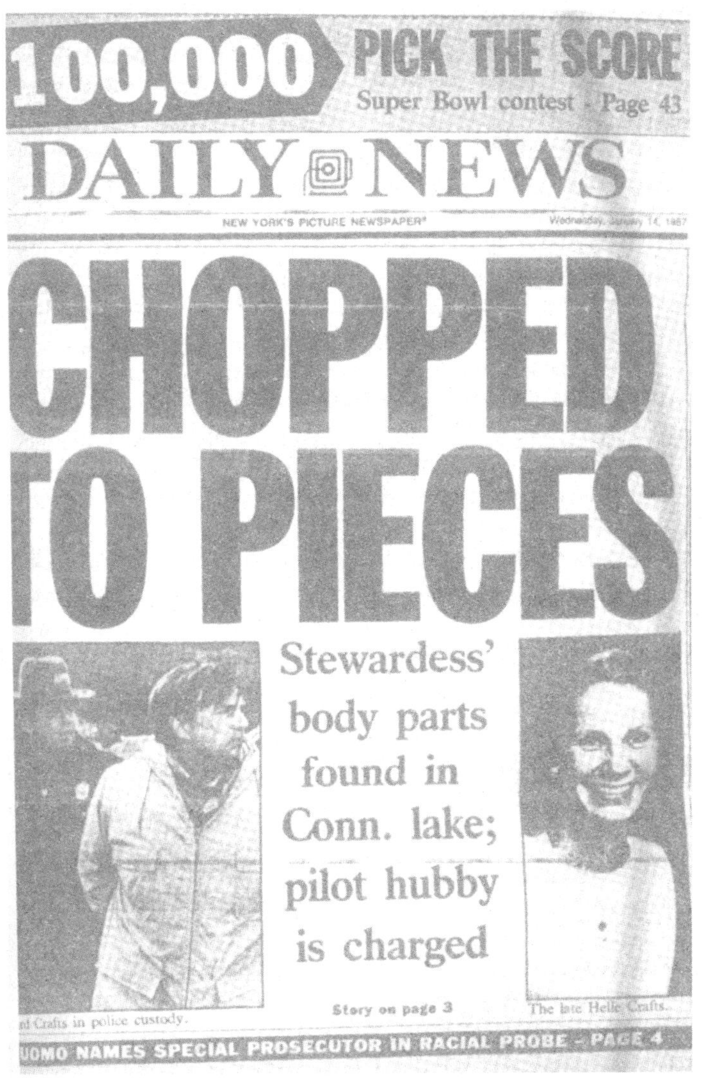

100,000 PICK THE SCORE
Super Bowl contest - Page 43

DAILY NEWS

NEW YORK'S PICTURE NEWSPAPER® Wednesday, January 14, 1987

CHOPPED TO PIECES

Stewardess' body parts found in Conn. lake; pilot hubby is charged

nd Crafts in police custody.

Story on page 3

The late Helle Crafts.

UOMO NAMES SPECIAL PROSECUTOR IN RACIAL PROBE - PAGE 4

《纽约每日新闻报》题为“劈成碎片”的报道

而它的读者估计有500万之众。这份报纸的编辑是个老练的小报式记者，喜欢到美国公共广播公司（Public Broadcasting Service，简称PBS）的节目中去谈论自己如何用更温和、更老练的方式获取重要新闻。但是，这份报纸对严重犯罪所使用的标题却显得非常残忍。报纸对残忍行为的报道方式还引发了其他问题，例如有人售卖一种丑陋的T恤衫，上面印有碎木机的图画，还配有文字“康涅狄格式离婚”。这句话一点也不幽默，而正是此处援引的小报式报道为其早早定下了这种可怕的调调。

沃尔特·弗拉纳根现在走到了舞台中央。我和沃尔特共事的时间很长，硕果累累，而且是多年的好朋友。他经常提到，我有时会把他起诉案件时的角色比作交响乐团的指挥。作为团队指挥，沃尔特破除重重障碍，获得了针对理查德·克拉夫茨的逮捕令。在约尔拉湖畔取得的成果的鼓舞下，沃尔特要求主要调查人员开了一次会，这些人员包括：詹姆斯·希尔茨及其主要部属，我自己实验室的主要职员、伊莱恩·帕格利亚诺和我本人、康斯坦丁·卡拉祖勒斯博士、洛厄尔·莱文博士和首席法医官韦恩·卡弗博士。我们对调查工作进行了全面评估，并就下一步可能要做的工作达成了共识。沃尔特·弗拉纳根明白自己已经有了申请逮捕令的充足证据，但他不想因为过早行动出现的任何技术性问题而致使追诉功亏一篑。他已经知道，理查德·克拉夫茨在绍斯伯里警察局时使用的一把麦格农.357（Magnum.357）左轮手枪不见了，这让他感到有些不安。此外，还有理查德·克拉夫茨家三个孩子的安全问题。之前，弗兰克·麦克唐纳法官于1月9日已经签发过第二份搜查令，这次他没有表现出任何疑虑。

1月12日，即星期一晚上6点，我们根据要求在梅里登召开会议，期间与沃尔特·弗拉纳根数次通电话。在通话中，我们俩都认为韦恩·卡弗博士关于逮捕理查德·克拉夫茨的意见是最完备的。听完与会的每个人总结自己的发现和想法之后，韦恩·卡弗博士安静地坐了一会。旋即，他像个大人物一样走到房间黑板前拿起一支粉笔，在众目凝视下写下了一个单词：谋杀。会议于晚上 9 点结束，在实验室科学家们的帮助下，我们开始为沃尔特·弗拉纳根撰写一份逐点详述的报告。这份报告将用作申请逮捕令的理由，而威廉·莱弗里法官在检察官提交申请的当晚就签发了逮捕令。

被捕当晚，理查德·克拉夫茨在州警 A 支队接受了詹姆斯·希尔茨对他的初次讯问。他临时聘请了一名当地律师，律师同意州警在 1 月初对其当事人进行讯问。听闻这一消息后，理查德·克拉夫茨的妹夫兼知己大卫·罗杰斯借钱给理查德，帮他聘请了一位一流的辩护律师，即米尔福德托尔（Tall）律师事务所的 J. 丹尼尔·萨格林（J. Daniel Sagarin）。J. 丹尼尔·萨格林长相英俊，做事认真，尽忠职守，在辩护律师界声名极佳。此时，理查德·克拉夫茨被送往布里奇波特的一处常设拘留所，处于严格的监管之下。

帕特里夏·格林（Patricia Green）法官为理查德·克拉夫茨规定的保释金为 75 万美元，创下了当时康涅狄格州的最高保释金纪录。显而易见，法官在作出保释金裁定时考虑到了检方所指控的被告人处理妻子尸体的残忍方式。如想保释，其中 10%的保释金还必须以现金方式支付，这是理查德·克拉夫茨不可能做到的。J. 丹尼尔·萨格林正在度假，理查德·克拉夫茨案将由其年轻的同事——年仅 32 岁的汤姆·法弗（Tom Farver）代理。汤姆·法弗申请减少保释金，不久以后，另一名法官，即威廉·沙利文（William Sullivan）将为此召开听证会。海伦·克拉夫茨的密友们非常害怕保释金削减后理查德·克拉夫茨会获得保释。在举行听证会那天早上，有个密友打电话给她认识的一位健康杂志市场经理，他与一些要员有联系。这个人同意打电话给时任康涅狄格州检察长的约瑟夫·利伯曼（Joseph Lieberman），向其讲述了这一情况。约瑟夫·利伯曼在2000年还曾作为民主党的副总统候选人角逐大位。约瑟夫·利伯曼答应致电威廉·沙利文法官，向其传达海伦的朋友们对理查德·克拉夫茨取保的恐惧。在听证会上，汤姆·法弗称，理查德·克拉夫茨因癌症可能不久于人世。威廉·沙利文法官驳斥了这一说法，他认为，被告人看起来非常健康，而且理查德·克拉夫茨海外关系很广，有可能逃往世界各地。理查德·克拉夫茨的保释金被维持在75万美元。

当我们侧重于本案的一些核心问题时，许多事项都被暂时放到一边。州警在肯尼迪国际机场泛美航空公司停车场找回海伦·克拉夫茨的那辆雄鹰车时，没有发现任何证据。大卫·罗杰斯仍然信任自己的大舅子，他开着这辆雄鹰车，带着孩子们去布里奇波特看望理查德·克拉夫茨。车在布里奇波特被盗，不久后被找到时已经成了破铜烂铁。新镇警方侦探向新镇警察委员会申诉，要求就沃尔特·弗拉纳根接管本案一事进行调查。新镇警方还将怒火指向基思·梅奥，暗示他在约尔拉湖栽赃陷害。警察委员会以3:2的投票结果拒绝了新镇警方的要求。2月初，在丹伯里家事法庭（family court），理查德·克拉夫茨的三个孩子的临时监护权被移交给大卫·罗杰斯夫妇。那天，理查德·克拉夫茨戴着手铐出现在家事法庭，这一景象肯定吓坏了在场的孩子们。在此之前，贝蒂·库珀已经细心照顾了孩子们近一个月。理查德·克拉夫茨的辩护团队开始频频提出动议，要求杜绝媒体对诉讼的报道。这些动议为后来提出的变更审判地动议打下了基础，由于该案已经广为人知，法院最终采纳了这一动议。

2月份，州首席法医官韦恩·卡弗博士提出了一个绝妙的点子，用来反驳辩方肯定会提出的辩护主张：尸体的躯干无法塞进像“Brush Bandit”这样的碎木机。还有，辩方可能会提出那两粒牙齿、残缺的手指以及碎骨都是伪造的。韦恩·卡弗的好办法是什么呢?弄具尸体放到碎木机里，看看骨头碎片是否能呈现同样的状态。经过长时间的紧张讨论，我们决定把一头乳猪的尸体放到碎木机里面试试。选择用猪做实验的原因在于，猪的肌肉和人体组织相近。此外，猪皮和人皮类似，还被用于皮肤移植和心脏直视手术（open heart surgery），病人的二尖瓣可以用猪的替代。沃尔特·弗拉纳根完全赞同这个点子。实验用猪是从当地一家屠宰店买来的，重 47 磅。猪被送入碎木机后，尸体的绝大部分被切割成果肉状。令我们惊讶的是，猪的尾巴通过机器时毫发未损。所有骨头碎片的大小和形状都与胡萨托尼克河堤发现的碎骨相似。

沃尔特·弗拉纳根明白，理查德·克拉夫茨的辩护律师们一定会极力在陪审员们的脑海中植入怀疑的种子，即有许多物品包括一些信封（例如美国癌症学会寄给海伦·克拉夫茨的那封）肯定没有被放入刀片高速旋转的碎木机里。后来，沃尔特·弗拉纳根拜会了签发那个特殊信封的人。他随后也考虑了碎木机的工作原理，证明这封 10 号标准信封曾被吸入碎木机，只不过尺寸小、重量较轻，因此才会呈现出发现时的样子。

1987 年春，理查德·克拉夫茨喜欢支使人的做法开始让大卫·罗杰斯感到不舒服。大卫·罗杰斯听理查德·克拉夫茨谈论过自己的麻烦，甚至还听他说过“男人必须做他应该做的事”，大卫·罗杰斯逐渐被理查德·克拉夫茨疏远。直到此时，大卫·罗杰斯还瞒着卡伦·罗杰斯，一直在为理查德·克拉夫茨忙碌着，而他做的这些事可能会给本人带来很大的法律问题。理查德·克拉夫茨要他做的事情之一就是毁掉新区路住宅的床单。理查德·克拉夫茨还要他去贿赂一对出生在外国的男女，这两人后来发誓说 11 月 18 日以后曾在一次聚会上见过海伦·克拉夫茨。大卫·罗杰斯现已成为理查德·

克拉夫茨家住宅的托管人，但他没有采取什么特别保护措施。大卫·罗杰斯没有给克拉夫茨家装报警系统，甚至连双重门闩都没装。他这种做法如同给入室盗窃者发出邀请，这有可能助长对证据被偷走并安插到别处的指控。这两个老朋友之间的关系怎么会变坏呢？理查德·克拉夫茨的母亲鲁克里娅·克拉夫茨以及其他亲戚的行为激怒了大卫·罗杰斯，但出乎意料的是，他得不到理查德·克拉夫茨的任何支持。他发现，理查德·克拉夫茨在他背后捅刀子。卡伦的妹夫马尔科姆·伯德（Malcolm Bird）未经大卫·罗杰斯同意就进入理查德·拉夫茨位于新区路的房子，取走了潜在的证据，甚至未经同意就进入了大卫·罗杰斯本人的家中。[25]

大约也是这个时候，沃尔特·弗拉纳根收到一封匿名信，信的作者对理查德·克拉夫茨案的了解似乎十分超前。这封信开头就提醒沃尔特，海伦的雄鹰车 11 月 19 日还在车库里。信中接着暗示，海伦的尸体那天早上就在车库里，存放于理查德·克拉夫茨新买的冰箱中。信中还说道，理查德·克拉夫茨可能就是在那天把雄鹰车拖到了机场，拖车时使用了不久前向亲戚借的拖车杠。当然，这封信还揭发了一项事实，即大卫·罗杰斯本人就跟在理查德·克拉夫茨和那辆雄鹰车之后，目的是为了在车开进泛美航空公司停车场时不那么引人注目。

这封信的结尾提到了让沃尔特·弗拉纳根非常头疼的一件事。绍斯伯里市政工人乔伊·海因曾说过，他在 11 月 19 日，即星期三早上暴风雪期间见到有人开着 U 型重型卡车和一台碎木机，但理查德·克拉夫茨 11 月 20 日才取到碎木机和重型卡车。沃尔特·弗拉纳根后来知道，市政停车场离警察局仅 200 码之遥，乔伊·海因对理查德·克拉夫茨十分友好。不管沃尔特·弗拉纳根如何鼓励乔伊·海因再好好想想那段时间的情况，他都仍然坚持那个实际上并不准确的说法。在看过自己在那段时间的计时卡后，乔伊·海因突然缓和了许多，松口说可能看到过两次那辆卡车和碎木机，时间分别是星期三早晨和星期五早晨。乔伊·海因把时间搞错了，个中缘由可能是侦探们对其进行询问时距其目睹那幕怪现象已有 5 个星期时间之久——从 11 月 20 日至 12 月 30 日。J. 丹尼尔·萨格林对这些问题了如指掌。本案庭审时，沃尔特·弗拉纳根不得不把主要精力用于应对这些挑战，他援引了那两个有争议日期的天气状况作为论据。

J. 丹尼尔·萨格林是一个善于进攻的律师。1987 年 10 月 20 日，审前程序在丹伯里高级法院大楼（Danbury Superior Court House）开始，法官霍华德·莫纳汉（Howard Monaghan）裁定双方律师不得与媒体接触，J. 丹尼尔·萨格林对此表示反对。他在动议中指责禁言令违宪，他还坚持认为，目前存在大量的小报式报道，已经对其当事人造成了损害，辩方理应有权向媒体发布本案信息。J. 丹尼尔·萨格林的动议最终获得支持，霍华德·莫纳汉的裁定后来被一名联邦法官推翻，理由是不得侵犯被告人言论自由的宪法权利。

理查德·克拉夫茨的辩护团队以审判曝光度过高为由提出动议，要求异地审判。J. 丹尼尔·萨格林提出，所有可能担任陪审员的人几乎都应当听说过本案。霍华德·莫纳汉法官起初并不同意。随后，J. 丹尼尔·萨格林提出动议，要求法官否定控方在理查德·克拉夫茨家中和柯里塔克路发现的所有证据，因为这些证据都是依据无合理根据的搜查令实施之搜查所获取的。这两个动议如果获准，那么我们的证据将被砍掉一大半，包括在理查德·克拉夫茨家主卧床垫上发现的与海伦·克拉夫茨相符的血迹。

霍华德·莫纳汉法官搁置了这两项动议，并于 11 月初坚决开始陪审员遴选。到了圣诞节前夕，控辩双方均能接受的 12 名陪审员业已选出。1988 年 1 月 5 日，圣诞节假期过后，诉讼继续进行。霍华德·莫纳汉法官宣布，他发现部分陪审员在审前遴选回答提问时并未如实告知他们对本案的看法。他推翻了自己之前关于审判地的裁定，宣称理查德·克拉夫茨在丹伯里无法获得公正审判。两个月后，霍华德·莫纳汉法官正式将案件移送新伦敦高级法院（the New London Superior Court），而他本人则退出了审判。

本案的两次审判

虽然沃尔特·弗拉纳根和下属的检察官们对霍华德·莫纳汉法官将案件移送新伦敦的裁定不满，但我并不认为这是我方的损失。我听说，在丹伯里司法辖区遴选陪审团的过程极为沉闷。我也知道，将案件移送新伦敦，意味着将有更多的蓝领工人和退役军人出现在陪审员候选人名单中，他们来自一个被称为“自由世界海底首都”的地方。但是，作为一名法庭科学家，我无须替律师们去考虑这类问题。控方真正担心的是J. 丹尼尔·萨格林的其他动议，即要求将我们对理查德·克拉夫茨家和地产上的搜查成果排除在庭审之外。这个问题仍然悬而未决。所有这些都在强调一项法庭科学专业的重要原则——严格遵守证据规则是重中之重；牢记所有理性的调查人员都要经常考虑到可能出现的法律问题。

1988年3月14日，新伦敦的陪审员遴选开始。这一程序又被称为“独立聆讯”（voir dire，本意为“一切照实陈述”），强调手按《圣经》宣誓者必须无愧于其誓言。这一点对于理查德·克拉夫茨的第一次审判本应非常重要，因为在这12名陪审员中有个人的行为飘忽不定，严重影响了审判。在这次独立聆讯过程中，控辩双方对一点也不熟悉本案怪异案情的陪审员候选人们进行了提问。事情进展迅速，至3月23日，12名陪审员和3名替补陪审员均已就位。

来自纽黑文地区的巴里·沙勒（Barry Schaller）法官被临时抽

调负责这次审判。他为人低调，彬彬有礼，但对分内之事非常严谨，声誉极佳，这也是指派他的主要原因。康涅狄格州律师协会（Connecticut Bar Association）曾向其会员就本州法官的评价做过调查，巴里·沙勒经常都出现在排行榜的前几名。作为耶鲁大学法学院毕业生，他主持本案审判是公正无私的。

大多数人认为审判将持续大约两个月。审判的开局让控方喜忧参半。根据第一份搜查令的范围限定在理查德·克拉夫茨房产和地产，巴里·沙勒法官裁定，从福特维多利亚皇冠车上获取的证据不可采，因为这辆车从柯里塔克路被拖走，搜查地点在州警的停车场。不过他也裁定，在搜查令允许的不动产内直接收集的证据都可以在法庭上提交。这是控方能够接受的一种权衡，尽管那辆车上收集的木片、人体组织和纤维等证据非常有用。

我将尽可能简明扼要地介绍审判的情况，因为多数证词与交叉询问都是我已经提到过的法庭科学工作细节情况。海伦·克拉夫茨的母亲伊丽莎白·尼尔森已 79 岁，身体虚弱，她也是控方传召的第一位证人。尼尔森太太使用丹麦语陈述，法庭为其指定了翻译人员，她作证时既紧张又平静，还带有点夸张。她说，海伦·克拉夫茨是她的独女，平时会通过电话或信件与她保持联系，两次联系之间间隔不会超过两周。她们之间的联系于 1986 年 11 月 18 日突然中断，为此她向法庭提交了女儿寄来的最后几封信作为证明。陪审员巴特·卡明斯（Bart Cummings）坐在陪审席上专注地看着尼尔森太太。有几个问题是询问尼尔森太太在海伦失踪期间的身体状况的，在回答提问时，尼尔森太太环顾法庭四周，当目光接触到女婿理查德·克拉夫茨时，她有些神经质地对着他发笑。巴特·卡明斯是一位越战老兵，他看到了这一景象。根据他后来的说法，他当时马上断定尼尔森太太有所隐瞒。这名陪审员不顾控方所作的其他大量工作，确信理查德·克拉夫茨是无辜的。这种我行我素的人是每个律师的梦魇，当然，如何看待案件是陪审员自己的权利。但是，之后人们还将发现，巴特·卡明斯先生的怪诞行为不仅仅局限于裁决阶段。

当时的沃尔特·弗拉纳根当然不可能知道这些，接受其指派协助本案起诉的首席助理检察官布赖恩·科特（Brian Cotter）同样不可能知道。本案极为复杂，且有大量专家证人需要传召，沃尔特·弗拉纳根需要一位得力助手。比方说，J. 丹尼尔·萨格林将会猛力攻击牙医证言。格斯·卡拉祖勒斯博士于3月11日出庭作证，他把自己拍摄的大量X光片（每颗牙齿五张）与海伦·克拉夫茨本人的牙医于1986年拍摄的X光片进行比较，认为约尔拉湖畔发现的两颗牙齿都是海伦·克拉夫茨的。他说自己的调查结论具有“合理的科学必然性”（reasonable scientific certainty），翻译成日常用语就是“无可置疑”。同样接受控方聘请的洛厄尔·莱文博士是一名口腔外科医生和牙科专家，曾经证实过臭名昭著的纳粹领导人约瑟夫·门格勒（Joseph Mengele）博士的牙齿，后者于1985年在南美洲溺死。洛厄尔·莱文说，他对于其中一颗牙齿的归属并不像格斯·卡拉祖勒斯那么肯定，但另一颗牙齿是左下方第二颗双尖牙，“属于海伦·克拉夫茨生前所有”。在接受J. 丹尼尔·萨格林的交叉询问时，格斯·卡拉祖勒斯博士指出，“我确实一点都不怀疑两颗牙齿是海伦·克拉夫茨的”。

3月底，我被沃尔特·弗拉纳根传召出庭作证，并用了3天时间在法庭上重建犯罪经过。玛丽·托马斯应控方要求前来作证，她在陈述中提到了理查德·克拉夫茨家主卧地毯上那块“大约葡萄柚那么大”的污渍。她说，理查德·克拉夫茨曾说那是他不小心把煤油泼到了地毯上。我使用不同的燃料向陪审团展示了4种不同的测试，1次用柴油，另3次用了3种不同的煤油，4种燃料形成的污渍都在

5 分钟以内就消失了。

在为出庭做准备时，我十分注意从全国各地的专家那儿为自己的观察和法庭科学结论寻求支持。比如，我们把毛发纤维送给 FBI 实验室的哈罗德·戴德曼博士检验，把约尔拉湖畔和链锯上发现的纤维送到著名的纺织品专家约翰·莱弗纳手中。两位博士都被传召出庭，约翰·莱弗纳向陪审团解释，他使用了红外线微波光谱摄像技术，得出结论：所有纤维来源相同。布鲁斯·霍德利博士是马萨诸塞大学的木材学教授，他认为不同机器会在木片上留下不同的切割痕迹，而在约尔拉湖畔和柯里塔克路发现的木片均出自理查德·克拉夫茨租赁的那类碎木机。

李昌钰在理查德·克拉夫茨一案审判过程中出庭作证，接受对物证的交叉询问

审判进入了 6 月份，沃尔特·弗拉纳根最终还是传召了乔伊·海因出庭作证。他坚持了自己看见碎木机的时间和次数，即他曾在暴风雪肆虐的11月19日星期三凌晨两次见到那台碎木机。通过绍斯伯里警察理查德·怀尔德曼和曾近距离看到理查德·克拉夫茨在银桥上使用碎木机的乔·威廉姆斯，沃尔特·弗拉纳根已经赢得了陪审员们的信任。但是，他如何才能解释乔伊·海因证词中的明显矛盾呢？沃尔特·弗拉纳根决定使出最后的绝招。他传召康涅狄格州气象中心的梅尔·戈尔茨坦博士出庭，海伦和朋友开车回家路上听到的正是他做的准确预报。迈克·戈尔茨坦博士指出，那场雪是在11月19日黎明前的黑夜降下的。他补充说，次日，即11月20日的同一时间开始下冻雨，乔伊·海因随即想起他目睹银桥上的景象时下的是雨而不是雪。乔伊·海因陈述中的矛盾解决了，他承认自己陈述的前后不一致，辩方未能撼动其证言。乔伊·海因的工作日志表明，他非常辛苦，在46小时里工作了长达40个小时。沃尔特·弗拉纳根认为，他已经筋疲力尽，把时间记错实属正常。

控方于6月7日结束举证，以J. 丹尼尔·萨格林为首的辩方倚仗自己的一组专家证人对我们的法庭科学证言发起了攻击。当案件中存在血液和人体组织分析证据时，经常会出现这种场景。J. 丹尼尔·萨格林与他的专家证人开展了专业的调查工作，但是对于许多旁听人员，包括许多媒体记者来说，我们所揭示的案件事实的整体分量是难以挑战的。后来，大量的争议将集中于控方为何能够将大量经费用于专家证人出庭作证，但对于法学家们来说，这笔经费属于正常水平。不过，基于无罪推定以及我们的司法制度赋予被告人的其他权利，力图平衡法律尺度者应综合考虑整个局面。

辩方团队此时决定传召理查德·克拉夫茨到庭。在美国，被告人享有沉默权，因此辩方律师在作出这个决定时并不轻松。在本案中，J. 丹尼尔·萨格林作出这一决定的一个可能前提是，其当事人作证时不会丧失理智，因为当事人的不冷静行为无疑是辩方的噩梦。

6月16日，理查德·克拉夫茨在法庭上平静地讲述了他本人关于1986年11月19日所发生之事的版本：海伦起得很早，说她要开车去韦斯特波特的罗杰斯家。理查德·克拉夫茨费了点时间解释自己是如何把煤油泼在卧室地毯上的，他冷静地回答了所有关于其是否伤害过海伦的问题。他也承认，海伦说过已经对其提起离婚诉讼，并要其注意签收诉状。对于法庭内的旁听人员来说，他的冷静近乎冷酷。次日，对其进行交叉询问时，沃尔特·弗拉纳根走到了控方席位对面，这样理查德·克拉夫茨就只能直接面对他，而不能再像头一天那样面向陪审员。沃尔特·弗拉纳根盘问了理查德·克拉夫茨在中情局的工作经历，但他予以否认。（7年后，在狱中接受采访时，理查德·克拉夫茨再次否认曾为中情局工作，但承认美国航空公司由中情局独家资助。）控方还多次指出，理查德·克拉夫茨关于其行踪的陈述存在矛盾。理查德·克拉夫茨被迫多次回答，“我不记得了”。总之，那天沃尔特·弗拉纳根和理查德·克拉夫茨的对峙就像是两个人的近身决斗，但辩方还是有惊无险地安然度过。许多人都觉得理查德·克拉夫茨过于冷静，完全有可能实施被控罪行。

6月23日，总结陈词结束后，巴里·沙勒法官用了很长时间对陪审团下达指示，案件就此交付陪审团裁决。陪审员巴特·卡明斯是一个大型地方企业的零售商，他这时又出了些状况。如果沃尔特·弗拉纳根当时知道这些状况，那么他肯定会气得吐血。巴特·卡明斯的妻子每天都到法庭旁听审判，夫妻俩不顾巴里·沙勒法官每日的指示，共同讨论案情。回到家后，两人违背法官曾大声告知的陪审团行为准则，观看本案的新闻报道，巴特·卡明斯在审议时越来越情绪化。7月1日，即星期五的下午，巴特·卡明斯开着他那辆皮卡回家时撞上了电话线杆，这导致次日的陪审团审议被迫取消。接下来的星期二，陪审团继续审议案件，但由于巴特·卡明斯认为嫌疑人无罪，直到10天之后审议仍处于僵局。在那个星期五下午的5点，巴里·沙勒法官向陪审团宣读了“奇普·史密斯”指控判例（“Chip Smith”charge）*，告知陪审团应如何克服僵局。当晚，巴里·沙勒法官无意中听见巴特·卡明斯说不回陪审团室了，并且在陪审团用餐期间也找不着他。当天深夜返回法院大楼后，巴里·沙勒法官宣布流审，这个结果让沃尔特·弗拉纳根和海伦·克拉夫茨的家人以及密友们感到非常失望。

正义很快就会实现，受挫的沃尔特·弗拉纳根不用等待太久。从1989年3月开始，马丁·内格罗（Martin Negro）法官在康涅狄格州斯坦福德（Stamford）主持了本案的第二次审判。这次审判程序和前一次非常相似，但也有几处明显的不同。由于财力枯竭，理查德·克拉夫茨的辩护工作转由公设辩护律师负责。这次审判他没有出庭，但控方可以提交他在上次审判时所作的陈述。陪审团这一次用了6个工作日作出裁定，确认理查德·克拉夫茨有罪，认定他是杀害其妻子海伦·克拉夫茨的凶手。两次审判共有24名陪审员亲自参与案件审理，其中23人认定理查德·克拉夫茨有罪。理查德·克拉夫茨最终被判处99年监禁。

碎木机案的科学事实

在碎木机谋杀案的调查过程中，大量科学知识汇集在一起，共同打造了一张坚固的证据网络，最终侦破案件并实现正义。尽管只

---

* 奇普·史密斯指控，是指对陷入僵局的陪审团进行指导，以促使意见不一的陪审员在再次投票时达成一致裁决。1881年，詹姆士·奇普·史密斯酒后开枪影响了街区的安宁，当该镇的警察局长试图逮捕史密斯时，被史密斯射中腹部身亡。康涅狄格州高级法院审理此案过程中，陪审团成员之间分歧很大，经反复审理才最终取得一致性结论。“奇普·史密斯指控”现已成为康涅狄格州法官指示的一部分，用于要求陪审团的少数派成员让步以达成全体一致。——译者注

发现了一些身体的碎片，但我们仍然成功地做到了这一点。齿科学、病理学、血清学、血迹证据、信用卡追踪证据、纤维和毛发检验、时间表分析和气象证据，这些只不过是法庭科学领域的一部分内容，但它们对本案的成功追诉发挥了关键作用。

我认为，在我们讨论到的用于侦破本案的法庭科学当中，有一个领域值得特别关注。1986 年的圣诞节，一进入理查德·克拉夫茨的主卧，我就发现理查德·克拉夫茨与海伦·克拉夫茨所使用的大号床垫上有一些红褐色污渍。我知道，这些污渍很有可能是人血，而且室内应该有更多肉眼看不到的血迹。为增强显现不可能轻易看到的血迹，我使用了两种血液显现试剂，即鲁米诺和四甲基联苯胺（tetramethybenzidine，简称 TMB）。

鲁米诺是由 3 种干燥化学制品组成的混合物，添加蒸馏水使用。四甲基联苯胺是乙醇和冰醋酸（glacial acetic acid）的化学合成物。只要添加适量，就可以根据鲁米诺或四甲基联苯胺的反应效果来判断所检验的污渍是否为血液。如果污渍是血液形成的，洒上鲁米诺后很快就会发出明亮的荧光，而洒上四甲基联苯胺后会迅速呈现蓝色。这些化学试剂研制出来后马上就被用于疑似血液的检测。不过，多年来，有经验的调查人员也会使用鲁米诺和四甲基联苯胺来呈现视觉可见的血迹，以免出现遗漏。为了尽快覆盖更大的面积，我们可以用喷壶在现场大范围喷洒鲁米诺或四甲基联苯胺，这种做法有时还能帮助调查人员看到其他方式无法显现的足迹或指印。

鲁米诺的应用可能会对某些血液的血清学检验产生影响，因此，在应用鲁米诺之前必须适当收集可靠样本。鲁米诺的使用还需要满足一些条件。首先，它必须在黑暗中使用。这还是有点难度的，房间必须事先进行挡光处理，而且调查人员也要有所准备，让眼睛适应漆黑一片的环境。调查人员应先在一张纸上对 1∶100 比例的人血与水的混合物进行鲁米诺测试，以此作为阳性对照品（positive control）。之后，调查人员开始在现场使用鲁米诺。大量血迹都在地面，需要在墙上喷洒鲁米诺时，应确保用量不要过大，以免溶液流下来，破坏了地面目标的形态。如果温度处于冰点（华氏32度）或冰点以下，鲁米诺也将失效。

使用鲁米诺的另一个主要问题是难以在漆黑一片中拍摄其显现效果。调查人员必须事先在现场一侧的外围安装好摄像装备，他们还必须对目标表面进行90度角拍照。为此，调查人员必须将照相机安置在三脚架上。照相时，应根据鲁米诺反应后散发的光的强度，相应调整相机的曝光率。即便在最为有利的条件下，拍摄结果也可能会有差异。有一个基本的原则：包含大量细节特征的足迹曝光15秒钟即可显现，而指印则完全不可能显现。调查人员在照相时还要在痕迹旁附上比例尺，他可以小心翼翼地打开百叶窗，让少量光线进入室内，以便贴上比例尺。还有一种方式，他可以在比例尺上涂上荧光材料，这样痕迹只要在照相前尺子遇到光就可以在相片中显现出来。大量拍照很有必要，每处痕迹最好平均拍摄8~10张照片。

显然，我在理查德·克拉夫茨主卧所做的主要法庭科学调查就是使用鲁米诺和四甲基联苯胺显现血液证据。这些科学手段对于打击犯罪非常有用，但使用前必须进行精心准备。这些检测方法和工具也被认为是安全的，四甲基联苯胺不具致癌性。今日之犯罪调查是传统按部就班调查工作（如查阅话单和信用卡记录）与有意识应用现代技术（如血液增强显现）之结合。

本案小结

海伦·克拉夫茨被杀案的确是我亲历过的最为复杂和曲折的案

件之一。回顾本案，首先要强调的是本案成功促使美国司法系统改变了一个传统观念——没有可辨识的尸体就不能证实谋杀成立。诚如前述，这种观念源自古代普通法“犯罪事实”概念，意思是在证实犯罪时必须证实已经发现尸体。无论其最初是何种含义，时至今日，越来越多的杀人犯在控方未能发现被害人尸体的情况下被送交审判。

可以合理推测，在杀害自己妻子并开始用自认为万无一失的方法处理她的尸体时，理查德·克拉夫茨对普通法的这一传统准则必定深信不疑。这就是为何我们必须像对待理查德·克拉夫茨的行为一样认真研究海伦·克拉夫茨堪称模范的生活方式。理查德·克拉夫茨的生活方式致使海伦·克拉夫茨聘请离婚律师并对丈夫提起离婚诉讼。同样重要的是这对父母对他们的三个孩子的关爱，实际上，这三个孩子也是本案的最主要的被害人。通过这些分析，我们才能把海伦·克拉夫茨的突然失踪置于恰当的背景之下。

人们可以发现，理查德·克拉夫茨非常看重他的孩子以及将来由谁抚养，只是他采用了一种很变态的方式来表达他的重视。1996年，理查德·克拉夫茨对一位在他被捕后曾采访过他的记者说，“只要我想，我随时”可以逃出戒备森严的切舍（Cheshire）监狱。记者问他，为何他还没有越狱？他的回答是：“因为这么做会破坏我一直为之效力之事。”

沃尔特·弗拉纳根及其职员、康涅狄格州警察法庭科学实验室和警政厅西区重案支队的成员因本案的成功解决赢得了极高的声誉。在1996年的那次采访中，理查德·克拉夫茨说，他当时还有19起独立的诉讼案件。记者问他，是否所有诉讼均与其申诉有关。最近，沃尔特·弗拉纳根的解答让这名记者大吃一惊——理查德·克拉夫茨从未单独对其有罪判决提出过任何申诉。理查德·克拉夫茨不满妹妹卡伦·罗杰斯对鲁克里娅·克拉夫茨的童装生意的处置，他应当把这起诉讼也计算在内了。卡伦·罗杰斯很喜欢嫂子海伦·克拉夫茨，她肯定难以接受哥哥残忍杀害海伦这一事实。而且，很明显，卡伦·罗杰斯是接过三个孩子监护权的理想选择。

大卫·罗杰斯于20世纪90年代末去世，因而无法告诉我们更多的信息。本案其他几位关键人物都不在了，海伦的母亲伊丽莎白尼尔森在其80多岁时过世；基思·梅奥2000年死于车祸；绍斯伯里警员理查德·怀尔德曼不久前自杀身亡；理查德与卡伦的母亲鲁克里娅·克拉夫茨也已去世，但她在生前改变了不准卡伦继承遗产的遗嘱。1986年11月18日夜晚发生的一切触动了很多人。海伦的那些悲伤的朋友们始终坚持追查真相，不断向前推动着正义的车轮，她们的行为值得称赞。在不可思议之事面前，安娜·巴泰利、艾丽丝·贝内特、贝蒂·库珀、帕特里夏·冯·伯格和苏·米勒勤于思考，敢作敢为，勇气可嘉。

那个打雷下雪之夜到底发生了什么？我估计，海伦·克拉夫茨结束法兰克福的飞行任务回家后，理查德·克拉夫茨与她爆发了一场严重的口角。孩子们睡觉后，他们吵得更厉害了。之后，大概10点左右，海伦准备上床睡觉，她肯定已经筋疲力尽。自西欧时间那天上午7点左右她就一直站着，也就是说，当海伦在更换床单时，她生物钟的时间应该是次日凌晨3点。海伦站在床脚边，可能弯着身子，专心于这项家务，她可能穿着她那件舒适的淡蓝色旧浴袍。理查德·克拉夫茨肯定是从后面击打她的后脑勺，之后可能又实施一记更沉重的打击，顷刻将其杀害。根据其本人的陈述，理查德·克拉夫茨曾有过快速高效杀人的经历。但是血迹通常不是单一击打所形成的，可能被害人的头落在了床架上，形成了四分之一缩尺的血迹，混有更小的中速喷溅血迹。理查德有可能又实施了一次打击。

所有这一切都发生得很快而且很安静，三个孩子什么也没听见。此刻的理查德·克拉夫茨独自一人面对其犯下的可怕罪行所遗留的原始证据。紧接着，他非常小心且悄无声息地把海伦的尸体搬下楼，弄进车库，放进旧冰柜里。随后，关键的时刻到了。玛丽·托马斯回来晚了，凌晨2点以后才回到家。理查德·克拉夫茨不得不一直等着，直到确信她已经睡了。当听到玛丽·托马斯经过他卧室门口时，他甚至还伪装海伦发出咳嗽声，正是因为如此，玛丽后来告诉调查人员说她认为自己听到了这个动静。确信玛丽已经睡了后，理查德·克拉夫茨静悄悄地冲入暴风雪的夜幕之中，前往柯里塔克路，他的小货车就停在那里，车厢后部装着他的新冰柜。他开着这辆小货车回家，他不得不驾车绕着前院的一颗云杉打转，尽量靠近车库门，车库门就在玛丽·托马斯卧室窗下，因此保持安静对这次行动至关重要。

货车停到位后，理查德·克拉夫茨把新冰柜拖进堆满杂物的车库，卸掉包装，然后把海伦已经冰冻的尸体从旧冰柜转移到新冰柜里。不久之后，停电了，这时的理查德·克拉夫茨应该已筋疲力尽，而天也快亮了，他还得等着把玛丽·托马斯和孩子们送到韦斯特波特的罗杰斯家。他于4点40分给大卫·罗杰斯打电话，想把家人带到韦斯特波特去，毕竟他家停电了。

理查德·克拉夫茨叫醒孩子们和玛丽·托马斯，匆忙赶往韦斯特波特。玛丽·托马斯注意到，海伦的丰田雄鹰车不见了。大约正午，电力供应恢复，海伦的尸体应该已经冻得差不多了，可以使用链锯肢解。这天他用了数个小时时间排队等候，拿到了一辆足以拖动一台碎木机的卡车。星期三晚上，理查德·克拉夫茨收集了一些木头，从冰柜里取出海伦的尸体，前往柯里塔克路，在这里他可以隐秘行动，除非深夜使用碎木机的声音惊动某个好奇的邻居或警察。

之后，理查德·克拉夫茨将海伦已被肢解的尸体和木垛一起丢进碎木机。海伦的遗体上还穿着那件淡蓝色的旧浴袍，浴袍横袋中还有一封信。第二天，即星期四的晚上，理查德·克拉夫茨在绍斯伯里警察局正常上班，下班后用那辆U型重载卡车拖着碎木机来到约尔拉湖的银桥段，在这里，两名目击证人看见了他那见不得人的勾当。

这个案件还有几个可能永远找不到答案的问题。海伦的丰田雄鹰车是怎么停到泛美航空公司雇员停车场的？难道理查德·克拉夫茨真的会冒着被人发现的风险，在他驾驶的小货车后面用牵引杆拖着这辆雄鹰车吗？或者有某个朋友开着这辆车跟在他后面，帮他掩饰海伦的失踪？那个朋友是大卫·罗杰斯吗？这么做仅仅是为了转移对他的注意力吗？不管怎么说，如果理查德·克拉夫茨供认一切的话，这个朋友在谋杀案发生后的所作所为可以构成从犯。

具有讽刺意味的是，本案最可悲的评论是理查德·克拉夫茨本人说出来的。他的两个辩护团队都重述过这个评论："我们知道海伦还没死。她随时都有可能走进（新镇警察局的）大门。"距这出悲剧上演至今已有16年，我们不会再指望看到活着的海伦。诚如前述，让我感到奇怪的是，马西森案与本案都离感恩节假期很近。本案与马西森案以及本书后文将要介绍的麦克阿瑟案还有另一个相似点。理查德·克拉夫茨是一名兼职警察，另两起案件的杀人犯则是经验丰富的全职警察。

第三章

O. J. 辛普森案

如果它（指手套）不合适，你们应当宣告无罪。

——辩护律师约翰尼·科克伦（Johnnie Cochran）
在总结陈词时的陈述

O. J. 辛普森的审判即便不是世界历史上，也是美国历史上最广为人知和最复杂的谋杀案审判。或许因为我的职业是法庭科学家和警察，所以我抵制"世纪犯罪"这类经常用于描述臭名昭著的谋杀案的词语。1932 年林德伯格（Lindbergh）* 之子被绑架杀害，该案很快就被赋予这样的称谓。数十年前，莉齐·博登（Lizzie Borden）因用斧头杀害父母而被捕，这起案件也"赢得了"这个称谓。再近一些时候发生的 1996 年俄克拉荷马城（Oklahoma City）爆炸案，罪犯蒂莫西·麦克维（Timothy Mcveigh）被判定有罪并处以极刑。1994 年发生的妮可·布朗·辛普森（Nicole Brown Simpson）和罗恩·戈德曼（Ron Goldman）被害案也被扣上"世纪犯罪"的帽子，

---

* 林德伯格是美国最富传奇色彩的名人之一，在航天航空、火箭、心脏起搏器、野生动物保护、人类学等方面都有杰出成就。1932 年，林德伯格仅 20 个月大的长子被绑架撕票，在美国引起了轰动效应。——译者注

而这起案件正是我接下来要讨论的。在我看来，我所调查的每起谋杀案件都是如此残忍，对于被害人及其亲属而言，用十恶不赦这样的词都无法准确描述。我认为，用“世纪犯罪”这样的词概括该案只不过是为了吸引更多的公众和媒体关注而已。

话虽如此，但我确实承认，有许多理由可以说明，1994 年 6 月 12 日，即星期天晚上在洛杉矶布伦特伍德地区（Brentwood Section of Los Angeles）上演的妮可·辛普森和罗恩·戈德曼的死亡悲剧，是美国司法史上的一个标志性事件。O. J. 辛普森案与林德伯格之子被绑架案一样，都是美国媒体报道中恶性最重的案件。记者们曾潜入林德伯格之子的卧室，为第二天的报道拍摄照片。报道 1994 年这起谋杀案的记者们虽然还不至于架上梯子爬进私人宅邸，但也好不到哪里去。不仅如此，电视摄像机、市场小报甚至一些主流媒体都时不时会滥用第一修正案赋予的宪法权利。

媒体的越轨行为并未随 O. J. 辛普森的被捕而终止，在被告人被宣告无罪后的几个星期里也未消停。媒体报道余波所及，出版业在某些方面也展现出对案件事实的愤世嫉俗式的批评。我认为有个情况特别让人难堪：在本案诉讼末期，原有的 12 名陪审员和 12 名替补陪审员被减至 12 名陪审员和 2 名替补陪审员（事实上，这些陪审员被隔离 15 个月，需按照每人每天 5 美元支付费用，给国家的陪审团制度带来非常严重的成本问题，而且这类问题至今还未解决）。1995 年，无罪裁决宣布约 6 个月后，一家重要的简装书出版社的总经理出现在美国哥伦比亚广播公司的《新闻 60 分》节目中。这位出版商在节目中说道，辛普森案件的所有陪审员和替补陪审员都曾与他联系过出书事宜。他的话明显是在造谣中伤作为美国法律制度核心的陪审团工作，把它与审判在其他方面的不正之风等量齐观。但是，我认识一位亲历整个审判过程的陪审员，他不仅维护了陪审员的荣誉，而且不失机智。事实上，这位陪审员与我认识的一个记者有过简短的电话交谈，我相信这位记者已经发誓会对这位陪审员的身份保密。这位陪审员直截了当地拒绝与媒体的任何人谈论整个15个月的任何内容，而且“从未”再重复一遍，“从未”与这个出版商联系过。这位陪审员是在由一个共同朋友间接安排的一次个人社交电话中披露这些情况的。这个年轻人毕业于一所高标准的天主教大学，他的行为证明，我们仍然可以从我们的市民中找到最适合的人来担任陪审员。第欧根尼（Diogenes）的确找到了数名诚实的男士和女士，他们牺牲了一年多时间，为我们的司法体系服务。[26]

两名年轻被害人被杀引来了媒体的报道，但推动其不断被渲染的主要动力是收视率和利益。我明白，不是所有媒体违法行为都是由万恶金钱腐蚀所直接导致的。许多证人包括我本人，都碰到过媒体代理人找上门来的情形，他们承诺支付一大笔钱来换取一次独家专访或者犯罪现场照片。本案的调查初期，一家小报式电视节目向一名潜在证人支付了数千美金，这是金钱直接腐蚀法律程序的典型例子。一旦确认证人收取报酬，尽管其证词此后可能非常有用，但对于控方而言，其陈述的可靠性将大打折扣。不过，绝大多数媒体滥用宪法权利的行为都是出于提高收视率和扩大受众群体的竞争性需要所致。由于更高的收视率等于更高的营业净收益和更高的资金回报，因此媒体错误行为的背后间接隐藏着金钱的身影。本案犹如一场大戏，持续15个月的演出让人筋疲力尽，但公众对这场大戏的高度关注只会促使媒体做出更加出格的行为。

O. J. 辛普森案件向美国公众展现了广泛的争议问题，使整个诉讼增添不少吸引力。在所有议题中，首要的自然是种族问题。一名非裔美国人被控谋杀他的前妻以及她的“男友”，而且两名被害人都是白种人。本案发生在文化多元化的大都市洛杉矶，就在这里，3年前洛杉矶警察局（Los Angeles Police Department）的4名警员野蛮射杀非裔美国人罗德尼·金（Rodney King），这一过程被人录了像。在加利福尼亚州锡米（Simi）进行的审判中，全由白人组成的陪审团裁定4名警员无罪。这一裁决随即引发暴乱，据称造成超过24人死亡，将近1000人受伤的严重后果。

本案还有财富、声望与名誉议题。O. J. 辛普森是美国橄榄球历史上最伟大的跑卫之一。棒球可能仍是美国的国球，但大学和专业的橄榄球运动似乎才是这个国家最受观众喜爱的运动。电视收视率证实了这一点，尤其是在超级杯赛期间。如果去问美国人，不论男女，大抵都知道全国橄榄球联盟（National Football Leagues）的O. J. 辛普森创造过一个赛季带球冲刺超过2000码的惊人纪录。我听说，他是在1973年对阵纽约喷气机队（New York Jets）的最后一跑时做到的。有人仍然记得当时还是低年级大学生的O. J. 辛普森在比赛收官之时抱着球跑出73码，帮助他所在的南加利福尼亚大学队（University of Southern California）战胜了对手加州大学洛杉矶分校队（University of California at Los Angeles，简称UCLA）。这场胜利使南加利福尼亚大学队获得了参加当年在帕萨迪娜（Pasadena）举办的玫瑰碗杯赛（Rose Bowl）的入场券。加州大学洛杉矶分校队的一个竞争对手赢得了那年的海斯曼奖杯（Heisman Trophy），但O. J. 辛普森赢得了下一年度的海斯曼奖杯，这个奖杯是发给最佳大学选手的。

结束职业橄榄球运动员生涯后，O. J. 辛普森声名日隆。他逐渐被数百万电视广告观众熟知。在广告中，他快速跑过机场，从赫兹公司（Hertz Corporation）租了一台车，就此转危为安。在这一分钟的电视故事中，机场一位小老太太对着英雄高喊：“快跑，O. J. 快跑。”已经是超级巨星的辛普森喜欢说话，他在摄像机前的表演也毫不吃力。仿佛一夜之间，他成了美国广播公司（National Broadcasting

Company，简称 NBC）每周全国橄榄球联盟比赛的博学多才的橄榄球评论员。另外，由于英文“橙汁”（Orange Juice）一词的缩写恰好与辛普森名字的缩写 O. J. 一样，所以佛罗里达一家饮料公司特意邀请他拍摄橙汁的促销广告。观众们尊重他所做的这一切。O. J. 辛普森后来还成了电影演员，最为人所知的是他在《裸枪》（*Naked Gun*）中自嘲式的幽默表演。这部电影模仿警察电影风格，把莱斯利·尼尔森（Leslie Nielsen）恶搞成一个冷漠又喜欢装模作样的洛杉矶侦探。

总之，O. J. 辛普森不仅仅是一个体育明星，他还成功实现转型，进入运动和电影娱乐的广阔世界。所有这些也说明他已经非常富有，以他的成就来说，这是再正常不过的了。谋杀案发生时，46 岁的 O. J. 辛普森已经是脱贫致富的光辉典范，而且他凑巧是非裔美国人，因此更是成为成功打入美国主流社会的英雄人物。美国公众喜欢他，很大程度上是因为他的这些成就。霍雷肖·阿尔杰（Horatio Alger）* 所讲述的故事在 20 世纪似乎出现了活灵活现的真人版。

多年来，O. J. 辛普森的许多不幸和问题也渐渐显露。1979 年，让国人感到难过的是，辛普森两岁的女儿艾伦（Aaren）淹死在布伦特伍德罗金厄姆大道（Rockingham Drive）旁的自家游泳池内。艾伦是辛普森第一任妻子玛格丽特（Marguerite）所生第三个也是最小的孩子。多年以后，更为严重的是公众获悉他的第二任妻子妮可报警，警察来到同一栋住宅逮捕了涉嫌殴打妮可的辛普森。这起家庭暴力发生于 1989 年新年黎明前时分，或许是因为他形象讨巧，这起事件被湮没在辛普森家乡主要报纸《洛杉矶时报》（*Los Angeles Times*）体育版的内页。总体上讲，O. J. 辛普森在因涉嫌杀害前妻及其同伴而被捕时还是美国人的英雄。因此，这一幕是普通公众渴望看到的关

---

* 美国近代作家，以撰写儿童文学作品闻名，代表作有《倔强男孩的历险故事》等。——译者注

于一位特殊英雄堕落的悲剧，而且这位英雄摔得越狠越好。

在O.J.辛普森案中，我为辩方工作，这对我来说并不常见。本案案发时间在星期天晚上，接下来的周三，辩方联系了我。辛普森的首位律师已被替换，接管案件的罗伯特·夏皮罗（Robert Shapiro）是我的朋友，也是个非常成功的律师。

我得再次强调我在本书其他章节中已经说过的话——在工作中揭示真相是我的人生信条。我对所有犯罪现场法庭科学证据的研究完全是为了尽力证实案件的科学事实，而不管证据线索会把我带到哪里。形式上我是这个或那个（通常是控方）团队的成员，但只要我能揭示科学事实，我就必须“始终”——再强调一遍，是“始终”——站在科学事实这一方。我的个人信条声明有时会让我的工作伙伴感到沮丧，但只有通过这种方式，我才能把自己的知识、阅历和精力用于协助解决案件。

罗伯特·夏皮罗周三打电话给我时，我正在康涅狄格州警察法庭科学实验室办公室参加特别工作组会议。很快大家就发现，我是少数几个对O.J.辛普森一无所知的美国人之一。1965年我从台湾前往美国时，身上的钱只够买一张单程机票。到达纽约后，我一边上学，一边打着三份工谋生，没钱也没时间去想着运动的事，实际上，我连电视机都没有。因此，我的美语新词汇表中找不到橄榄球和O.J.辛普森这两个词。罗伯特·夏皮罗不得不向我解释来龙去脉，他向我求援，我的第一反应是我实在太忙，不能承诺付出这个案件所需的大量时间。不过，他是个擅长游说的好律师。他那天稍晚时候又打了电话给我，我也认真倾听了他寻求我帮助的理由。他向我介绍了案情，有些显然非常棘手。我随即对罗伯特强调，我只能根据我的科学调查结果说话，我们应“实事求是”（to let the chips fall where they may）。他很清楚，这意味着我的最后调查结论也有可能对控方有利。当时，罗伯特·夏皮罗声称已经与纽约的迈克尔·巴登博士取得联系。迈克尔·巴登博士是世界知名的法医病理学家，也是我的密友兼合作伙伴，35 年前我们就在纽约大学共事过。我和罗伯特·夏皮罗达成协议，他在谈及本案的时候不得提到我的名字，但他可以告诉媒体，除聘请迈克尔·巴登博士外，他还在寻求一位顶级法庭科学家的帮助。

我也告诉罗伯特·夏皮罗，只有我的上级同意，我才能答应为本案工作。自 1979 年加盟康涅狄格州警以来，我在康涅狄格州公安部（Connecticut Department of Public Safety）的上级直至州长都向我保证，只要不是工作时间，不使用本州经费，我可以参与康涅狄格州管辖权以外的任何案件。但我仍然觉得自己有必要小心处理该案事宜，我给公安部长（Commissioner of Public Safety）、我的好朋友尼古拉斯·乔菲（Nicholas Cioffi）打了个电话。曾经担任高级法院法官的尼古拉斯·乔菲很快表示同意，但也要求我获得州长洛厄尔·A. 韦克（Lowell A. Weicker）的明确支持。我很快就处理完了这一切，之后我致电罗伯特·夏皮罗，同意在本案中为他提供协助，但只负责犯罪现场的科学分析和审查所有专家证言。

6 月 17 日，星期五，我抵达洛杉矶。走出飞机时，我并没有想到会有数百名记者和电视台摄影师在出口等着采访我。我告诉他们，我对本案一无所知，我甚至不知道 O. J. 辛普森是谁，但显然没有人会相信我。罗伯特·夏皮罗派了一辆豪华轿车来接我，直接把我载到了罗伯特·卡戴珊（Robert Kardashian）位于恩西诺（Encino）的家。罗伯特·卡戴珊是 O. J. 辛普森的老朋友，也是说服 O. J. 辛普森聘请罗伯特·夏皮罗的关键人物之一。依我说，我们出现在恩西诺让人有些啼笑皆非，因为我们这群人需要发挥团队精神调查本案，但大家都是第一次见到辛普森。相互介绍后，辛普森就撤到了房子的另一处地方。我们之后在书房讨论这个案件，并与洛杉矶犯罪实验室和验尸官办公室取得联系，要求安排时间让我们查看证据和访问犯罪现场。我们随即得到消息，警方已经获得逮捕 O.J. 辛普森的令状。罗伯特·夏皮罗就辛普森何时以及如何向警方自首与洛杉矶警察局的高层领导协商了一整天。

下午晚些时候，我们看见洛杉矶警察局的侦探和着装警察前来逮捕辛普森。你可以想象我的反应，我已经接近于震惊了。罗伯特·夏皮罗和罗伯特·卡戴珊在院子里没有找到辛普森，只看到他写的一封信。警方随即通知我们，辛普森和他少年时代的密友阿尔·考林斯（Al Cowlings）已经逃出罗伯特·卡戴珊家，成了逃犯。洛杉矶警察局的侦探对在场的每一个人都进行了询问。有些侦探听过我的犯罪现场勘查训练课程，因而认识我。之后，警方告诉我们，我们因帮助逃犯而有被逮捕的可能。后来，警方电台不断播出阿尔·考林斯那辆白色福特野马车（Ford Bronco）的情况及车牌号，媒体不久也开始播出这一信息。车很快就被找到，阿尔·考林斯开车，辛普森蹲伏在后排，用枪指着阿尔的头。野马车后面跟着一支警察车队和新闻采访车，空中有电视台的 6 架直升机“护驾”，以低速沿着加利福尼亚高速公路跑了 70 英里的路程。当野马车经过某些地区时，人们甚至还沿道路两侧站着，为辛普森欢呼。

阿尔·考林斯的野马车最终又开回辛普森位于罗金厄姆大道的家，经过谈判，辛普森向洛杉矶警方投降。我们后来知道，大约 9500 万美国人全程或部分观看了这起持续时间很长的事件，比当年看辛普森在超级碗杯比赛的人还多。辛普森自加利福尼亚时间 6 点开始其“奥德赛之旅”，这场“壮举”占据了东部地区的晚间电视节目。当得知这位疯狂的当事人被捕后，坐在罗伯特·卡戴珊家的我们都长舒了一口气。

对于全世界对这次逮捕的热情关注，我们就此打住。我得重新回到我来到这里的任务，继续法庭科学技术工作。接下来的两天，我持续对谋杀案第一现场［邦迪大道（Bundy Drive）］和第二现场［辛普森位于北罗金厄姆大道（North Rockingham Drive）的房子］进行初步调查，调查验证了最初的看法。前已述及，我会在本章的案件调查部分全面介绍调查结论。在这里，只需要说“有些事情做错了”就够了。之后的 15 个月，我将与警方的违规行为作斗争。

下面是对这起复杂大案的最后一个开场白。许多美国人非常关注 O. J. 辛普森巨额个人财富对本案及其结局的影响。本案的被告人确实极不寻常，因为他大体上能与控方为这场非常昂贵的调查和审判所投入的资源相抗衡。政府可投入审判以及被告可以使用的资源之间往往有很大差距，辛普森案只不过在一定程度上平衡了两者的账单支出。根据我看到的一串数字，控方为本案审理支出了 1900 万美元。相比之下，辩方的支出是 1000 万美元，不包括应付费的大量调查时间。我本人因咨询服务而获得 15 万美元报酬，从中捐出了 8 万美元给我任教多年的纽黑文大学的法庭科学项目，用作执法与法庭科学专业的奖学金。剩下的钱则支给了位于梅里登的州警察法庭科学实验室，用于购买急需设备和开展职员培训。我决定加盟辩护团队，是因为我很快就发现，负责本案的一些侦查人员犯下了大量棘手的关键性错误，因而他们获得的调查结论没有揭示事实真相。我从未后悔自己瞬间就作出的这个决定。

本案事实

O. J. 辛普森全名为奥瑞泽·詹姆斯·辛普森（Orenthal James Simpson），1947 年 7 月 17 日出生于旧金山一处贫民区，父母分别为詹姆斯·辛普森（James Simpson）和尤妮斯·辛普森（Eunice Simpson）。他在四个孩子中排行第三，平时很少能看到父亲。老辛普森于1985年死于艾滋病，辛普森太太主要在旧金山综合医院（San Francisco General Hospital）的精神病房从事后勤与技术员工作，她辛勤劳作，勉力维持四个孩子和自己的生计。因为辛普森不喜欢出生时给他起的名字，所以大家一般都直接叫他“O. J.”，他的成长与无数贫民区的孩子一样。他比同龄人更壮实，跑得更快，在无法逃避的街头打斗中足以自保，甚至能够击败对手。

中学时代的辛普森除了橄榄球外别无所长。二年级的某个时候，他遇到了一点小困惑。辛普森的能耐传到了旧金山巨人棒球队（San Fransico Giants baseball team）美籍非裔星探威利·梅斯（Willie Mays）耳朵里，他不辞辛苦、出其不意地造访辛普森家。威利·梅斯平易近人，没有什么官话套话，给这位崭露头角的明日之星留下了很好的印象。辛普森后来在自己的《我想对你说》（*I Want to Tell You*）一书中提到，威利·梅斯向他描绘了运动员的美妙生活方式，给他留下了特别深刻的印象。

中学毕业后，辛普森入读旧金山城市大学（City College of San Francisco），他迅速成为这所社区大学橄榄球队的明星。作为跑卫，他带球突破的平均距离为10码，业已跻身大学一流橄榄球员并引人瞩目。当时，大学管理层、美国公众以及快速发展的电视网络开始高度关注大学橄榄球运动。O. J. 辛普森的专业水平不行，这一点是毋庸置疑的事实。虽然加州大学伯克利分校和斯坦福大学都有自己的球队，两所大学都在旧金山地区，属于一流的太平洋海岸联盟（Pacific Coast Conference）成员，名气很大，但实际向O. J. 辛普森抛出橄榄枝的是洛杉矶地区的橄榄球队，即加州大学洛杉矶分校队和南加利福尼亚大学队，这对O. J. 辛普森来说更为现实。南加利福尼亚大学有一支壮观的军乐队，而且球队的吉祥物特洛伊勇士会站在由两匹高头大马拉着的战车上，绕着洛杉矶大体育场缓慢前进，发出轰隆隆的声音。因此，正如许多容易冲动的20岁年轻人可能会作出的选择一样，出于对这支军乐队和球队吉祥物的喜欢，他决定加盟南加利福尼亚大学队。

1968年，已经是南加利福尼亚大学高年级学生的辛普森与中学时的恋人玛格丽特·惠特利（Marguerite Whitley）结婚，两人共生育了三个孩子：女儿阿奈尔（Arnelle）、儿子贾森（Jason）和两岁时溺亡的艾伦。1969年春，辛普森以一号选手身份参加职业橄榄球队选秀。根据全国橄榄球联盟颠倒的选拔制度，他去了水牛城比尔队（Buffalo Bills），这意味着他必须随这支成绩最差的球队从季前赛开始打起。不过，在首场比赛结束之前，辛普森就已经和ABC运动、雪佛兰等品牌签订了报酬丰厚的广告合同。

1977年，辛普森的橄榄球运动生涯达到顶峰。全国橄榄球联盟的跑卫必须承受巨大的冲击，即便像辛普森这样敏捷和优雅，最终也会受到损伤。那年夏天，30岁的辛普森遇见了18岁的妮可·布朗，她是雏菊（Daisy）夜总会的女服务生。雏菊夜总会位于迷人的贝弗利山（Beverly Hills），非常时尚，辛普森经常光顾。此时，他与玛格丽特·惠特利的婚姻已经名存实亡，妮可·布朗与辛普森开始约会。1979年，玛格丽特·惠特利与辛普森正式离婚。

妮可·布朗去了橙县（Orange County）达纳波因特中学（Dana Point High School）。橙县地处加利福尼亚州富庶的滨海区，离洛杉矶大约70英里路程。妮可·布朗出生于德国的法兰克福，母亲是德国人，父亲是一位美国军人。她在美国长大，是一位标准的加利福尼亚美人。她个子很高，金发碧眼，身材苗条，活脱脱就是海滩少年合唱团（Beach Boys）歌声里颂扬的女孩范本。她在家中四个女孩里排行第二。她的父亲返回加利福尼亚家乡，想通过投资房地产和其他领域赚大钱。但布朗家的女孩没有一个拿到过大学学位。事实上，妮可·布朗1992年提起离婚诉讼时签署了一些文书，记载了她在中学时曾到当地一家精品店做过两周销售工作，而贝弗利山雏菊夜总会的服务生工作则属全职。妮可·布朗和辛普森在婚姻存续期间共生育了两个孩子：女儿悉妮（Sydney）生于1985年，儿子贾斯廷（Justin）生于1988年。

妮可·布朗与辛普森陷入热恋不久后，即搬入了他位于落日大道（Sunset）北部的北罗金厄姆大道360号的豪宅，这一区域是富裕的布伦特伍德市最奢华的社区。两人于1985年结婚。这栋西班牙风格的豪宅坐落在罗金厄姆大道和阿什福德大道（Ashford Avenue）的夹角处，是辛普森于1975年花65万美元购买的。这栋房子共有6000平方英尺，外面是石头和灰泥砌成的围墙。院子很大，有一个网球场和一个大游泳池，四周树木环绕。主屋前面和侧边与一堵6英尺高的砖墙接壤，砖墙中间开了一道铁门，通往罗金厄姆入口前方的宽阔车道。这栋房子在阿什福德大道一侧开了一扇小门。这块地上还有3栋客用房，以一道爬满了蔓藤的8英尺防风栅栏隔开。按照今天的房地产市场价，这栋豪宅价值超过100万美元。妮可·布朗和O. J. 辛普森结婚时签有婚前协议，清楚地写明辛普森保留对这处房产的专属产权。

在长达17年的相处中，两人有过多次激烈冲突。1989年，辛普森因殴打妻子而被捕。或许因为他是个名人，这起案件并未依常规方式处理。在那个凌晨，妮可·布朗和O. J. 辛普森都声称，此前警察已经被叫到他们家八次之多。在1989年那次，调查人员没有给辛普森上手铐，致使其中途溜走，开着他的宾利车扬长而去，随后他又自首。尽管发生了这一系列奇怪举动，对于应否按照洛杉矶警察局处理家庭暴力案件所使用的标准程序及操作手册来处理这起事件，负责执行逮捕的警员依然举棋不定。

辛普森的家庭暴力案件被指派给一位更有经验的警察，市检察官办事处要求其查明凌晨发生的这起案件是孤立事件还是系列事件的延续。调查人员在布伦特伍德警署（station house）进行了广泛询问，只有一名警察说他去过罗金厄姆的这栋住宅处理过一起家庭暴力案件。根据马克·富尔曼警官在1985年底的备忘录记载，他曾被指派去过一个争吵现场，情况与1989年这场争吵非常相似。在那个案件中，一辆奔驰车的挡风玻璃碎了，而妮可并不想继续追查这件事，只说是被她的丈夫“用棒球棒”打破的。

1989年5月24日，O. J. 辛普森提出了该案诉讼无效的抗辩，但最终被判处缓刑2年，并处罚金470美元。他还被勒令接受每周2次的辅导，并按照专门负责刑事处分的志愿行动局（Voluntary Action Bureau）的安排完成120个小时的社区服务。家庭暴力案件中的违法犯罪者通常必须接受集体辅导课程，但根据辛普森的律师的提议，控方同意辛普森不参加集体课程学习。他获准单独接受一名专家的辅导，部分课程最后还是以电话形式完成的。不仅如此，社区服务的典型形式是清除路边杂草、扫地和打扫公共厕所等，而辛普森则被获准可以用筹款晚宴代替社区服务工作。这种晚宴的特点就是邀请一堆名人，同时安排企业捐助。这次晚宴筹集的善款将捐献给儿童癌症慈善基金“罗纳德·麦克唐纳夏令营（Camp Ronald McDonald）”。最后，辛普森还另外支付了500美元给圣莫妮卡（Santa Monica）的一所被害妇女避难所，即庇护咨询中心（Sojourn Counseling Center）。

在关系比较好的时候，特别是辛普森报道橄榄球比赛期间，妮可·布朗和辛普森喜欢一起旅行，也喜欢共同到纽约市购物。1985年，辛普森入选位于俄亥俄州坎顿的全国橄榄球联盟名人堂（NFL's

Hall of Fame），夫妻俩手拉手步入了辛普森的荣誉殿堂。辛普森的名人演讲很有个性，他着重强调，妮可·布朗在他生命中发挥着积极的关键作用。辛普森对妮可的慷慨并不仅限于让妮可本人过上富足的生活，他还为妮可的姐姐丹尼丝·布朗（Denise Brown）支付了大学学费，帮她的父亲卢·布朗（Lou Brown）取得了赫兹汽车租赁公司在橙县的分销权。

不过，两人多数时候相处得并不好。1992 年，夫妻俩决定提起离婚诉讼，但两人未经审判即于当年 10 月 15 日签署了离婚协议。根据协议，辛普森每月向妮可支付孩子抚养费 10 000 美元，辛普森之前送给妮可的一套用于出租的旧金山公寓仍归妮可所有。辛普森当时一年的收入在 65 万美元以上，他支付给妮可的分手费超过 43 万美元。根据协议，这笔钱主要用于妮可本人以及两个孩子购买住房。当然，按照两人 7 年前签署的婚前协议，辛普森保留了他在罗金厄姆大道这处豪宅的专属所有权。妮可暂时租住在布伦特伍德葛特纳格林路（Gretna Green Way）325 号，每月租金 5000 美元。这个地方虽比不上邻近的罗金厄姆地区富庶，但也算舒适。妮可的新家也有一个游泳池和一处客用房。表面上看，两人的分手比许多离婚诉讼都要和谐得多。

然而，更多的暴风骤雨在前方等着妮可·布朗和她的这位名人前夫。两人仍然真心想要弥合彼此之间的差异，他们有过数次尝试，但都没能成功。1993 年 10 月 25 日晚，妮可·布朗和前夫之间持续的紧张关系爆发，她两次拨打 911 报警电话。妮可·布朗在报警寻求帮助并试图向接线员表明前夫的身份时，声音一直颤抖，充满了恐惧，她说："该死的，'他'会杀了我的。"这一次，妮可·布朗没有身体受到伤害的证据，因而没有对辛普森提出控告。

妮可·布朗新家的客用房成了部分摩擦持续的源头。妮可·布朗在科罗拉多州阿斯彭（Aspen）度假滑雪时认识了布赖恩·凯林（Brian Kaelin）。布赖恩·凯林年近三十，皮肤白皙，典型的南加利福尼亚阳光男孩形象。他后来搬进了妮可·布朗家的客用房，每月支付500美元租金。青蜂侠有个助手叫“卡托”（Kato），而凯林以做家务和临时照看两个小孩的方式支付部分租金，也被人戏称为“卡托”。实际上，悉妮和贾斯廷都很喜欢凯林，背着凯林，他们给家里的白色秋田犬起名叫做“卡托”。凯林显然想在好莱坞追寻自己的演艺人生，但和许多被吸引到这里来的盲目的人们似乎也没有什么两样。

1993年底，妮可·布朗打算给自己买套房子。她已经卖掉了旧金山的公寓，而且她知道，如果不在18个月内重新购买一套新的住宅，她就必须为卖掉的公寓缴纳资本增值税。她看上了南邦迪大道（South Bundy Drive）875号一栋1991年建的两单元大楼中的一套三层公寓。她花了625 000美元买下了这套公寓。新住宅与葛特纳格林仅隔6个街区。邦迪大道是布伦特伍德主要的南北干线，与这个富庶之区著名的东西方向街道，即落日大道相交。这套公寓邻近一所小学和儿童娱乐场，离辛普森在罗金厄姆的住宅也不过2英里左右。这套房子在她买之前已在市场上挂牌数月，里面配备有极可意牌（Jacuzzi）按摩浴缸，厨房装饰有大理石台面，还有一个双层起居室。妮可·布朗还计划让布赖恩·凯林住进公寓厨房与起居室中间的房间。O. J. 辛普森之前同意这位房客住在葛特纳格林住所的客用房，但听说妮可打算让凯林和其本人及孩子们同处一个屋檐下时，他插手了。他在罗金厄姆的豪宅有三处客用房，因而决定免费让凯林入住其中的一间，凯林毫不犹豫地接受了。

几乎与此同时，辛普森发现，为了逃避缴纳出售旧金山公寓的联邦税收，妮可·布朗对外声称罗金厄姆的宅子仍是她的主要住所，而邦迪大道的房子是用来出租的。到了这个时候，两人都已明白，彼此的矛盾是不可调和的。妮可·布朗在日记中记载，6月初，辛普森打电话给她，威胁要到国税局（Internal Revenue Service）控告她。1994年6月6日，就在妮可·布朗带着孩子们搬到邦迪大道新家6个月左右的时间，辛普森给妮可·布朗寄了一封律师函，表明了要到国税局解决问题的意图。对于妮可来说，这意味着她必须腾出邦迪大道的住宅以便用来收租。此时，妮可也打电话给圣莫妮卡的那家妇女避难所，称她的前夫正在秘密跟踪她。6月9日，妮可开始安排邦迪大道住宅的出租，每月租金4000美元。

租房招牌从未在邦迪大道住宅前摆放，但妮可·布朗已经开始为自己和两个孩子寻找新的住处。不过，周末孩子学校有活动，借这个机会，她和父母、姐妹以及孩子们能够欢聚一堂，因而搬家计划暂时被搁在了一边。这次活动的主角是妮可9岁的女儿悉妮，她在布伦特伍德的保罗瑞维尔小学（Paul Revcre Elementary School）上三年级，将在学校举办独舞表演会。布朗家随后打算去布伦特伍德的一家意大利餐馆（the Mezzaluna）用餐，O. J. 辛普森没有接到妮可的邀请，这也充分反映了两人关系已经疏远。但是，他确实去学校剧院观看了女儿的表演，一个人孤零零地坐在后排。

之后，辛普森找他的长期房客，即“卡托”凯林兑开一张100美元的钞票，并与其外出共进晚餐。辛普森说他需要小面值的钞票以便向出租车司机和洛杉矶机场的搬运工支付小费，当晚稍后时刻他要飞往芝加哥参加赫兹租车公司的会议。凯林对辛普森的出现感到非常高兴，并提议两人一起出去吃点东西。两人跑到当地一家麦当劳匆忙吃了份快餐。很多人以为这是凯林和辛普森唯一一次共同外出就餐，实际上，这是一种误解，他们在其他时候也一起吃过饭，尽管次数不太多。

对妮可来说，布朗家的这次重聚和在意大利餐馆的晚宴都很顺利，让人非常愉快。一家人在当晚9点左右吃完饭，妮可想把两个孩子送回家睡觉。大约9点40分，妮可的母亲朱迪丝·布朗（Juditha Brown）打电话给女儿，说眼镜掉在餐馆外的人行道上了（眼镜后来被人在路边找到）。她问妮可能否和餐馆联系，把眼镜还给她。

妮可和25岁的餐馆服务生罗纳德·莱尔·戈德曼（Ronald Lyle Goldman，即罗恩·戈德曼）关系很好，所以在打电话给意大利餐馆时特意找他帮忙。戈德曼是个英俊的黑发青年。辩方调查人员后来证实，戈德曼那个周日晚上已经有了安排，准备和这家餐馆的一个女服务生一起去泡夜店。这个年轻女子来自俄勒冈州，身材高挑，朝气蓬勃，充满魅力，戈德曼一直很喜欢她。接到妮可·布朗的电话后，戈德曼立即决定打卡下班，并让当值的男服务生向那位女服务生做一下解释，就说他的一个大学朋友碰到了一些麻烦，打来电话，需要戈德曼马上过去帮忙。这个男服务生知道电话是妮可·布朗打来的，他随后把戈德曼的真实去处告诉了这位女服务生，她和戈德曼的初次约会就这样黄了，她也突然甩手而去，留下其他人帮她收拾桌子。后来，人们曾经怀疑她在当晚晚些时候的所作所为。期间，戈德曼迅速向一个朋友借了辆车，先开到自己在附近的住处，然后继续前往南邦迪大道875号。

母亲的电话并不是妮可在其人生最后一晚接到的最后一个电话，最后一个电话是她的密友费伊·雷斯尼克（Faye Resnick）打来的。这个36岁的失业妇女和妮可·布朗成为好友已经有一阵子了，她在随后发生的一系列事件中所扮演的角色饱受争议。雷斯尼克是个瘾君子，她从6月3日起一直待在妮可家，直到8日因用药过量才去了一个毒品康复中心（drug rehabilitation center）。后来，不少人质疑她支撑起昂贵的可卡因嗜好的能力，因为除了前夫支付给她的逐渐减少的离婚赡养费外，没发现她有什么其他像样的财产或收入，雷斯尼克很长时间没有上班了。她保留了一本日记，有关她在妮可家的那5天的内容后来不见了，她的解释是被盗了。和许多在本案中露面的人一样，雷斯尼克的作用除了证明当晚快10点时妮可还活着并且和她保持通话外，释放得更多的是烟幕。

本案接下来一系列事件的时间也存在大量争议。可以肯定地说，几个邻居在10点15分至10点30分之间的某个时刻听到或看到了妮可·布朗家的秋田犬狂吠。有个邻居说，这条狗的叫声更像是带着哭腔。如同多数美国人在周日晚上所做的一样，这些邻居中的大多数人都坐在家里观看一个有趣的电视节目。

巴勃罗·芬哈维斯（Pablo Fenjves）的房子位于妮可·布朗家后面往北60码处，与妮可家属于同一条巷子。芬哈维斯当年41岁，是一个成功的编剧。他本人出生在委内瑞拉，父母都是匈牙利的大屠杀幸存者。移民美国不久后，他被位于佛罗里达州的《国家调查员报》（*National Enquirer*）聘用。他和妻子嘉伊（Jai）一起看本地电视台的新闻节目，节目刚开始没几分钟。当晚大约10点15分，他听见一条狗带着哭腔的大叫声。听到这条狗“痛苦的悲吠”不久后，芬哈维斯下楼继续写正在重写的稿子。他11点回到主卧，发现妻子还在看电视，而邻居家的狗还在不断制造噪音。

史蒂文·施瓦布（Steven Schwab）也是个有抱负的编辑，但没有巴勃罗·芬哈维斯那么成功。他住在3个街区外的蒙大拿路的一栋两层公寓内。施瓦布是个墨守成规的人，喜欢在每晚看完《迪克·范戴克秀》（*The Dick Van Dyke Show*）重播后牵着小狗出去溜达。施瓦布每次散步都有固定的路线和时间，10点55分时正好散步到妮可·布朗家后面的小巷。这时，施瓦布看到妮可家的秋田犬正对着一栋房子狂吠。施瓦布估计这条狗可能走失了，于是他友好地走了过去，发现狗脖子上拴着昂贵的项圈，但没有找到标签。他还注意到狗的四只爪子上都有血一样的东西。秋田犬跟随施瓦布回家，耐心等候在施瓦布公寓外的台阶上，施瓦布也把自己的见闻告诉了妻子琳达（Linda）。

施瓦布夫妻俩正在讨论如何处理这条很有教养的秋田犬时，他们的邻居朋友舒克鲁·博兹泰佩（Sukru Boztepe）走了过来。他是一个自由职业的激光打印机修理工，出生于土耳其。博兹泰佩和妻子贝蒂娜·拉斯马森（Betina Rasmussen）同意把秋田犬带到自家公寓过夜。不过，当夫妻俩回到家时，秋田犬表现得非常紧张，不断挠门，于是他们决定不留它在家。他们给秋田犬系上皮带绳，带它出去走走。这条狗带着博兹泰佩朝着南邦迪大道奔去，最后停在妮可·辛普森的公寓前面的大门口。博兹泰佩随即让狗带着他沿门前的走道往前走，走道又暗又窄，两边种满了灌木。这条遇到麻烦的秋田犬似乎想示意博兹泰佩沿着走道再往前去看看，博兹泰佩后来回忆，旋即“我看见一位女士躺在地上，浑身是血”。

我要提前说明一下，这些叙述都将成为长期争议的源头。这些人被称作“狗证人”（the dog witnesses）。他们后来的证词对于确定妮可·布朗和罗恩·戈德曼的死亡时间起了重要作用。在此，我先解释一下法医病理学家的作用。法医病理学家不仅要负责确定死亡的方式和原因，而且在判断死亡时间方面也非常重要。一般说来，法医病理学家可以根据被害人尸体状况（如尸温、尸斑、尸僵、腐烂程度和胃内容物）和最后一个看到被害人活着的证人的陈述来确定死亡时间。不幸的是，尽管科学发展已经到了今天这个程度，但仍然无法科学地精确测定死亡时间。专家可以做出很好的估算，但在很大程度上也不过是估算而已。（本书谢尔曼案件一章将详细介绍法医学的死亡时间分析。）对于与妮可和戈德曼被害案类似的许多案件来说，确定时间线非常重要，它可以证实或否定嫌疑人的不在场证据。我们只能寄希望于坚持不懈的研究工作，在将来的某天能够找到准确（精确到分钟）判断被害人死亡时间的新方法。

本案的侦查

舒克鲁·博兹泰佩发现这一惊人事实时已近午夜。6月13日，星期一，午夜0点9分，正驾驶巡逻车在西洛杉矶（West Los Angeles）巡逻的罗伯特·里斯克（Robert Riske）警官接到布伦特伍德南邦迪大道874号发生刑事案件的报告。里斯克于0点13分抵达现场，他发现报警的是一个名叫埃尔茜·提斯塔尔特（Elsie Tistaert）的老妇人。舒克鲁·博兹泰佩和妻子之前激动地猛敲她的前门，她一开始还很害怕，以为自己就要成为犯罪的被害人。她拨打了911报警电话。到达现场后，里斯克和搭档的女警员很快就看到了带着那条秋田犬的博兹泰佩夫妇，很快调查清楚了怎么回事。随后，这位警官走到街对面的南邦迪大道875号。

他打开自带的大号手电筒，沿着入口狭窄的人行道往里走，看见妮可·布朗面朝下躺在通往家门口的四级台阶的底部，而且浑身是血。她周围地面的血泊面积很大，超出了她自己身体的范围，覆盖了公寓铺有瓷砖的整个入口。她身旁有一张餐厅菜谱。里斯克望向自己右侧，又发现了一个身体健壮的年轻男子的尸体，头部顶在邻近公寓的铁栅栏上，衬衫被向上拉过头顶。这是罗恩·戈德曼的尸体。在戈德曼尸体旁的地面上，里斯克发现了一顶黑色针织滑雪帽、一个白色信封、一个寻呼机、一张被撕破的纸和一只左手皮手套。里斯克没有发现从公寓入口往邦迪大道方向的鞋印上有血迹。

邦迪大道犯罪现场的外视图

罗伯特·里斯克小心翼翼地穿过人行道左侧的树篱，绕过妮可·布朗的尸体，来到台阶平台。站在高处，里斯克发现，有一条长达120英尺的人行道，沿着这栋房子的整个北墙，一直通到房子后面的小巷。再靠近些看，里斯克还注意到，那些左脚足迹附近有一串血迹。

O. J. 辛普森案中邦迪大道犯罪现场特写：人行道上可见大量血迹

这位巡警推了下这栋公寓的大门，门是开着的，他走了进去。他没有在这里看到任何搏斗或入室盗窃的迹象，相反，他看到起居室里点着几支蜡烛。走上台阶，主卧室里点着更多蜡烛，毗连主卧的浴室也点着几支，浴室里的浴缸放满了水。他轻挪脚步，往公寓的另两间卧室查看，发现每间都有一个已经睡着了的孩子——一个男孩，一个女孩。

尽管只有四年警队经历，但罗伯特·里斯克在初步调查中展现出了和其他更有经验的警察一样的沉着冷静。他意识到，自己面对的是一个重案现场，它将对布伦特伍德这样的高档社区造成重大打击。他明白自己的下一步行动就是通过电台请求支援。就在他准备通过步话机呼叫援助时，他看见前厅一张桌子上有一个信封。他扫了一眼，寄信人是 O. J. 辛普森。他也注意到，有面墙上贴着辛普森的海报，在屋内摆放家人照片的地方也有辛普森的照片。在这类犯罪现场出现名人的形象，也将会给侦查工作带来另一方面的负面影响，这是洛杉矶警察局无法更改的现实。这一发现促使里斯克决定改用电话联络。他后来说，由于洛杉矶的媒体经常监听警方电台频道，因此他这么做正是为了避免泄露谋杀案的信息，特别是不能在谈论案件时扯上 O. J. 辛普森的名字。里斯克后来回忆称，他担心在支援到来之前，记者和摄影师会蜂拥至犯罪现场。

罗伯特·里斯克的第一个电话打给了顶头上司大卫·罗西（David Rossi）中士，他是西洛杉矶警署这次轮班的值班领导。打完电话后，他马上开始采取措施保护现场。接到巡警的汇报后，大卫·罗西立即给洛杉矶警察局指挥中心打了一通电话。很快，大批调查人员和警长不断赶到南邦迪大道 875 号。最早抵达的警长是马蒂·库恩（Marty Coon）中士，其他制服警察陆续到位，他们负责维持现场秩序，把围观者隔离在已经布好的黄色现场警戒带之外。又两名警察来了之后，叫醒悉妮和贾斯廷，但没说为什么叫醒他们，随即把他们带到了西洛杉矶警署大楼。更多警察来了，他们开始用自带的手电筒搜索屋后的小巷，以期发现更多潜在证据。其他人则挨家挨户敲门，向受惊吓的居民询问有谁听见或看见过什么。大卫·罗西中士于凌晨1点30分抵达现场以确认事情是否都在控制之中。他的上司康斯坦斯·戴尔（Constance Dial）上尉与他一道来到现场。巡警罗伯特·里斯克随即带着大卫·罗西和康斯坦斯·戴尔再转了转，并汇报自己的发现。

罗恩·菲利普斯（Ron Phillips）当年28岁，是西洛杉矶警署谋杀案件侦查部门的负责人，他对调查这两起谋杀案负有首要责任。在菲利普斯起身前往犯罪现场之前，大卫·罗西曾给他打过电话，进行了简明扼要的汇报。菲利普斯巡视了犯罪现场，询问了一直在为案件忙碌的那位巡警，然后从向其报告工作的四名侦探中指定一人负责本案。马克·富尔曼（Mark Fuhrman）在家接到菲利普斯的电话，并在凌晨2点到西洛杉矶警署与其碰面。富尔曼的一位低级别搭档也接到了电话，但菲利普斯和富尔曼没耐心等待他的到来，而是在见面10分钟后就赶到了犯罪现场。罗伯特·里斯克在大门口迎接他们，带着他们转了转现场，并汇报自己的所见所闻。三人决定绕过整栋楼到后面的小巷去看看，他们从前面的台阶进入公寓，但没有小心翼翼地避开大量的血液证据。他们在小巷遇见了大卫·罗西，大卫当时带他们看了看后门上疑似血迹的东西。三人通过后面车库入口进入宅子，绕着泊在车库的两部车（其中一辆是吉普）进行查看。

为进入住宅，菲利普斯、富尔曼和里斯克要登几级台阶。他们在靠近台阶的扶手上发现了部分吃剩和融掉的本杰里牌冰激凌杯（Ben & Jerry's ice cream）。这份证据本来为查找杀戮时可能发生的系列事件提供了良好的线索，遗憾的是，当时没有拍照，也没有其他记录说明冰激凌的体积和状况。而且，也没人去考虑是谁带来的冰激凌，又有谁吃过它。三名警官随后靠近了现场内部。站在前门入口往下看，他们可以清楚地看见两具浑身是血的尸体，但羊毛滑雪帽、信封和手套证据则因灌木丛的遮挡而有些模糊不清。之后，他们从对着那条120英尺人行道的边门离开，在人行道上研究了鞋印和血迹。经过后门时，里斯克把门把手上的血迹指给两位上级看。

罗恩·菲利普斯和马克·富尔曼此刻分开了。菲利普斯接听了基思·布希（Keith Bushey）打到他手机上的电话。基思·布希是洛杉矶警察局高级指挥官之一，整座城市的四分之一都在其管辖范围之内，包括好莱坞、威尔希尔（Wilshire）、太平洋分区和西洛杉矶。布希向菲利普斯强调，警察局把消息当面通知被害人家庭成员非常重要。洛杉矶警察局过去被烧过，起因是媒体在警方通知被害人家属之前就先行公开了被害人的身份。过了不久，菲利普斯又接到自己所在的侦查部门负责人的电话，得知本案将由更精于处理高难度案件的抢劫与杀人案件组负责，西洛杉矶警署此时正式退出本案。

因此，不到一小时，马克·富尔曼就不再是本案的侦查负责人。在得到通知之前，富尔曼坐在公寓起居室的长沙发椅上对其所见所闻做了一些原始记录，这是正确的警务做法。人们在犯罪现场最初看见和感受到的，诸如房间温度、气味以及其他不稳定的证据等各类信息，都应予以准确记录，所记录内容还包括日期、时间和所有相关人员的姓名。最初的犯罪现场证据记录对于后续调查非常重要，记录下来的那些微小细节，既可以提供侦查线索，也可以在将来帮助唤醒记忆。着手研究所观察到的事实提供的调查线索也非常重要。富尔曼在记录中标明“可能是枪弹伤”，也就是说被害人可能遭受枪击。富尔曼本来不应该坐在公寓的长沙发椅上，不仅如此，他还忽略了一些非常重要的事实，他对冰激凌、鞋印和尸体状况只字未提。

解除本案的主侦责任后，富尔曼和菲利普斯的主要任务就是等待抢劫与杀人案件组的侦探到来，而且菲利普斯不得不把直接通知被害人家属一事搁置一边，富尔曼则忙于指挥已经抵达犯罪现场的警方照相人员拍照。

一个半小时后，刚过凌晨 4 点，菲利普 · 瓦纳特（Phillip Vannatter）侦探抵达邦迪大道。他已在洛杉矶警察局工作长达 25 年，其中 15 年都是做侦探，是抢劫与杀人案件组的资深警察。接管案件后，瓦纳特马上与菲利普斯及富尔曼会面，了解案件情况。菲利普斯告诉瓦纳特，基思 · 布希想要尽快通知到 O. J. 辛普森和被害人的其他家庭成员。瓦纳特决定之后再通知，他倾向于继续研究犯罪现场。半小时后，瓦纳特的搭档、洛杉矶警察局的资深警员汤姆 · 兰格（Tom Lange）来了。菲利普斯和富尔曼都是首次与两位侦探见面。请允许我在这里插一两句话，说说他们这些人。在我长达 45 年的职业生涯中，我曾对成千上万名从事法庭科学和犯罪侦查的侦探发表过演说，和他们中的一些人非常熟悉。我知道，侦探是一支极其特殊的警种。所有侦探都很聪明，具有奉献精神，对自己的工作非常自豪。若非如此，他们不可能会在凌晨这一时刻出现在犯罪现场，不可能夜以继日乃至周末都耗费在他们的案件上。

到了这时候，因为没有按照基思 · 布希的指令亲自通知被害人家属，特别是 O. J. 辛普森，菲利普斯越来越感到不安。菲利普 · 瓦纳特此刻决定四人一起去辛普森的住处，但不知道他住哪儿。富尔曼这时想起了他 1985 年在辛普森夫妇位于罗金厄姆的住宅内处理过的那起家庭冲突，当时他还是一名制服警察。而且，巡警罗伯特 · 里斯克追查停在车库的吉普车的车牌号，也给富尔曼提供了北罗金厄姆大道 360 号的地址，这进一步证实了富尔曼的记忆。

四名侦探开着两部车前往罗金厄姆，他们立即发现自己正在进入一个非常高档的社区。在其职业生涯早期，瓦纳特曾派驻西洛杉矶四年，但从未有机会进入北罗金厄姆。四人在黑暗中摸索着寻找辛普森的住宅。他们很快就注意到，这里的居民不需要把车泊在大街上。但在瓦纳特看来，有一辆近期出品的白色福特野马车非常显眼。这辆车之所以引人注目，原因在于停车的角度比较斜。不过，这件事从未得到任何警方照片的证实。实际上，警方照片显示，这辆野马车停得非常平整，中规中矩。侦探们随即看到，这辆车正好停在辛普森住宅门口，边石上漆着门牌号360号。

四人从路边看去，这栋大别墅四周砌着6英尺高的砖墙，非常显眼，而且楼上亮着灯。瓦纳特走近铁门，按了下门铃，没人应答。屋内两盏灯忽明忽暗，闪烁不定。两部高档轿车停在前面的车道上。侦探们轮番摁动门铃，仍然没有任何回应。一块饰板上写明，这栋住宅受“韦斯特克”公司（Westec）保护。这时碰巧有一辆带有“韦斯特克”标志的车经过，侦探们于是打手势让它停下，司机把O. J. 辛普森的电话给了他们。此时大约5点30分，加利福尼亚很快就要破晓了。瓦纳特用手机往屋里打电话，只能从电话应答机里听到事先录制好的辛普森的声音。

马克·富尔曼让他的三位上级继续进行着徒劳无益的尝试，期望能叫醒住宅里的某个人。他本人则走到野马车边，用手电筒往车里照，看到后座上有几张写给辛普森的纸。过了一会儿，富尔曼喊菲利普·瓦纳特：“我想我在野马车上有收获了。”瓦纳特走了过来，富尔曼把五处污渍指给他看：驾驶位一侧车门外把手上方有一处，车门底部、门槛上方有四处。瓦纳特立即认定，这些污渍可能是血。他随即让富尔曼查一下这辆野马车的车牌号，车主的姓名显示为赫兹租车公司。四人都熟知O. J. 辛普森与该公司的合作经历。瓦纳特和搭档汤姆·兰格走到一边讨论了一下局势。他们一致认为，需要找犯罪学家前来检测一下野马车上的疑似血液的物质。不过，专家的到来需要一段时间，甚至需要一两个小时。他们已经把一个暴力犯罪现场留在了邦迪，而且没有人告诉他们罗金厄姆这栋住宅内部的情况以及里面是否需要紧急帮助。瓦纳特后来陈述，他担心里面可能有人需要紧急援助。两人走回菲利普斯和富尔曼身边，说不能等到申请到搜查令状后再进入这栋宅子。后来的事态发展证明，这个决定为本案投下了一枚重磅炸弹。这种决定就如同在战场高潮期所作的决定一样，普通的旁观者不可能理解作出决定那一刻所面临的压力。虽然后来在罗金厄姆这栋住宅内发现的证据被采纳，但是，这次行动给洛杉矶警察局带来的批评声在此后的事态发展过程或诉讼程序中从未停歇。

马克·富尔曼主动提出去爬砖墙，他翻了过去，然后打开大门，让其他三人进入院内。他们摁下前门的门铃，想叫醒里面的人，但过了好一会儿都没有回音。四人于是绕着房子周围走着，看见了那三栋客用房。罗恩·菲利普斯透过第一栋客用房往里看，并说看见里面有人。他随后敲门，很快就有人回应。睡得迷迷糊糊的“卡托”——凯林打开门，说自己不知道 O. J. 辛普森的下落。睡眼惺忪的凯林建议警察询问辛普森的女儿阿奈尔，她就住在旁边的一栋客用房。

马克·富尔曼留下继续询问凯林，其他三人叫醒了阿奈尔，她也说不知道父亲去哪里了，但建议他们到主屋找找看。阿奈尔问他们，辛普森的车是不是停在阿什福德一侧的门口。菲利普·瓦纳特用手指了指他们发现野马车的罗金厄姆大道一侧的入口。阿奈尔随后用自己的钥匙打开主屋，让侦探们进去。犹豫了一会儿之后，她打电话给多年担任辛普森私人秘书的凯茜·兰达（Cathy Randa）。凯茜·兰达在家中被阿奈尔的电话叫醒，她告诉瓦纳特，O. J. 辛普森已经乘坐午夜航班去了芝加哥。他一直待在芝加哥奥黑尔广场（Chicago O'Hare Plaza）。辛普森去芝加哥参加赫兹租车公司的会议，会后还将打一场高尔夫球。

早上6点5分，罗恩·菲利普斯打电话给那家酒店，电话转到了辛普森的房间。他谨慎用词，先作了自我介绍，然后通知辛普森："你的前妻妮可·辛普森被杀了。"这时，辛普森变得十分激动，他说："哦，我的天，妮可被杀了？哦，我的天，她死了？"菲利普斯竭力让他平静下来，并告诉他两个孩子已经被送往西洛杉矶警署。辛普森立即对这一做法提出质疑，菲利普斯解释了警方的做法，这是因为警方不知道还能把他们带到哪里去。辛普森立即对菲利普斯说，他将终止交谈，乘坐第一班飞机返回洛杉矶。菲利普斯把电话交到阿奈尔手中，她建议父亲让他的朋友阿尔·考林斯到警察大楼把孩子们接走。后来我们认为，O.J. 辛普森的通话木身就是可质疑的，因为他没有问菲利普斯，他的妻子是怎么死的，这件事对孩子们有什么影响，以及他们是怎么被送到警察大楼的。根据警方记录，O.J. 辛普森还不知道有两人被害。

这一幕在主屋上演的同时，马克·富尔曼侦探继续询问凯林。富尔曼直视凯林迷离的双眼，想知道他的精神状态如何。为解除心中疑惑，富尔曼使用了警方久享盛名的测试神智的方法。他拿出一支钢笔，在凯林眼皮底下移动，凯林通过了测试。富尔曼于是问他，前晚有没有发生什么异常。凯林回答有，星期天晚上10点50分左右，他在电话中与人闲聊的时候，突然听到身后卧室墙上传来数次重击的声音，而这面墙离街道最近。撞击力度很大，晃动了空调旁边挂着的一幅画，凯林当时还以为发生了地震。

马克·富尔曼很快结束了询问，他把凯林带到了主屋，和其他三名侦探待在一起等着。随后，他又打着手电筒，折回那间客用房，绕到后面查看凯林所说的撞击到底是什么原因造成的。富尔曼在黎明前灰色的光线中缓慢前行，他发现这栋宅子的后部与一道很高的链式防风栅栏在客用房后面形成了一条被树枝和树叶覆盖的狭窄通道。富尔曼说，为了确定凯林的卧室墙在哪儿，他沿着这条通道向前走了 20 英尺，这时在地上发现一件黑色的物体。富尔曼后来陈述，走近细看才发现那是一只右手皮手套，与他在邦迪大道谋杀案

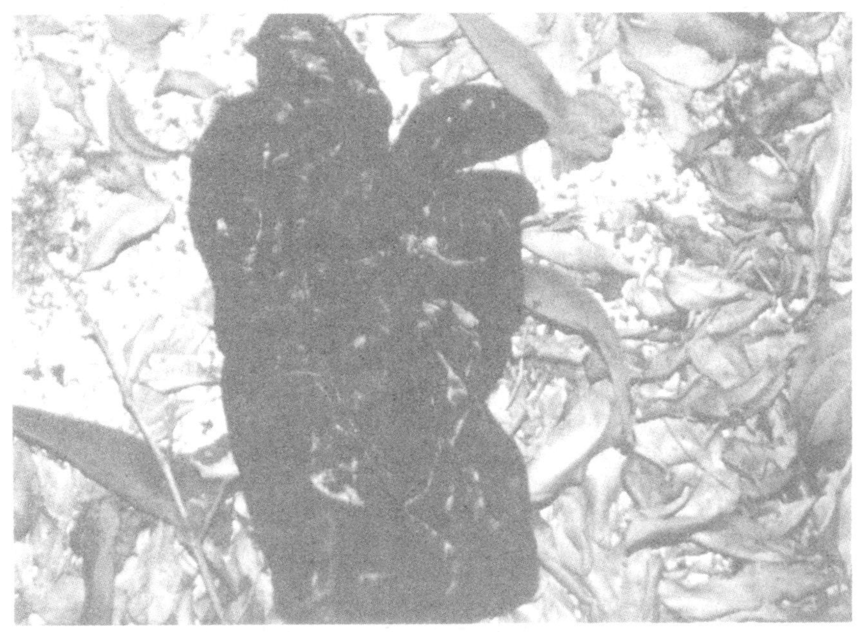

O. J. 辛普森案中，马克·富尔曼在罗金厄姆车道犯罪现场发现的手套

现场所看到的那只手套很像。富尔曼直接用手电筒照这只手套，发现手套上没有树叶或树枝，但覆盖着一种看起来黏黏的黑色物质，因为手套的一部分与其他部分粘在了一起。之后，富尔曼继续往前走，刚走几步远就撞到了蜘蛛网，这也是他第一次撞到蜘蛛网。他沿着防风栅栏继续前行至房子的界址线，然后折返，回到主屋其他侦探那里，并向他们汇报了自己的发现。

富尔曼向菲利普·瓦纳特报告称，他在那条通道边发现了一只右手皮手套，上面好像沾着血。这个报告使警方的调查行为步入超速状态。通常情况下，当配偶或前配偶一方被杀时，警方自然而然地会怀疑还活着的婚姻关系另一方。如果被害人是女性，特别是之前被害人曾遭受过丈夫的虐待或者丈夫有其他明显的作案动机时，警方的怀疑将更加坚定。此时，瓦纳特指派自己的搭档汤姆·兰格侦探前去通知妮可·布朗的近亲属。经验丰富的兰格知道，妮可·布朗的家人住在70英里外的橙县。这也就意味着，兰格可能得冒冒险，因为就在他驾车南下亲自通知他们的这段时间，媒体可能已经披露妮可的真实身份，而他们完全可以通过媒体获悉这起悲剧。兰格决定放弃洛杉矶警察局有关亲自通知的政策，于早上6点21分直接拨打了妮可·布朗家属的电话，是妮可·布朗的父亲卢·布朗接的电话，他听到这个消息后非常冷静。但妮可的姐姐丹尼丝·布朗在楼上也拿起了电话分机，她一听到这个可怕的通知就开始尖叫："是他干的。他终于还是干了。"兰格问丹尼丝指的是谁。丹尼丝毫不犹豫地答道："O. J.。"根据法律，丹尼丝的歇斯底里的回答属于传闻和单纯的意见，不能采纳，但却足以加重侦探们对辛普森的怀疑。

留在罗金厄姆的菲利普·瓦纳特宣布，这个地方是第二犯罪现场，他随后把其他三名侦探派回邦迪大道，他特别要求他们对富尔曼在罗金厄姆找到的手套和两名被害人身边的手套做一番对比。他已经要求犯罪学家前来协助，他自己则留在此处继续等待。此刻，罗金厄姆的这栋住宅与院子已经沐浴在南加利福尼亚的晨光之中。瓦纳特借着光亮独自开展调查，他走到房外巡查，在邻近两部车泊车地点的车道上发现了几处疑似血滴，自临近罗金厄姆大道的大门到房子的前门呈现线形排列。瓦纳特走出大门，来到那部野马车跟前，在车子前排两座间的仪表盘上发现有似血物质。从乘客位一侧往里看，驾驶位一侧的车门内壁有更多的痕迹。瓦纳特走回房子前门并迈入屋内，在前厅看到三滴疑似血滴。

早上 7 点 10 分，犯罪学家丹尼斯·冯（Dennis Fung）抵达罗金厄姆。他迅速对野马车驾驶位一侧车门上的红色物质进行了假定试验。试验结果显示该红色物质很有可能是血，但这并非决定性结论。几分钟后，马克·富尔曼从邦迪大道返回，并告诉瓦纳特，那个杀人现场的手套是左手手套，与罗金厄姆那个通道边找到的右手手套显然能够配对。瓦纳特于是决定正式申请搜查罗金厄姆这栋别墅。他把富尔曼留下，自己赶往西洛杉矶警署撰写申请书。

许多经验丰富的侦探都与各自的控方律师建立了良好的工作关系。瓦纳特与一位检察官建立了工作关系，这位检察官就是马西娅·克拉克（Marcia Clark）。两人曾在一起以血迹为主要证据的杀人案件中合作过，瓦纳特对这位检察官很有好感。在开始填写搜查申请书之前，他打电话给马西娅·克拉克，想听听她对本案的高见。上午，瓦纳特致电尚在家中的克拉克，询问自己是否已有足够的证据获批搜查令状。克拉克马上回答，她认为实施逮捕所需的证据已经充足。克拉克只问了瓦纳特一个重要问题：“O. J. 辛普森是谁?”马西娅·克拉克由此参与本案，并以其特有的热忱和职业伦理，在本案中扮演了主导检察官的角色。上午晚些时候，瓦纳特写完了申请书。他在申请书中指出，昨晚深夜，O. J. 辛普森“出人意料地”飞往芝加哥，这一说法与凯茜·兰达黎明时分对他所说的话完全矛盾。这一虚假陈述后来成了辩方团队要求排除所有在罗金厄姆所获证据的有力武器。接近正午时，一名治安法官签署了搜查令状。瓦纳特驶回罗金厄姆，继续进行调查。

巧合的是，O. J. 辛普森迅速从芝加哥返回，抵达洛杉矶机场的时间大概也是当天正午。他的知名度甚高，在飞行过程中，有些乘客认出了他，其中一个名叫霍华德·宾厄姆（Howard Bingham）的乘客还和他闲聊了几句。宾厄姆后来说，他没有发现辛普森的言行举止有任何异常之处。辛普森于昨晚（6月12日，即星期天）深夜前往机场的行为将成为接下来数月的重要诉讼战场。控方将提供一位可信的关键证人，他将有力地证明，辛普森有足够的时间杀死两名被害人，然后及时返回罗金厄姆，再去赶飞往芝加哥的航班。不过，这扇时间窗很窄，即便有可能，那也是刚刚好。

艾伦·帕克（Allen Park）刚刚成为城乡服务公司（the Town and Country service）的一名豪华轿车司机。那个星期天晚上10点45分，他被派去罗金厄姆接O. J. 辛普森，送辛普森到机场乘坐晚上11点45分的航班。辛普森是他新工作的第一位名人乘客，为了确保万无一失，他提前20分钟抵达辛普森家。在减速停车时，罗金厄姆发现辛普森家一片漆黑。他绕着朝向阿什福德的街角，小心缓慢地移动轿车。他后来陈述，他没有看见街边停着一辆白色福特野马车。大约晚上10点40分，帕克摁下了辛普森家阿什福德一侧大门前的门铃，没人应答。他接下来又来到罗金厄姆大道一侧大门，摁下门铃，仍然没有任何回应。帕克此刻有些担心。他等了一刻钟，而时间每往后延长一分钟，都意味着他经由高速公路把客人送到目的地并及时赶上航班的可能性在降低。帕克于是用车里的便携电话打电话给老板。他还打了几个电话，其中一个是打给他母亲的，和她聊起了这件麻烦事。电话记录证实了他的陈述。帕克不停地摁下这栋房子的门铃，但没有一点回应。

帕克的老板有些不安，他打电话回来问最新的情况，帕克汇报称还是老样子。接完这个电话不久，帕克看到一名男子突然从房子后面出现，很快就消失不见了。这个人应当是“卡托”——凯林。

随后，在房子前面，一个将近6英尺高、身强力壮且看起来约有200磅重的非裔美国人步入罗金厄姆一侧的前门，闪身进入屋内。屋内灯亮了，先是楼下，然后是楼上。帕克再次摁下前门门铃，这一次辛普森应答了，大门随即打开。一进入别墅，辛普森就告诉帕克，他睡过头了，刚去洗了个淋浴，几分钟内就下楼。根据帕克的说法，凯林再次出现，三个人一起把辛普森的包放入大轿车的后备厢，但辛普森坚持亲自拿一个黑色的小粗呢包。11点刚过，帕克载着辛普森离开。当时帕克需要向右转，但边石上有什么东西挡住了他的视线。那可能是辆车，而45分钟之前他把车停下时，那辆车并不在这里。但帕克从未说过那个挡住视线的东西是一辆白色福特野马车，而且，在其最初的陈述中并未提及这个障碍物，直到被警方侦探持续询问后，帕克才认为有辆车停在那儿挡住了他的视线。

星期一下午接近1点时，辛普森抵达罗金厄姆。他家住宅前面的数条街道挤满了报纸记者、摄影师和电视新闻工作者。菲利普·瓦纳特当时就在别墅内，但已经指令一名制服警察，即唐纳德·汤普森（Donald Thompson）拘捕辛普森，甚至可以“将他扣下”（hook him up）——这是警察行话，意指可以使用手铐。这名侦探负责人明确指令，不希望任何其他人进入这栋房子，因为他的手下正在进行搜查。瓦纳特后来宣誓作证称，他没有特意指示汤普森使用手铐，他仅仅要求汤普森把辛普森直接带过来。年轻的汤普森在洛杉矶警察局工作了9年，是一个非裔美籍警察，在辛普森到家时，他按照其认为是瓦纳特作出的指令采取措施，并在此过程中展现了如同巡警罗伯特·里斯克一样丰富的公共关系技能。

在返程之前，辛普森从芝加哥旅馆房间先行致电刑事辩护律师霍华德·韦茨曼（Howard Weitzman）。1989年辛普森因家庭暴力首次被捕时，正是韦茨曼费力帮他渡过难关。辛普森要求这位律师到他位于罗金厄姆的住处会面。那天正午，与韦茨曼一起来到罗金厄姆的还有辛普森的秘书凯茜·兰达、商务律师斯基普·塔夫脱（Skip Taft）以及长期私交的高尔夫球友罗伯特·卡戴珊。走向自家大门时，辛普森不得不从一堆媒体记者面前经过。辛普森把包裹交给卡戴珊后走进大门，警方不允许其他人入内。马克·富尔曼的搭档布拉德·罗伯茨（Brad Roberts）是第一个与辛普森说话的警方侦探。据罗伯茨所言，当听说通往其前门地面上发现一串血迹后，辛普森开始呼吸急促并小声嘟囔："哦，天哪。哦，天哪。哦，天哪。"

辛普森一到前门，巡警唐纳德·汤普森马上把手伸过去，拘捕了他。不过，汤普森把他带到了院子里为孩子们精心设计的一处炮垒旁边，这里曝光度较小。汤普森没有在媒体众目睽睽下给他戴上手铐，而是避开媒体的视线，把辛普森的双手绕到其身后并铐住。不过，还是有一位个子很高且很有创意的电视台摄影师即KCOP* 的罗恩·爱德华兹（Ron Edwards）把摄像机置于外墙顶部，记录下了汤普森的行动。这组戏剧化的镜头面向数百万美国人播出。控方当时还未对O. J. 辛普森提出任何指控就提前铐住辛普森，这一幕被许多非裔美国人认为是一种极不公正的种族歧视行为。

霍华德·韦茨曼很快就获准进入这栋宅子的院子里，与瓦纳特及他的当事人一起待在边上的游乐场内。韦茨曼要求瓦纳特打开手铐，瓦纳特立即照办。在打开手铐时，瓦纳特注意到辛普森左手中指裹着绷带，这使其想起了邦迪大道犯罪现场足迹左侧的血滴证据。重获自由后，辛普森立即答应前往位于洛杉矶市区洛杉矶警察局总

* 洛杉矶的一家电视台，现隶属于福克斯电视台（Fox Television Stations）。——译者注

部大楼的抢劫与杀人案组的办公室接受直接讯问。20 分钟后，他们到达总部大楼，韦茨曼马上要求单独和当事人谈谈。谈完后，韦茨曼告诉菲利普 · 瓦纳特和汤姆 · 兰格，辛普森愿意在律师不在场时接受他们的讯问。韦茨曼只有一个要求，即警方的讯问和辛普森的回答应完整录音。这是警方可以接受的，他们马上拿来了一台录音机。

两名侦探与辛普森之间长达 32 分钟的问答过程引发了更多的争议。首先，O. J. 辛普森的朋友们和一些熟识他的人提出抗议，霍华德 · 韦茨曼怎么能够答应让他的当事人在其妻子被杀但没有律师在场提供帮助的情形下进入警方讯问室呢？尽管辛普森本人坚持要这样做。菲利普 · 瓦纳特讯问时先宣读了米兰达警告，告诉他有权保持沉默，但他所说的每一句话都有可能成为在法庭上指证他的证据，而且他有权要求律师在场。所有批评累积在一起并经由媒体报道后，很快导致韦茨曼被解聘，代替他的是辩护律师罗伯特 · 夏皮罗。

霍华德 · 韦茨曼因这次警方讯问——这也是警方讯问辛普森的唯一机会——而被解除作为辛普森辩护律师的职责，可能有些荒唐。看看这次讯问笔录的复印件就可以知道，两名侦探的提问没有取得实质性成果。在这 32 分钟时间里，O. J. 辛普森对左右手指被切伤的解释相互矛盾。他含含糊糊地说，得知前妻死讯后他把旅馆的一只玻璃水杯砸向浴室墙，这时把手指割伤了。（随后，警方在辛普森下榻的芝加哥旅馆浴室水池找到一只打破的玻璃杯。对是否采集血液样本进行检验，以及检验结果如何，至今不得而知。）接下来他又说，他在更早些时候切伤了手指。最后，他又说记不起手指是怎么弄伤的。辛普森还掩饰其 1989 年因家庭暴力案被捕一事以及夫妻俩的长期不和。辛普森说，“我实际上从未被逮捕过”，而讯问人员竟然没有对这一说法提出质疑。对于深夜发生谋杀案时他在做什么，辛普森的解释同样很模糊。他提及，当晚早些时候，他去看女儿舞蹈表演，出去为悉妮买花，谢绝了布朗家要其一同去意大利餐馆聚餐的邀请。菲利普·瓦纳特告诉他，警方发现他的野马车内有血，辛普森主动要求对其验血、拍照和捺印。最后，两名侦探向辛普森强调，之所以讯问他，是因为他是妮可·布朗的前夫。他回应称："我知道自己是头号目标。"

结束讯问后，辛普森与他的两位律师离开警察总部大楼，回到了他在罗金厄姆的家。这时，数十名警察仍在进行搜查，而在大门外，在场的媒体呈现出一派热闹景象。很明显，本案的影响正在扩展到全球。有关辛普森未经征询律师意见即接受警方讯问的说法不胫而走，各大广播电视媒体已经开始邀请他们自己圈内的法律分析家在节目中评论本案的各种问题，这些专家无一例外地抨击让辛普森在律师不在场情形下接受讯问的决定。在这幕大剧中大出风头的演员表不断拉长，有些人还显得非常重要。有些人想要采取实际行动，发挥与他们最终扮演之角色不一样的作用。约翰尼·科克伦(Johnnie Cochran)是最早上电视批评让辛普森独自接受讯问的法律分析家之一。这位聪明而富有个性的非裔美籍律师在南加利福尼亚以为少数民族及其民权辩护而闻名。我后来与其合作，相互熟悉，对他非常钦佩。

在法律天平的控方一侧，马西娅·克拉克经由瓦纳特早间电话之机缘而介入本案，这也是辩方的不祥之兆。克拉克住在邻近的格兰岱尔市（Glendale)，是机构庞大的洛杉矶地区检察官办事处（the Los Angeles District Attorney's office）一位很有前途的检察官。克拉克是一个工作狂，研究刑事案件就是她的业余爱好。她已经被证明是一个有进取心、机敏且有谋略的律师。克拉克的父母均出生于以色列，她本人此时41岁，已经离婚两次，有两个分别为3岁和5岁的儿子。孩子们的父亲戈登·克拉克（Gordon Clark）是一名计算机程序员，两人共同拥有孩子们的监护权。考虑到瓦纳特提前告诉她的那些信息，克拉克努力扩大她在这个案件中的作用，并不断调整力量对比。克拉克的直接上司是比尔·霍奇曼（Bill Hodgman），他也是41岁，是洛杉矶地区检察官办事处的行动主管。作为刑事部门的负责人，霍奇曼是个优秀的律师，富有同情心，对人性也有深刻的把握。他似乎是克拉克充满激情的工作方式的理想平衡。后来，38岁的非裔美国人克里斯托弗·达登（Christopher Darden）也将成为控方团队的核心成员。他是奥克兰地区（Oakland Area）里奇满（Richmond）一个船厂工人的儿子。

直到此时，比尔·霍奇曼和马西娅·克拉克扮演的还是控方合伙律师的角色。根据6月16日即星期四晚上的检察官协调会上所达成的决定，以克拉克为主推动案件向前迈进，并在次日逮捕辛普森。自第一次接到瓦纳特电话以来，克拉克和团队的其他成员已经夜以继日地评估了案件证据，特别是血液证据。洛杉矶警察局犯罪学家科林·山内（Collin Yamauchi）研究了辛普森提供的血液样本。血液样本是在星期一下午的讯问结束后不久采集的。当时，洛杉矶警察局的采血人员把装了血液的小玻璃瓶给了瓦纳特，他随即把瓶子放进裤子后面的口袋里，然后驱车20英里赶到邦迪大道的犯罪现场，在犯罪现场四处走动，最后把这个重要证据交给丹尼斯·冯。丹尼斯·冯当时把这瓶血放到了汽车的后部，第二天，亦即过了数小时后才把它交给科林·山内，证据最终才得以恰当储存。

菲利普·瓦纳特本可以直接走到位于警察总部大楼的洛杉矶警察局刑事实验室血清学部，经过适当检验后，把辛普森的血储存在适宜保存血液样本的冰箱中。瓦纳特犯了一个极其严重的错误，甚至直接导致了一个更大的错误。呈交法庭的证据应同时符合法律和科学的双重要求。瓦纳特把被告人的血带回犯罪现场，不仅可能使血液样本变质和毁坏，而且还可能因证据处置方面的证据保管链问题而招致灾难性的法律困境。

科林·山内于那个星期二和星期三对这份血液样本进行了初步检验。由于本案事关重大，科林·山内的上级决定放弃ABO血型检验（参见碎木机一案对这一技术的详细论述），而要求其适用一种简化的DNA（deoxyribonucleic acid，即脱氧核糖核酸）检测方法即DQA完成检验（本章结尾将讨论DNA检测技术）。也就是说把样本分解成可能的21种类型，而不是ABO血型检验中的4种血型。科林·山内发现，邦迪大道犯罪现场通道上的血与辛普森的血相符，亦即总人口中只有7%的人有可能留下这些血迹。他对在凯林所住客用房后面发现的右手手套上的血液也进行了检验，发现混有O.J.辛普森、罗恩·戈德曼和妮可·布朗三人的血。他将这些调查结论报给了检察官办事处，该结论最终导致星期五签发了针对辛普森的逮捕令。当然，数周后，辩方团队将揭露，这些重要的同一认定检验是以取自辛普森并且很有可能受到污染的血液样本为基础完成的。

我在勘查邦迪大道的犯罪现场时发现，瓦纳特对辛普森血液样本的错误处置并非警方所犯的唯一错误。整个邦迪犯罪现场遭遇了明显不专业的证据处置。为了靠近尸体，那儿的技术人员和警察使用浴巾擦掉了覆盖在入口的大量血液。他们还把手套、浴巾和其他东西放在罗恩·戈德曼的尸体上，这是大错特错的行为。尽管照片可以显示血液证据的程度和形态，但法庭科学小组不应该如此仓促地消除这些关键的血液证据。犯罪现场调查人员应当明白，所有这类血液证据的样本都应收集、正确记录并储存在冰箱里。后来，当地一家电视台播出的一段视频显示，警方侦探和法庭科学技术人员从血液证据上走过并踩在上面，有些人没有采取任何防护措施，也不带手套，垃圾甚至被扔在被害人尸体上。此外，侦探们在搜查罗金厄姆那处住宅的主卧室时，发现床底地毯上有一双男袜，但在提取这一证据之前没有进行近距离拍照记录。六个星期后，洛杉矶警察局宣称在两只袜子上都发现了辛普森的血，有一只袜子上有妮可·布朗的血。这双袜子和这些血液证据又会成为一个主要的战场，是洛杉矶警察局一些侦探实施的劣质调查工作的又一典型表现。

谋杀案发生四天后，我抵达洛杉矶。我对邦迪大道犯罪现场的检验不得不以警方的犯罪现场照片为主要依据。这些照片给了我许多发人深省的认识，我所指的不是他们收集和之后检验过哪些东西，而是他们未能收集和检验的证据。妮可·布朗身上有许多没有得到解释的血滴。被害人当晚穿着一件轻质的露背连衣裙。当其面朝下倒在公寓入口处的台阶前地面时，数滴血液低速垂直落在她的背部。这些血滴显然源自被害人正上方的某个地方（参见马西森案一章关于通过确定血滴形状和滴落方式分析血源点的谈论）。这些垂直血滴被忽视和遗忘，一旦被害人的尸体被装入尸袋，这些血液证据也将湮灭。之后，她的尸体被法医官清洗，所有血液证据均告消失。还有什么比对比这些血滴的 DNA 类型更能揭示拿着刀子杀死被害人之凶手的 DNA 类型等信息吗？

为正确分析这一重要失误，我们有必要重申这些血滴是如何落到被害人背部的，它们是自正上方垂直滴落的。这些血滴后来在洛杉矶停尸房被从妮可·布朗背部洗掉。检验这些血液本可以揭示凶手、也可能是某个为袭击者提供帮助的人的身份。如果经过细致检验证明这些血是 O. J. 辛普森的，那么本案应当已经结案。如果血液经证实与辛普森不同，那么整个案件必须朝另一个方向开展调查。在整个漫长的调查和审判过程中，控辩双方都提出了可能的解释。我得好心地提醒，有些说法是不合逻辑的。控方后来不得不对其未能收集和检验这些血滴作出回应，控方团队有些人甚至还试图解释称这些血滴来自那条秋田犬摇动的尾巴。去过现场的数名洛杉矶警察局警官报告称，他们在那条秋田犬的皮毛上没有发现任何血迹。

在此我要补充一句，尽管指出了这一严重疏忽，但我并没有一丝快感。某个站在妮可·布朗身体上方的人落下了这些血滴，他必定与谋杀有关，这种可能性远大于不可能性。控方声称杀害妮可·布朗的凶手曾经把脚踩在她的背上，有一个类似鞋印的痕迹可以证明这一点，对此我同样感到难过。因为随后迈克尔·巴登博士会指出，这些痕迹实际上是尸斑形成的（尸斑是血管内红细胞沉降形成的淡红色痕迹）。罗恩·戈德曼的尸体上没有发现任何类似证据。戈德曼可能是在第一起谋杀案正在发生时步入犯罪现场的，他在入口处被凶手（或者凶手们）困住并杀死在白色金属栅栏环绕的地面上。戈德曼被残忍地刺中28次，胳膊和手上的一些伤口可确认为抵抗伤。戈德曼是一个体格健壮、身材高大的年轻人，在生命的最后几分钟里进行了勇敢的搏斗，在他蓝色牛仔裤上发现的血迹形态也证实了这一点。但控方坚持认为，杀人行为非常迅速，因此符合他们已经确立的犯罪时间，入口处发现的皮手套和针织滑雪帽是证明这一点的主要证据。

经过大量协商，控方最终同意让我们勘查邦迪大道的现场。不过，我们被禁止使用任何化学试剂或仪器进行检测，而且我们的勘查必须在10分钟内结束，因为警方还没有完成勘查。我们确实找到了我认为非常重要的证据——在邦迪大道地面上有数枚类型和尺寸明显与其他鞋印不同的鞋印。控方后来声称，这些鞋印图案是人行道水泥地面斑点，控方的法庭科学小组从未对其进行充分的（化学）分析。这些鞋印可能是另一名凶手留下的。FBI的法庭科学专家认真研究了人行道沿线的鞋印，这些鞋印经确证为布鲁诺·麦格里牌（Bruno Magli）12号鞋所留。对于第二种鞋印本应给予同样的关注，因为证实第二种鞋印的来源本也可以改变这两起谋杀案的调查方向。

短暂造访邦迪大道的犯罪现场后，我们前往罗金厄姆大道的住宅进行现场分析。自然而然地，我们对在这里发现的第二只皮手套特别感兴趣。我们专门查看了凯林住房的后面，也就是他说他在谋杀案发当晚听到大声重击的地方。我们从街道一侧检查了客用房后面的栅栏，想探究一下，到底怎样才能让一个人（包括状态很好的天才运动员）爬上这道上面覆盖着厚厚植被的防风栅栏，然后撑着这道栅栏，落在凯林的住房后面，却不会损坏任何植被。O.J. 辛普森曾经是一名非常成功的运动员，但是，离开橄榄球场时，他的身体，特别是膝盖和双腿因一次野蛮撞击而接受了数次手术，膝盖和双腿的长期疼痛对其行走造成了一定影响。不过，即便在其鼎盛时期，他也不可能跨过这道栅栏。我在调查时说过：“只有直升机或电视里的功夫高手才能办到。”

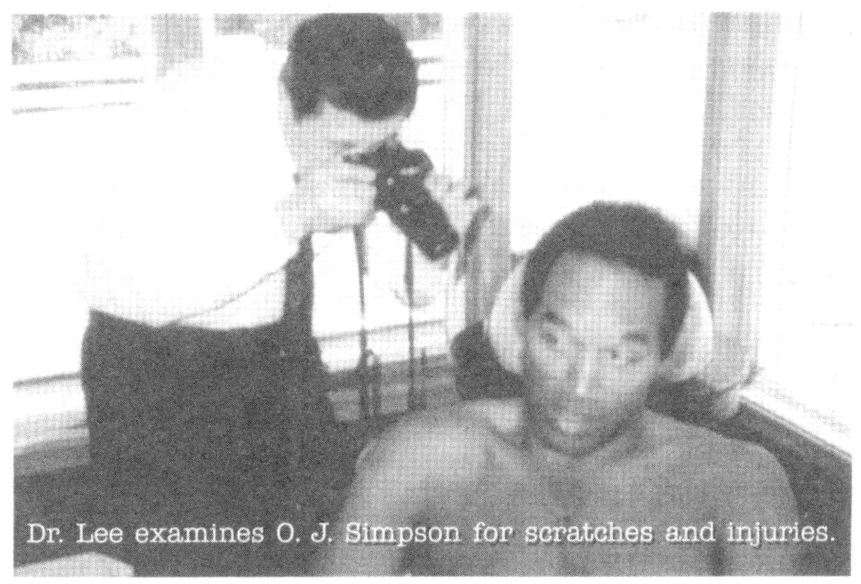

李昌钰博士检查 O.J. 辛普森身上的擦伤

我们将初步调查所见和看法向罗伯特·夏皮罗及辩护团队的其他成员作了汇报。不久，媒体开始称辩方团队为“梦之队”，而这个称谓本是对美国国奥篮球队的美誉。“梦之队”的说法使辛普森案件更像是一阵流行文化，坐在会议室里讨论案件的我们对此感到非常不解。除了迈克尔·巴登外，罗伯特·夏皮罗还招揽了著名律师、哈佛大学教授艾伦·德肖维茨（Alan Dershowitz）。F. 李·贝利（F. Lee Bailey）也加入了辩方团队，他曾在一起再审案件中表现出色，成功帮助萨姆·谢泼德（Sam Sheppard）博士脱罪。贝利以其40多年的职业生涯证明，他的交叉询问技术无与伦比。辩方团队中的鲍勃·布莱齐尔（Bob Blasier）毕业于哈佛，曾担任助理地区检察官，是一名卓越的组织者。还有我已经提到过的约翰尼·科克伦，我很敬重他。此外，圣塔克拉拉大学（Santa Clara University）法学院院长杰拉尔德·F. 乌尔曼（Gerald F. Uelman）也在其中，他是一个热心肠且能力很强的律师，但其冷静的风格容易让人误以为他在为当事人辩护时攻击性不够。

辩方团队还有两位纽约律师，他们非常关心法庭采纳的所有血液证据是否真实，是否得到恰当采集和保管。其中一人是巴里·舍克（Barry Scheck），他是世界知名的DNA法律专家，审判时虽然他才45岁左右，但却表现出了年长者才有的智慧。巴里·舍克是曼哈顿的本杰明·N. 卡多佐法学院（Benjamin N. Cardozo School of Law）的教授，也是纽约一家法律组织，即“昭雪计划”（Innocence Project）的负责人，这个组织致力于帮助被错判的无辜者重获自由。巴里·舍克在法学院和“昭雪计划”组织的同事彼得·诺伊费尔德（Peter Neufeld）为本案做出了巨大贡献，展现出惊人的才华。基于DNA和其他形式血液证据在本案中的重要性，巴里·舍克、彼得·诺伊费尔德与我在接下来的一年里并肩作战，共同度过许多日日夜夜。辩方团队中还有几个才华横溢的律师，例如，卡尔·道格拉斯（Carl Douglas）和肖恩·查普曼（Shawn Chapman）。此外，我们还得到了一支优秀的调查人员和法律助手队伍的支持。

为处理本案的科学问题，辩方团队还吸纳了下列成员：赫伯特·麦克唐纳，世界知名的血迹专家，被许多人视为“美国血迹分析之父”；芭芭拉·沃尔夫（Barbara Wolf）博士，优秀的法医病理学家，任职于奥尔巴尼医疗中心（Albany Medical Center），其工作活力和敏锐的判断使其能更加出色地完成辩方的工作；爱德华·布莱克（Edward Black），世界知名的法庭 DNA 专家，他展现了出色的理论水平和实验室技能；查克·莫顿（Chuck Morton），著名科学家和微量证据专家，他在毛发、纤维分析方面的知识和阅历为辩护工作增色不少；拉里·拉赫尔（Larry Ragel），橙县法庭科学实验室前主任，是一位优秀的犯罪现场专家。

辩方团队并非在真空中运转。我们面对着堆砌如山的法庭科学数据、医学数据、时间线数据和事实性数据，这些数据需要分类整理并放到合适的位置。我们也知道，有许多人在关注着我们的工作，全世界的普通老百姓都认同谋杀案的最初报告和业已发现的证据。公众的关注和媒体的报道显然形成了一个舆论漩涡，使本案几乎成为全国性的焦点。接下来的周末，《时代周刊》（*Time*）和《新闻周刊》（*Newsweek*）都在报道中刊登了 O.J. 辛普森向警察皱眉的面部照片。不过，《时代周刊》特意让一位艺术家对辛普森阴郁的脸部做了一些小小的修改，制造了一种愁眉不展的效果。这一做法让许多人感到愤怒，而且这些人不限于非裔美国人社区。此外，尽管给辛普森戴上手铐的是一名非裔美籍警察，但他被戴上手铐的电视镜头还是起到了进一步煽风点火的效果。随后的民意调查逐渐显示，美国两大主要种族，即黑人和白人对这一犯罪的看法存在巨大的差异。

后来，人们明白了，种族牌是社会的一种真实自然反应，而非某些恶势力操作的结果。公共关系早就被认为是本案处理过程中的重要组成部分。早期的民意调查表明，多数（60%）美国人还是认为辛普森是无辜的。

不过，控方有一个重量级武器——辛普森案将于6月17日，即星期五呈交设于洛杉矶法院大楼的大陪审团。这个大陪审团由24名普通市民组成，只听取控方指控辛普森的事实和依据。被告人和律师都不在场，因此辩方无法在法官主持下对证人进行交叉询问。控方在马西娅·克拉克带领下获得了一个空前的好机会，因为他们不必提交所有证据，也无须被迫采取特殊的谋略。让大陪审团接受控方对辛普森两项谋杀罪名的指控，这就是克拉克及其同事所要做的全部工作，这种方式也是控方为了将被告人送交审判所能采取的最佳策略。能够替代大陪审团的预审（preliminary hearing）是更为平等的法庭程序，整个过程都有法官的监督，辩方可以对控方证人进行交叉询问，从而更好地保护O. J. 辛普森。在这种抗辩式的听证会上，控方将不得不采取某种法律策略，借以安然度过整个审判期。

大陪审团调查持续了数天。在有一天的审议中，完全不相信马西娅·克拉克的一位年轻女证人声称，那个星期天的晚上10点30分左右，她驾车从邦迪大道向罗金厄姆大道方向高速行驶时，看见O. J. 辛普森正开着那辆白色野马车。克拉克放弃了这位证人，原因是她在接受一家小报式电视节目和报纸采访时收受了7600美金。妮可·布朗曾于1993年10月两次急促且歇斯底里地拨打911报警电话。1994年6月22日，即星期三，洛杉矶检察官办事处有人泄露了报警电话录音。相比于泄露行为导致的后果，克拉克放弃这名证人的奇怪举动看起来就像是在控方道路上设置的限速路脊。妮可打电话报警时声音中的恐惧和惊慌抓住了全国听众的心。民意调查迅速证实，录音的播出改变了民意，原来有 60%的人认为辛普森无罪，现在则是有 60%的人认为他有罪。

辩方很快就注意到了这一点并进行了反攻，指控录音泄露对大陪审团陪审员造成影响。身处圣何塞（San Jose）的杰拉尔德·F. 乌尔曼与当时正在以色列出差的艾伦·德肖维茨联合草拟了一项动议（在后续诉讼中他们将提出数百条动议，这仅仅是开始），要求解散大陪审团，并且应立即将程序调整为预审。他们提出，至少辩方应获准询问大陪审团陪审员此前对本案有多少了解。民选的洛杉矶地区检察官吉尔·加西堤（Gil Garcetti）火上浇油，他公开说辛普森可能会坦白是误杀。主持法官私下里对大陪审团陪审员做了些调查，发现有数名陪审员的确听过妮可·布朗的报警电话录音。此时，甚至连控方都动摇了，他们主动提出解散大陪审团、改走预审程序的动议。法官接受了这一动议，决定于四天后即 6 月 28 日，也是星期二召开预审。辩方取得了一次突破，种族问题和民意走到了诉讼程序的前沿，而诉讼本来不应受其影响。法律界有一条格言，即大多数审前公开对控方有利而对辩方不利。这一次，辩方的快速回击收获了意想不到的效果。

自审判引发如此广泛之关注以来，洛杉矶许多普通市民纷纷打电话向控方或辩方报告他们在凶杀发生之前的所见所闻。其中一个线索碰巧能说明些问题。洛杉矶市区罗斯餐具行（Ross Cutlery）的老板联系了控方，说 O. J. 辛普森在案发数周前到他的店里买了把昂贵的斯蒂勒特牌（Stiletto）折叠刀。警方拿了把一样的刀给洛杉矶助理法医官欧文·戈尔登（Irwin Golden）博士进行检查，妮可·布朗和罗恩·戈德曼的尸体都是由他负责解剖的。戈尔登博士指出，凶手杀人时可能用了两把刀。之后，他认定杀人凶器正是这种刀。

预审期间，侦探汤姆·兰格不得不承认，他在谋杀案发生十小时后才联系法医官办公室。法医官办公室提取妮可·布朗的体液后贴错了标签，还扔掉了她的胃内容物。而欧文·戈尔登改变了他对两名被害人死亡时间的估算，他最后说，根据其科学调查，有75%的把握确定死亡时间在晚上11点以后。这对控方认定的死亡时间为晚上10点15分的说法是一个沉重的打击。戈尔登博士还认为，根据被害人刀伤的对比，将两名被害人刺死的应是两种不同的凶器，这对控方又是一个打击。迈克尔·巴登博士总共提出了16处错误。马西娅·克拉克获悉O.J.辛普森买刀一事后，立即提出要申请对辛普森在罗金厄姆的住宅进行第二次搜查。警方再度搜查了这栋房子，但仍然没有找到刀。有关控方可能取得突破的消息又被捅给了媒体，当6月30日，即星期四的预审开庭时，这一消息占据了媒体版面。

杰拉尔德·F.乌尔曼成功地控制了最近这场风暴。辛普森已经告诉乌尔曼，可以去他家找到那把他根本没有使用过的刀。乌尔曼于是去了辛普森在罗金厄姆的主卧，在辛普森所说的位置找到了那把还放在原始包装纸袋中的刀。这一发现将乌尔曼置于非常微妙的位置，因为如果他确实碰过那把刀，他就有被宣布为证人的风险。我前面已经说过，乌尔曼院长是一个经验丰富而且非常聪明的律师，因此他会妥善处理好整个局面。即将召开预审的那天早上，罗伯特·夏皮罗和乌尔曼走到洛杉矶法院负责处理综合事务的高级法院法官面前，向他解释了他们的困境，并告诉他那把刀所在的位置。这名法官当即决定指派一名法官作为中立的证明人，即法律保管人来监管这把刀。

已经退休的高级法院法官德尔伯特·王（Delbert Wong）承担了这一职责。在所有这些法律问题发生时，我正在西雅图参加美国法庭科学协会年度会议，并且刚在会议上发表演讲。我接到紧急电话通知，法院要我对这把刀进行检验，以确定刀上面是否有能证明其曾被使用的证据，以核实罗伯特·夏皮罗所说的话。当然，法官邀请我为法院完成检验的决定也已告知控方。控辩双方均未反对我担任法院指定之专家，对此我感到非常高兴。科学调查之目的在于发现事实和真相，而与调查最终将带给人们什么无关。我飞至洛杉矶，立即开始检查这个“神秘的纸袋”。我仔细查看了这把刀，刀还处于原始状态，甚至连价格标签都还贴在上面。刀上没有找到血迹、组织或毛发。我还使用氰基丙烯酸盐熏蒸（cyanoacrylate-fuming method，本章末尾将介绍这种指纹显现技术）的方法处理这把刀，在上面找到了 14 枚潜在指纹。控辩双方都未对这些调查结论提出质疑。德尔伯特·王法官当场把刀放入一个褐色的马尼拉纸袋，用证据胶带封上，然后递给即将主持预审的凯瑟琳·肯尼迪-鲍威尔（Kathleen Kennedy-Powell）法官。这个“神秘的纸袋”放在审判席上，曝光在数百万观看预审电视直播的世界观众面前。整件事就像是佩里·梅森（Perry Mason）所写的探案故事，而这个“神秘的纸袋”轻易地提供了一个高潮性结局，只是真实的生活不会以那种方式呈现。得知这把刀从未被使用后，控方以转移视线的方式放弃了这件证据，控辩双方继续参与预审。我一直没有提任命德尔伯特·王法官为特别保管人的那位法官的名字，他就是兰斯·伊藤法官（Lance Ito），在接下来的审判中，他将发挥关键性作用。

行文至此，我得为这段插曲加上一些注脚。首先，“神秘的纸袋”的内容直到审判结束时才披露。其次，这把刀尚处于原始状态，这个细节从未向媒体透露，而在这起案件的审判中，这一点着实难得。再次，当得知有这样一把刀的存在后，人们再次感受到了金钱对潜在证人的腐蚀效应。这家餐具行的老板以 12 000 美元向一家市场小报出售其见闻。无数电视台和报纸的代理人找过我，希望我说出“神秘的纸袋”的具体内容。这些小报起初甚至愿意给我 5 万美元，如果有涉及这些内容的一张照片，他们总共愿意支付 10 万美元。我的专业准则和职业伦理不是金钱能够买到的，这绝非自吹自擂。最后，整个审判的基调在最初的预审阶段即已确立，特别是关于这个“神秘的纸袋”的争论。控辩双方言辞激烈，甚至进行人身攻击，尖酸刻薄的对话将主宰此后又持续了 17 个月的诉讼。诉讼制造了许多戏剧性的场面，有些甚至还是关于各自律师的种族的，所有这些几乎都以现场直播形式进行了报道。美国公众确实将看到长达 115 天的报道，在我看来，这种个人恩怨并不利于实现正义。的确，我们的整个法律系统是由人来推动的，他们对处在对立一方的角色怀有强烈的情绪。我感觉，在法庭上的这种激烈争吵中，艾伦·德肖维茨、巴里·舍克、彼得·诺伊费尔德、杰拉尔德·F. 乌尔曼等人仍然保持着矜持和专业态度，实属难能可贵。

在此，我想简要提一下本案分析中所涉及的法庭科学领域。（我要再次提醒读者，DNA 分析将在本章末尾讨论。）许多送去做 DNA 分析的血液样本得到的回复结论都是“非决定性的”。究其原因，主要和血液证据的收集与处理有关，血液样本没有得到正确储存，被放置于温度较高的车内多时，血迹应用沾湿的棉签提取，提取血迹后的棉签应彻底风干后装袋并密封，否则，细菌和真菌会腐蚀样本。洛杉矶警察局犯罪现场技术人员用数根棉签采集血液样本。我发现保存棉签的［被称为“纸包”（paper bindle）的］纸质容器上有血迹，这就说明这些样本在封缄前并未风干。这足以证明，血液采集时没有执行快速干燥程序。尤其麻烦的是，纸质容器上的一些血迹和样品竟然还不匹配。审判时，这些又将成为争议焦点。

预审期间，控方要求获取 O. J. 辛普森的头发样本以便与从邦迪大道现场滑雪帽上提取的头发进行比对，后续审判的整个基调在有关这一问题的争议过程中得以确立。罗伯特·夏皮罗站在辩方的立场上并援引了我的说法，认为控辩双方各采集 3 根头发样本即已足够。对于马西娅·克拉克所提出的在显微镜下比对的要求，这个数量绰绰有余。不过，辩方推断控方暗地里还有其他用途。凯瑟琳·肯尼迪-鲍威尔法官表示其愿意下令采集总计 10 根头发，这个数量应该已经够多了。但马西娅·克拉克坚持要求增加，她还传召了控方专家。这名专家在罗伯特·夏皮罗的交叉询问之下原形毕露，他在最近 7 年时间里，一直从事行政工作，并没有在实验室紧跟法庭科学日新月异的步伐。经过激烈的争吵并消耗了大量时间之后，法官最终把头发样本数量提高至“40 根以上 100 根以下”。

这次预审还确定了后续审判的其他主题。菲利普·瓦纳特侦探陈述，他曾要求马克·富尔曼离开邦迪大道的犯罪现场，陪他到罗金厄姆协助工作。但富尔曼在随后的陈述中说，瓦纳特之所以叫上他，是因为瓦纳特“不知道这个地方在哪儿”，而富尔曼应当“带我们过去”。更重要的是，富尔曼作证，他发现那辆白色福特野马车停放得“很随意”，车后身和车头都超出线外 1 英尺。杰拉尔德·F. 乌尔曼拿出侦探们抵达罗金厄姆 2 小时后拍摄的照片，照片显示野马车停放得很规矩。富尔曼在作证时还说，他看见驾驶位一侧车门上有一些污渍，由“3 或 4 条红色线状污渍”组成。后来的演示清楚证明，当车门关闭时，根本就看不见富尔曼所说的这些污渍所在的部位。而富尔曼说，看到这些污渍后，他决定打开手电筒往里面看。富尔曼过去的种族歧视劣迹在后来的审判中也浮出水面并成为焦点。

预审用了 6 天时间，传召了 21 名控方证人，多数时间和主要争议都是围绕着这类问题进行的。其中一个重要争议涉及“合理的根据”（probable cause）以及菲利普·瓦纳特与其他侦探未获取搜查令状时是否有权进入并搜查 O. J. 辛普森的房子和野马车。杰拉尔德·

F. 乌尔曼还提出了一个有点学者气的出色动议，即要求撤销案件。如果裁定搜查非法，那么那个星期一上午在罗金厄姆所获取的所有证据均应宣布为不可采。宪法第四修正案规定了“正当程序”保护措施。凯瑟琳·肯尼迪-鲍威尔法官听完这段争议后拒绝作出这一重大程序性裁定，她将决定权交给了兰斯·伊藤法官。伊藤法官最终作出了对控方有利的裁定，允许提交那次搜查时获取的证据，坚持警察有权进入那些地方，而依据则是邦迪大道的现场、罗金厄姆的血液证据以及警方所宣称的保护罗金厄姆潜在被害人的目的。

辩方没有抓住这次特殊的决胜机会。7 月 8 日，凯瑟琳·肯尼迪-鲍威尔法官下令以两项谋杀罪名传讯 O. J. 辛普森。7 月 18 日，约翰尼·科克伦加入辩护团队，他的加入意义重大。7 月 22 日，辛普森在接受传讯时如此为自己辩护，即“绝对 100%的无罪”。预审划定了后来整个审判的主要战线。辩方此刻必须开始行动，攻击控方诉由中的最薄弱环节——目击证人陈述和物证。特别是血液证据，它的收集方式、它是如何被污染的以及是否存在用血液证据栽赃陷害的行为。对血液证据的错误进行处置时存在不正当行为吗？换句话说，是否有人希望 O. J. 辛普森被定罪，因而篡改血液证据并在数个重要地点放置被告人的血？6 个月的时间匆匆过去，辩方团队夜以继日地工作，追查所有可能线索，准备迎接 1995 年 1 月敲响的第一声法槌。

本案的审判

O. J. 辛普森被拒绝保释，继续羁押在洛杉矶刑事法院（Los Angeles Criminal Courts）大楼的拘留所内，这在很大程度上是因为他没有遵守约定的 6 月 17 日投降的安排，这也是辩方团队努力想让案件尽快被审结的主要原因。在预审结束、审判尚未开始的这段时间里，我周末时常外出协助检验物证。即便待在康涅狄格州的家中，我也只能利用周末的时间研究辛普森案，因为作为康涅狄格州警察法庭科学实验室的主任，我有大量职责范围内的案件要处理。而在洛杉矶期间，我利用洛杉矶警察局或其他独立实验室重新检验辛普森案件前期收集的证据。（借此机会，我要向洛杉矶刑事实验室的许多科学家致谢，感谢他们的包容与支持。）在这项工作的初期，我们经常会在罗伯特・夏皮罗的办公室碰面，后来我们将会议转移到了约翰尼・科克伦的办公室。辩方团队经常工作到夜晚，我们也经常一起外出就餐。关于辩方团队成员如何和谐相处或者相处得并不融洽的话，有些书或报道已经写得很多了。就我个人来说，我喜欢整个团队，而且这么多法律人才和科技人才之间的互动是很有吸引力的。我已经谈论过这些天才人物彼此的风格差异。当然，我一直专门应对科学证据问题，因而能够直接迈向我自己的调查结论。所有团队成员都非常诚恳，而且得到了法律及科学界同行的高度评价。

1995 年 1 月 24 日，审判庄严开槌，主审法官是兰斯・伊藤。戴副眼镜、蓄有胡须的伊藤法官是非常严谨的。他工作勤勉，而且似乎总是能让控辩双方都感到满意。伊藤法官早前就已经同意对审判进行现场直播，这一举措进一步激起了大批公众对本案审判的兴趣。美国公共广播公司决定不对审判进行逐日报道，而是时不时播放审判中的最精彩部分，或许只有这家公司这么做。最初几天里，电视摄像机对审判造成了严重干扰，因为三台摄像机中有一台无意间简短地捕捉到了一名替补陪审员的脸，电视制片人主动将这次失误告知法官。这个失误让伊藤法官很为难，他考虑撤掉这些摄像机，但次日又决定继续允许电视直播。这类问题没有再出现。我常常在想，法庭上放置的这些摄像机对于实现本案之正义而言，到底是帮助还是阻碍。

很多报道都谈到过宣誓就职审理本案的陪审团的种族构成，这是这次诉讼里又一个我不想发表个人看法的事项。陪审员和替补陪审员各12名，绝大多数都是非裔美国人，这和洛杉矶地区市区人口种族构成比例是相符的，提到这一点就够了。最初陪审团12名陪审员的准确种族构成是：9名非裔美国人，其中8人是女性；2名女性白人；1名西班牙裔男子。总计24名陪审员和替补陪审员的种族构成为：15名非裔美国人，6名白人，3名西班牙裔。

审判结束前，10名替补陪审员将走到常任陪审员席。最初的12名陪审员中有5人报告说自己或家人遭遇过执法的负面影响。最初的12名陪审员中有2人具有大学学历，所有陪审员都没有经常看报的习惯。9人认为辛普森不太可能杀害他的前妻和罗恩·戈德曼，原因是他的橄榄球水平很棒。控方和辩方律师都说对陪审团的组成很满意。所有24名陪审员和替补陪审员均于1995年1月11日进入市区一家旅馆被隔离。伊藤法官在每天庭审结束时都会指示他们，不得与任何人（包括他们彼此之间）以任何形式讨论这个案件。

1月25日晚，控方遭遇了一次真正的挫折。正和马西娅·克拉克在吉尔·加西堤的办公室讨论审判事宜的比尔·霍奇曼突然感到胸部疼痛。他站起来，试着活动活动，但疼痛没有减轻。在加西堤的建议下，霍奇曼被救护车紧急送到加利福尼亚医疗中心。医生发现他心跳不规律。霍奇曼住院了，但很快恢复健康，又可以重新回到办公室，为这起案件奔波。但他在法庭上的职责实际上因这次的心脏问题结束了。克里斯托弗·达登取代了他的位置，成了克拉克的搭档律师。霍奇曼处事冷静克制，是在法庭上脾气暴躁的马西娅·克拉克的理想合作伙伴。霍奇曼离开法庭，是控方的一大损失。（我没有写许多媒体对这一变化的反应，因为神经紧绷的媒体报道对审判进程的每一次变化都会作出反应，在接下来的10个月里一直都是这样。）

在审判初期，伊藤法官裁定允许采纳在罗金厄姆收集的证据。伊藤法官还作出了另一个对控方有利的裁定，即对于 O. J. 辛普森实施家庭暴力的前科记录，只要控方能够证明与本案有关联性，即可使用；不过，伊藤法官也裁定，妮可·布朗的日记本记载的导致其离婚结局的事件属于传闻证据，不得采纳；这位法官还作出了另一个对辩方有利的裁定，即侦探马克·富尔曼的种族主义言行可以作为证据采纳，但辩方也要证明其与本案的关联性。这些裁定都非常重要。有人在审判快结束时提交了一份富尔曼多年前所作声明的录音带，此时这些裁定尤显重要。辩方提出动议，要求查阅富尔曼在军队服役的档案和洛杉矶警察局的职员档案，但未获支持。最后，控方决定，以两项谋杀罪指控 O. J. 辛普森，但不建议判处死刑。民意调查显示，被遴选参与重案审判的陪审员基本上都更倾向于作出有罪裁决。

在积极准备应对审判时，我大脑里盘旋着几个极为重要的问题。这些问题中多数和血液证据有关。1994 年夏天的预审结束后，控方的 DNA 检测结果回馈至洛杉矶警察局，不久即被泄露给新闻媒体。多数报道的标题都明确宣称在邦迪大道发现的血迹与 O. J. 辛普森的血相匹配。DNA 检测结果表明，O. J. 辛普森之外的其他人是现场血迹来源的概率为一亿七千万比一，血迹来源于辛普森的概率跟预审时相比有了根本性增长。预审时提交的血型检测结论表明，美国总人口中有 48%属于现场血迹的血型，也就是说仅在洛杉矶地区就有 800 万人是这种血型。伊藤法官裁定，辩方有权分离血液样本，自己进行 DNA 测试，但辩方只能使用自 O. J. 辛普森身上所采集血液样本的 10%。在许多案件中，这点血达不到检测用量。

起初，控辩双方都相信血液证据的 DNA 检测结论能使本案成立或被否定。辩方不得不殚精竭虑地制定处理这一证据的策略。最后的结果是，我们即将面临的这次审判将产生126名证人、857项证据和无数页法庭记录。

在审判之初，我们已经根据约翰尼·科克伦的要求罗列了一份需要回答的问题的清单。科克伦在后来出版的《通往正义之路》（*Journey to Justice*）一书中已经做了全面介绍。此处我改编了其中的部分问题，并增加了其他关键争议焦点：

1. 为什么富尔曼侦探单独待在罗金厄姆犯罪现场外长达18分钟？为什么对他在这18分钟里的所作所为没有任何记录？

2. 罗金厄姆现场找到的手套据说是在前一天晚上10点45分丢弃的，上面的血量也非常少，但为什么到早上6点被发现时还是潮湿的？

3. 控方到底会怎样解释另一只手套出现在那里的原因呢？而且，如果将一只带有潮湿的血液的手套丢在那儿，为什么干枯的树叶和干燥的地面上没有发现血呢？

4. 根据鞋印和刀伤数量，难道不可能有两名或两名以上凶手吗？如果控方在此问题上犯错，难道他们就不可能在认定被告人犯罪这个问题上犯错吗？

5. 凶手身上很有可能沾满了被害人的血，那为什么所谓的逃逸用车或通往汽车的路上没有多少血呢？

6. 滑雪帽和手套上发现有白人头发和其他纤维，而且都与被害人不匹配，那么它们从哪儿来的？（本人增补问题）

7. 假设是O. J. 辛普森作案，那么留给他实施两起谋杀的时间段也非常窄。他又是如何亲自实施这些行为的呢？（本人增补问题）

8. 盒子里面有布朗太太的眼镜，但只有一枚镜片，另一枚到哪里去了？（本人增补问题）

9. 为什么袜子内侧会有妮可的血，但地上和袜子外侧却没有？

血液是怎么转移的呢?(本人增补问题)

10. 从妮可·布朗背上看到的血滴是谁的,为什么不收集和分析这项证据?(本人增补问题)

对于我们在审判之初的辩护工作来说,这些问题非常强大,极具挑战性。请注意,许多美国人至今仍将本次审判与种族问题或其他问题相联系,但事实上以上问题与种族等毫无关系。

辩方团队在对控方证人进行交叉询问时也提出了许多重要问题:

1. 丹尼斯·冯在审判时的陈述与其在夭折的大陪审团前所作的陈述相互矛盾。

2. 控方采集血液样本的程序和每件样本的采集主体均受质疑。

3. 为什么警方调查人员没有提取在罗恩·戈德曼尸体附近发现的那张白纸?

4. 是谁把毛毯盖在妮可·布朗身上的?这床毛毯取自妮可·布朗的公寓,上面的纤维与在她尸体上发现的证据之间很有可能存在交叉感染。

5. 朱迪丝·布朗的眼镜和盒子是在罗恩·戈德曼的尸体被从它们上面拖拽过去以后才发现的吗?

6. 在法医官离开现场之前,为何警方调查人员没有收集任何证据?

7. 为什么会使用错误的程序收集现场物证?

8. 尸体解剖期间为什么不提取重要的生物检材?

9. 为什么在显现或增强邦迪大道犯罪现场的鞋印时没有使用化学增强技术?

10. 为什么刑事专家和其他侦探都没有注意到辛普森床脚那双袜子上的血迹?

辩方在批评洛杉矶警察局的犯罪现场处置程序后,开始抨击许多更严重的问题，即位于邦迪大道一侧后门由警方先行发现的血迹，在侦探马克·富尔曼的备忘录中作了记载，但直到案发三个星期以后的7月3日才被收集。在直接询问时，丹尼斯·冯仅承认自己不知为何错过了这处污渍，它恰好就处在门把内侧，凶手可能就是在这里把门打开的。在这个问题上，巴里·舍克显得技高一筹。控方在开场陈述时声称，他们有“堆积如山的证据”，足以认定O.J.辛普森的罪。而当辩方结束开场陈述时，来自这处后门和袜子上的血液证据似乎带来了“堆积如山的疑惑”。

虽然绝大多数律师，特别是那些优秀的律师都具有娴熟的交叉询问技术，但站在证人席上的专家在其专业领域要比提问的律师强得多。请相信，巴里·舍克和彼得·诺伊费尔德对DNA领域知之甚深。经与对邦迪大道车道沿途血迹所作的DNA检测结论比较，他们发现，门上血迹的DNA鉴定结论存在一些非常奇怪的地方。车道上的血液样本含有实质上已经降解的DNA，这就意味着用于DNA检测的血液质量较差、数量较少，只能适用不太精确的PCR（polymerase chain reaction，聚合酶链反应）检测技术。但是，后门上的血迹却含有更多完好无损的DNA，因而可以适用精确得多的检测形式，即RFLP（Restricted Fragment Length Polymorphism，限制性片段长度多态性）检测。但为什么会出现这样的情况呢？要知道，门上的血迹留在室外已经长达三个星期，还要受到炎热的加利福尼亚阳光照射和其他自然作用力的影响。没人能够回答这个重要问题。而且，警方在谋杀案发生后那天拍摄的犯罪现场照片上未显示门上有任何血液样本。但在7月3日拍摄的照片中，门把手上的血迹却清晰可见。所有这些都让人感到非常震惊，肯定有什么地方搞错了，这句话就像战斗口号一样通过辩方团队传播开来。

如果有人栽赃陷害，那么他从哪里获取O.J.辛普森的血液样本，然后将其涂在邦迪大道一侧的后门上呢？辩方团队还注意到，洛杉矶警察局技术人员6月13日从辛普森身上抽血的方式也有些不对劲。这位名叫塔诺·派拉提斯（Thano Peratis）的技术员在预审时作证，他从辛普森身上抽取了标准量为8毫升的血液样本。随后辩方专家审查了在这次奇特的检测中每一步骤所使用的血量，通过回溯审查，并根据派拉提斯的陈述录音，现已证实这次检测所使用的血量最多只有6.5毫升。剩下的1.5毫升到哪儿去了？这个环节显然也出现了很大的纰漏。辩方还取得了一个突破，他们提交了世界知名毒理学家弗雷德·里德（Fred Rieder）的专家证言。里德在邦迪大道一侧的后门、那双袜子和其他地方提取的血液样本上均发现了乙二胺四乙酸（ethylenediaminetetracetic acid，简称EDTA）。乙二胺四乙酸是一种血液防腐剂，目前仅作为抗凝血剂用于实验以保存血块，它们怎么会出现在这些血液样本当中？

巴里·舍克还估计，野马车上发现的罗恩·戈德曼的血也是马克·富尔曼（舍克确实只提到他的名字）栽赃陷害，对此，F. 李·贝利在审判初期对富尔曼进行交叉询问时就已经提出。舍克还认为，妮可·布朗的血出现在O. J. 辛普森床脚发现的那双袜子上，这也是有人栽赃陷害。辩方团队研究了洛杉矶警察局的原始备忘录，发现上面只字未提在袜子上发现有血。数周后，警方才发现这些袜子上有血。控方传召了自己的DNA专家证人到庭介绍这次检测的结论。这一次，DNA比中的概率更高，已经超过了十亿比一，这项证据应当就是检方的证据之王了。这时，辩方得到了世界知名血迹专家赫伯特·麦克唐纳的支持。他在证词中指出，他认为袜子上血迹的位置和状态极为可疑。尽管这些血迹的DNA与妮可·布朗的DNA相符，但是辩方的专家证言和围绕这一血液证据展开的辛勤工作已经制造了一团巨大的疑云，而且疑云显然已经飘入法庭，征服了陪审团。有著作称本案所提交之 DNA 证据数量为美国历史之最，不过从最后结果来看，陪审团并未给予 DNA 证据过多的关注。

控方的指控中还有其他许多证据，但仅有少数值得我们进一步讨论。妮可·布朗在银行里面有一个保管箱，警方调查人员打开后发现里面有妮可的照片，显示其曾被殴打。控方律师克里斯托弗·达登在对妮可的姐姐丹尼丝·布朗进行直接询问时出示了辛普森实施家庭暴力的证据，并通过大屏幕将照片展现在陪审团面前。罗伯特·夏皮罗立即表示反对，伊藤法官于是将双方叫到法官席前进行了私下交流。在整个审判过程中，这样的交流很多。达登无法证明照片的基础事实，比如这些照片是谁在何时或者在何地提取的。法官口头警告了达登向法庭提交无根据之照片的行为，以缺乏任何根据为由裁定照片不可采，同时指示陪审团忽略这一证据。

伊藤法官作出了另一个关于物证的裁定。警方调查人员在 FBI 的帮助下证实，1990 年 12 月 18 日，妮可·布朗在纽约非常高档的布卢明代尔（Bloomingdale）百货商店买过两双阿里斯牌（Aris）特大号皮手套。根据这个领域专家的证言，这两双手套特别是这种尺码的手套很罕见。在 6 月底的一次开庭中，就在控方完成举证之前，这双手套被作为证据提交。尽管比尔·霍奇曼和马西娅·克拉克都决定不让 O. J. 辛普森试戴这双手套，但是负责为控方处理这一专家证言的克里斯托弗·达登同意试试。坐立不安的辛普森在陪审团的注视下，在广大电视观众面前，尝试着把手套往他的大手上戴。法律界有一句古老而又经典的格言：不知答案前不提问（never ask a question, unless you know the answer）。约翰尼·科克伦在总结陈词中将充分利用控方犯的这种错误。

1995 年 7 月 6 日，控方完成举证。我于 7 月底作为辩方专家证人接受直接询问，以下就是当时提出来的一些问题。邦迪大道犯罪现场发现了具有独特的平行线设计花纹的第二种鞋印。是否还有一名凶手？后来，控方会认同还有一名凶手，他留下了自己的足迹和其他证据。这些痕迹都没有进行化学增强显现，因此，现场是否有其他鞋印，事实上这一点从未得到证实。此外，邦迪大道现场还发现了各种类型的喷溅血迹。我在法庭上演示了这些血迹的形成机制，指出这些血源自出口伤（exit wound）。巴里·舍克律师让我从专业角度出发，主要谈谈对本案调查过程中血液证据处理方式的看法。我在陈述中指出了最为重要的一个发现，即“纸包”上的血迹证明，采集血液的棉签未经恰当的干燥处理。然而实验室的结论却说明，这些棉签夜里突然就被弄干了。行将结束作证时我作了简要总结，认为“有点不对劲。”

介绍完辛普森案件审判中的最精彩部分，我想稍后再讨论撼动整个诉讼的最后一枚炸弹。在控方举证时，辩方律师 F. 李·贝利对富尔曼的种族立场进行了密集的交叉询问。富尔曼的回答简明扼要。他没有进行种族诋毁，也没有采用种族歧视的方式执法。这种说法遭到了证人凯瑟琳·贝尔（Kathleen Bell）的质疑，她说自己及其他人都听富尔曼说过种族歧视的话。她在自己工作过的潜艇部队征兵站和当地一家酒吧都听见过富尔曼的这种论调。富尔曼对这些问题的反应非常冷静，以致贝利都倾向于淡化种族主义指控。不过，在 7 月至 8 月之间，另一位证人劳拉·麦金尼（Laura Mckinny）站了出来，她曾录下了与富尔曼之间的交谈。法庭播放了这些录音，人们可以清楚地听出，富尔曼自认曾有严重的种族歧视行为。这些交谈后来都被麦金尼放进了为电视系列节目所写的脚本里。伪证是一种犯罪行为，富尔曼最后以其回答可能自证其罪为由行使了宪法第五修正案规定的权利，拒绝作证。

李昌钰博士出庭作证，约翰尼·科克伦在一旁观望

控辩双方均已完成举证和质证，1995 年 9 月 26 日，星期二，辩论总结开始。巧合的是，本次审判中，陪审团的遴选正好是一年前开始的。约翰尼·科克伦俨然已经是首席辩护律师，他递交了两份辩方总结陈词中的一份。很明显，在审判之初，科克伦就已经上升到这个位置。不过，一年前有人预言巴里·舍克将作为律师递交第二份辩方总结陈词，这个预言将会是一个绝妙的远射。的确如此，因为辩方团队法律精英云集。作家杰弗里·图宾（Jeffrey Toobin）在其关于本案全貌的力作《辛普森的生命之旅：纽约州诉 O. J. 辛普森》（*The Run of His Life*：*The People v. O. J. Simpson*）中对此作了清晰的介绍。

约翰尼·科克伦显然已经获得了陪审员们的信赖，他在总结陈词中触及了本案的许多重要内容。他以非凡的魅力实现了自我超越，接连批评警方的不当行为、抨击马克·富尔曼的种族歧视行为给本案的调查投下了可怕的阴影。科克伦在演讲结束语中谈到了应如何看待 O. J. 辛普森的左手戴不上那只皮手套的事实，这部分陈述给许多观众留下了深刻印象。科克伦一遍又一遍地喊道："如果手套与手不合，你们就应当宣告无罪。"科克伦还提出了另一个有力的判断："如果信使不可信，那么请务必担心他们送来的信。"他的总结陈词很有鼓动性。巴里·舍克的总结陈词则思维缜密、逻辑性很强，他在科克伦之后开始发言。舍克显然想削弱控方的法庭科学证据，他说洛杉矶警察局造了"一个肮脏的污水池"。辛普森卧室地面袜子和邦迪大道公寓后门上提取的血液证据中有保管血液用的抗凝血剂，对此舍克严厉批评了控方。他还强调，这两处血液证据都是在案发数周后才发现的。巴里·舍克援引了我的调查结论和感受——"本案有些证据很不对劲"，但我并没有被奉承的愉悦感。

本案打算于 9 月 29 日，即星期五的下午提交陪审团裁决。伊藤法官不允许在周末之前进行审议，因此这 12 名陪审员不得不关在自己房里度过在这家旅馆的最后一个周末，以旅馆食物度日。接下来的星期一上午 9 点刚过，陪审团开始裁决。陪审团最初表决的结果是 10 票无罪、2 票有罪。三个小时后，陪审团达成了无罪的一致裁决。让陪审员们感到非常泄气的是，伊藤法官裁定于次日，即美国西部时间 10 月 3 日的上午 9 点公开宣判，这是陪审员回家前的最后一次延误。宣告无罪判决时，约翰尼·科克伦搂住被告人，现在他脸上的表情已是非常知名的画面。法庭科学必须永远保持中立，而且仅服务于证实案件真相，这一准则在本案中得到了坚守，对这一法律准则的坚守才是这次审判的最终胜利。

陪审团的快速裁决引发了美国国内对立情绪的强大风暴。非裔美国人毫不掩饰他们的欣喜之情。洛杉矶警察局在这两起谋杀案调查中的无能及其种族歧视历史——最近的一次表现是罗德尼·金

(Rodney King) 事件*——让黑人社区紧密地团结在一起。宣告辛普森无罪，这尤其在大城市地区表达了非裔美国人对警察的不满。而美国白人则感到非常震惊，他们呼吁以私刑形式推翻这个无罪判决，这种反应随即激怒了黑人民众。这次审判实际上暴露了美国两大具有根本差别的族群之间的鸿沟：白人群体多数是生活舒适的中产阶级，有工作并且居住在城郊和乡村；而黑人群体大多感到愤懑，收入低、被犯罪威胁，多数生活在城区或者南部较为贫穷的乡村地区。我本人非常满意这个裁决，而且对本案终于结束感到高兴。当然，前提是我知道控方证据下面隐藏着的那些问题。

本案的科学事实

在过去的10年，DNA在法庭科学领域的应用引起了许多人的关注，也让人们感到非常振奋。这主要是因为在痕迹中，分子具有高度稳定性，而且几乎存在于所有人体细胞中（血红细胞除外）。因此，DNA能够提供证实样本来源的统计学信息。不仅如此，许多著名案件如威廉姆·肯尼迪·史密斯（William Kennedy Smith）涉嫌强奸案和O.J. 辛普森涉嫌两起谋杀案都提高了法律界和公众对生物证据基因分型的认识和兴趣。

DNA是生物有机体的遗传物质，主要存在于细胞核中。DNA是

---

* 1991年3月3日，洛杉矶四名警察拦下黑人罗德尼·金驾驶的轿车，理由是他超速行驶。警察们一拥而上，对他拳打脚踢，对躺在地上的他用电击枪数次电击，然后戴上手铐。这一幕被一位旁观者拍了下来，两天后各地电视台播放了录像带。事后，罗德尼对这四名警察提出控告。1992年4月29日，以白人为主的陪审团裁决四名白人警察无罪。在庭审期间，一群抗议者开始在法庭外聚集。第二天，抗议活动演变为大规模的骚乱，范围波及130平方公里。当时的总统乔治·布什为了平息这场骚乱，共动用了4500名士兵，至5月1日骚乱才被平息。这次骚乱共造成50多人死亡、2300人受伤，约17 000人被捕，经济损失估计达到10亿美元。——译者注

长线状结构的染色体的主要成分，除了 DNA 外，染色体中还有关联蛋白质，主要是组蛋白。绝大多数人体细胞都有 46 个染色体，分别来自父母。绝大多数细胞类型都有两组染色体，称作二倍体。例外情况是男性和女性生殖细胞（配子），它们是单倍体。精细胞和卵细胞都只有一组 DNA（精细胞是雄性 DNA；卵细胞是雌性 DNA）。受精卵，即合子有 46 条染色体，23 条遗传自母亲，另外 23 条则来源于父亲。

DNA 是一种聚合体（一种长链化学结构），构建 DNA 的元件或构件是核苷酸。每个核苷酸都由一分子五碳糖（脱氧核糖）、一分子含氮碱基和一分子磷酸根组成。DNA 中仅有 4 种核苷酸：腺嘌呤（A）、鸟嘌呤（G）、胞嘧啶（C）和胸腺嘧啶（T），它们的唯一的区别在于附在一级碳原子上的是何种碱基。腺嘌呤和鸟嘌呤都有两个氮环，胞嘧啶和胸腺嘧啶只有一个氮环。

功能 DNA 分子实际上是由两股 DNA 缠绕而成，形成了一种紧紧塞入细胞核的双螺旋结构。1953 年，英国科学家弗朗西斯·克里克（Francis Crick）博士与美国科学家詹姆斯·沃斯顿（James Waston）博士首次发现了该结构。他们在英国从事研究工作，1962 年因这一发现获颁诺贝尔化学奖。

DNA 的信息内容来自于 4 种核苷酸的线状结构（主要是排列顺序），换句话说，遗传“字母表”中有以特定方式重复排列的 4 个字母（A、C、G 和 T）。因此，基因被定义为遗传的物理和功能单元，DNA 片段携带有功能蛋白质的信息或“密码”。人类基因组包含 30 亿个 DNA 碱基对，含有大约 5 万至 10 万个基因编码，这些基因分处于 46 条染色体上通常称为基因位点的不同区域。而且，绝大多数基因都存在被称为等位基因的多重形式，每一个基因位点都可能有许多不同的等位基因，这种多样性被称为遗传性多态现象。不过，每个人每个基因的不同等位基因不超过 2 个。当然，总体而言，在全体居民当中，任何给定的基因位点都有多重等位基因，而遗传性多态现象是法医DNA分型的分子基础。

能够进行DNA分析的项目通常限定于性质上具有生物性的物体，包括血液及血迹、精液及精斑、组织与细胞、骨骼与器官、带有毛囊的毛发、尿液与唾液（带有有核细胞）以及牙髓。此外，除核DNA外，在细胞质内还发现了另一种DNA，即mtDNA（线粒体DNA）。mtDNA属于母系遗传，仅有女性的mtDNA能遗传给后代，毛发、骨骼、指甲和其他生物样本中均已发现mtDNA。对于其他类型的生物证据，如泪水、汗水、血清血红细胞和其他不含细胞的体液，无法进行DNA检测。

这项强大的新技术为法庭增加了许多法律挑战。这些争议和挑战可以被分成以下几类：

1. 基因问题。DNA是人体的基因图谱。这张图谱受精时一半来源于父亲，另一半则来源于母亲。多年来，人们不断提出许多问题，这些问题大多已经得到解答。这些问题包括：每个人的DNA是否都是唯一的；人的DNA是否终生不变，或者会出现多大程度的变异；同一个人的所有人体细胞是否都有相同的DNA形态；化学、环境因素或者药物是否会改变一个人的DNA形态。科学已经证实，每一个人包括同卵双胞胎的DNA，都是独一无二的，而且人的DNA终生不变。如今，对于法医DNA分型的遗传学争议业已不复存在。

2. 技术问题。任何科学检测程序都依赖于科学家完成该检测的能力，标准程序并不能确保检测结果的可靠性。我们并不是没有听说过，法医病理学家和法庭科学家提交了错误或不诚实的结论，有人因错误的证据鉴定结论或错误的专家证言而被错误逮捕甚至定罪。质量保障与质量控制已经成为法医DNA分型中的两个关键领域。FBI实验室与美国刑事实验室主任协会（the American Society of

Crime Laboratory Directors）及其实验室认证委员会（Laboratory Accreditation Board）一直在积极研制质量保障与质量控制标准。而且，现在已经通过数个国家级团体提供刑事专家认证项目。每个 DNA 检验员都应当具有必要的资质，接受充分的法医 DNA 分型培训，每个 DNA 分型实验室都应确保遵守最高标准。

3. 比对问题。任何物证分析的最终目标都是实现样本与检材的同一认定（特别是证实人的身份）。实现这一目标的常规做法是比对已知样本和可疑物体的物理、化学和生物属性。最为简单，同时也最为重要的一种比对方法是模式匹配（pattern matching）。如果可疑物体表现出与已知样本相同的模式，那么这两件样本的来源必定相同，DNA 比对的机理本质上与指纹或弹道比对并无不同。DNA 比对实际上就是模式识别和模式比较问题。如果两个 DNA 剖面构造确实一致，那么就可以得出匹配的结论。

4. 统计问题。如果对某种统计学价值没有给出结论，那么仅仅检验两个模式并宣称匹配是没有意义的。我们必须把两个样本间随机拼合的可能性分析与所分析的特殊位点联系起来，也就是说给定人口总量，两个孤立个人在所分析之位点碰巧具有相同 DNA 模式的出现概率有多大？由于不可能对全世界所有人进行调查，因此在种族遗传学者之间出现了冲突。估算这一概率的方法之一，就是从总人口中随机选取样本，并确定每个等位基因和基因型的出现频率。

5. 污染问题。生理学证据（physiological evidence）转移的途径有二。第一条途径是直接接触转移。比方说，在犯罪实施过程中，如果被害人的血直接转移到了嫌疑人衣服上，那么之后的 DNA 分型将证明嫌疑人衣服上的可疑血迹可能来自被害人，由此提供了被害人与嫌疑人之间的直接联系。或者嫌疑人在作案过程中受伤，犯罪现场发现的血迹能够提供嫌疑人与犯罪现场之间的直接联系。这类

DNA 检测结论具有重大法庭价值，为犯罪现场重建提供了非常有用的信息。

第二种可能途径是通过第二次转移，例如，作案人逃离犯罪现场并沿途留下了一枚带有被害人血液的足迹，任何随后经过者的鞋子都有可能踩上这一血迹。虽然 DNA 检测能够揭示被害人血液和第二个人的鞋子之间的直接联系，但这类经由第二次转移而发生的联系在犯罪现场重建时价值有限。

对带有生理溶液的物证的 DNA 分析只能提供这些生理溶液是如何转移的信息，所得出的这个结论不能用于排除性地证明或否定嫌疑人不在场证据。例如，从被强奸者衣服上提取的 DNA 可以将一名男性嫌疑人与被害人联系在一起，但是这种 DNA 分型不能作为区分强奸和自愿性行为的依据。因此，任何 DNA 检测结果都只能被视为 DNA 分析的科学结论。在解释 DNA 分析结论时，应慎重结合犯罪现场分析、模式、检验以及对其他物证的认识等信息。

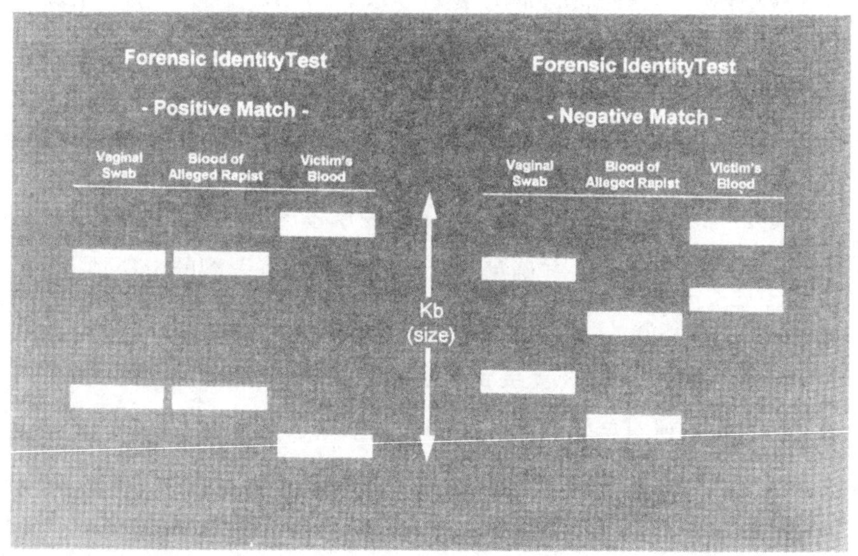

这一结构图表明，人行道上发现的 DNA 与强奸嫌疑人的 DNA 图谱一致

总之，以 DNA 技术科学分析物证，其前提是能够发现、提取、保存和分离出相对未被损坏的高质量 DNA 分子用于分析。尽管 DNA 属于最稳定的生物分子之一，但也存在若干可能限制恢复可供使用之 DNA 的因素，这些因素包括样本的存放时间、环境因素、污染以及在离析程序中使用的方法。现已证实，法庭科学界所研制的方法在绝大多数案件中都能对 DNA 样本进行同一认定。检测工作有时不能得出精准结论，但仍然能够得出假阳性的结论。一旦获得结论，就应当认真解释，在简要解释混合污渍时尤其要认真。特别值得一提的是，我们不能夸大 DNA 分析对刑事司法系统以及法庭科学证据的潜在影响。

美国的初审法院都已接受 DNA 证据，而它们的上诉法院，包括各自的最高法院*，在对基因图谱进行审查后，也已作出支持性的裁判。当辩方质疑 DNA 证据，或者法庭犹豫是否要采纳 DNA 证据时，他们的为难之处一般都在于，所提交之基因图谱在美国总人口中普遍还是稀有。换言之，控方必须根据种群遗传学，阐述 DNA 匹配之意义。

1993 年 8 月，华盛顿州最高法院成为第一家公开赞同对所有性犯罪或暴力犯罪的罪犯进行强制性 DNA 检测的州高等法院。强制检测的目的在于建立一个证实和控诉将来再犯者的 DNA 数据库。现已有 30 多个州制定了类似法律，华盛顿州只是其中之一。虽然反对者认为，这种强制检测纯属浪费资源，它只服务于侦查将来可能发生的犯罪这一个目的，是对隐私权的不必要侵犯，但是华盛顿最高法院在“DNA 检测规范与执法之间搭起了一座理性的桥梁”。除证实有罪外，基因图谱也能用于证实无罪而实现正义。事实上，在有罪指控案件中，大约三分之一的嫌疑犯确实根据 DNA 检测结论而被排除嫌疑。

---

* 美国实行联邦制，各州也有自己的最高法院。——译者注

前已述及，指纹技术也是一项被普通公众、科学家、法官以及法律界其他群体认可的法庭科学技术。不过对于指纹的收集，法庭科学家在增强发现、记录和比对指纹方面仍在不断取得重大进步。潜在指纹是指用放大镜都难以发现的指纹，对潜在指纹必须进行增强显现。在过去这些年里，法庭科学家已经发明了许多显现和恢复潜在指纹的新方法。最近，我们的潜在指纹处理技术已经达到了一个新的阶段，促成了指纹同一认定领域的革命。在潜在指纹显现和指纹同一认定方面已经取得了超过 250 项新技术，此外，计算机图像增强和自动指纹鉴定系统（the automated fingerprint identification system，简称 AFIS）也已用于指纹工作。

德尔伯特·王要我研究 O. J. 辛普森在谋杀案发生数周前购买的那把刀，我后来在报告中指出，我使用氰基丙烯酸盐熏蒸方法在刀面上发现了 14 枚潜在指纹。我在这个处理过程中使用了超强力胶水（superglue）。1982 年，在位于日本的一家军事实验室工作的美军调查人员和本国酒烟火器局（Bureau of Alcohol，Tobacco and firearm）的调查人员都发现，日本的指纹鉴定专家能够用一种新方法显现潜在指纹。他们使用烃基-2-氰基丙烯酸盐（alkyl-2-cyanoacrylate）（即超强力胶水）显现潜在指纹。

对于塑料、绝缘带、垃圾袋、泡沫塑料、复写纸、铝箔、加工或未加工的木材、橡胶、其他金属、玻璃纸、橡皮圈和光滑石头等各种表面的潜在指纹，使用氰基丙烯酸盐熏蒸显现非常有效。显现时使用的设备和材料包括氰基丙烯酸盐和熏蒸箱。熏蒸箱就是一个带有充足通风系统的柜子或其他合适的容器。调查人员先把需要显现潜在指纹的物品放入熏蒸箱，条件允许的话，该物品应自容器顶部向下悬挂，以使其各表面得到氰基丙烯酸盐的充分熏蒸。之后，把 2~3 滴氰基丙烯酸盐置于一个小瓷碟中，然后放入熏蒸箱。随后再让该物品至少熏蒸 2 小时，此时将会出现发白的指纹。以这种方式显现的指纹还需进一步增强，具体做法就是刷常规或磁性指纹粉末，或者用化学方法处理。

使用扇子加速目标表面周边的熏蒸气流以提高接触率，可以将这一过程的时间缩短至 1~2 小时。通过加热的方式加速循环过程，也可以起到缩短 20~40 分钟的效果。调查人员应在装有超强力胶水的瓷碟下放置加热器，或者使用其他方法加热，对该瓷碟施加影响。加热加快氰基丙烯酸盐的聚合过程，促进了单体的挥发，使蒸发更快，从而减少了潜在指纹显现的时间。最后，化学加速方法也能缩短这一过程。化学加速方法需要使用 0. 5M 氢氧化钠、化妆棉或其他具有吸水性的材料。调查人员先准备 0. 5M 氢氧化钠，即把 2 克固体氢氧化钠溶于 100 毫升蒸馏水，然后把干净的化妆棉、棉球或其他吸水材料放入碟中。之后在吸水材料表面滴入 2~3 滴液态氰基丙烯酸盐，再滴入 2 滴 0. 5M 的氢氧化钠溶液。最后，调查人员必须让目标表面熏蒸 30 分钟至 1 小时，直到发白的指纹显现。在现场，调查人员可以使用超强力胶水熏蒸棒（superglue-fuming wand）。阿拉斯加刑事实验室发明了便携式超强力胶水加热棒，犯罪现场调查人员可以将这种便携式熏蒸棒带到所有现场，对汽车、家具、窗户、门，甚至整栋房子进行熏蒸。

法院采纳指纹证据的一个重要前提是，每个人包括同卵双胞胎的指纹都是独一无二的。不过，由于缺乏存在于两枚指纹里、用于作出肯定性比对结论的指纹细节特征最低数量标准，最近“指纹比对”在庭审时遭到了质疑。

本案小结

O. J. 辛普森涉嫌谋杀一案的审判具有里程碑性质的意义。DNA

证据在本案中表现出色，成为特殊的研究材料和判例来源。根据法律，初审法官应排除所有非法收集的证据，否则上诉法院通常会根据辩方在上诉意见中对采纳这类证据之异议而推翻有罪判决。以上均是宪法第四修正案正当程序条款所赋予的权利，刑事辩护律师将这类证据称为“禁果”（the fruit of the forbidden tree）。

至少，警方调查人员对从 O. J. 辛普森身上和犯罪现场所收集的血液证据的处理方式是极为粗糙的。这些血液样本没有得到正确的收集、储存和保管，直接导致证据被污染，不适宜做 DNA 检测。事实上，取自 O. J. 辛普森的已知血量中有 1.5 毫升失踪，这也让人非常不安。再想想从辛普森位于罗金厄姆住宅主卧发现的那双袜子上的血液里以及从邦迪大道一侧大门血迹里检出的乙二胺四乙酸防腐剂，这些异常现象所表现出来的，显然并非调查人员无能那么简单。

辛普森案件之所以成为全国性标志性事件，还有另外几个原因，这些原因中极少是正面的。媒体的不法行为就是其中之一，特别是他们向证人支付金钱，腐蚀诉讼进程。不仅如此，我们还有个喜欢吹嘘的出版商怪物，他指责本案所有陪审员和替补陪审员都试图把书卖给他。另一个问题是在审判之前和审判过程中把实验室检测结果等信息泄露给媒体。此外，本案揭露和加重了国内种族分裂的鸿沟。在罗德尼·金一案后，洛杉矶的种族歧视更加严重。从某种程度上讲，国家似乎还没有从 O. J. 辛普森一案中恢复过来。最后，本案产生了关于允许现场直播之效益的新问题。撇开诉讼初期简短地播出了一名陪审员的脸部画面不谈，如果摄像机后来摄入所有陪审员的脸部画面，那么法院又该怎么办？直播导致后续程序的流审，这样做值不值？对此我很是怀疑。还有一个问题大家已经说得很多了，即在直播时是否应该把证人以及其他直接卷入审判的人摄入其中。

辛普森案件的审判留下了许多值得深思的问题和争议，以上只是其中一部分。我是一名法庭科学调查人员，对我来说，DNA 证据问题是最为重要的。诚如前述，我的工作是调查科学证据和寻求案件真相。我感到非常欣慰的是，世界上绝大多数警察和法庭科学家都有这种想法，而且都有非常高的专业水平和职业伦理素养。随着我们分析、检测和鉴别血液及医学证据的能力不断提高，我们同样必须进一步重视正确处理、鉴别和保管这些通往真相之特殊途径的基本法则。美国司法体系植根于平等保护所有人和让所有人公平竞争之理念，不管法庭科学证据将我们导向哪里，我们依然如故。

第四章

谢尔曼案

给世上最好的伴侣。

——爱德华·谢尔曼送给妻子埃伦的手镯上刻着的铭文

埃伦·谢尔曼（Ellen Sherman）被杀案说明了确定被害人死亡时间的重要性。这是法医病理学讨论的问题，但是直到今天也不能给出确切的答案。普通人都知道，尸体在正常条件下，经过一定时间后会变硬，这个现象称为“尸僵”。此外，尸体的红细胞会在毛细血管和其他身体最低部位的血管中缓慢沉降，呈现出桃红色，此时尸斑开始出现了。有些人甚至还知道尸体四肢变硬是肌肉系统的僵化引起的，而且再过 24 小时左右又会重新变软。但这并不等于说法医学专家就有许多足以说明问题的手段去证实死亡的准确时间。

埃伦·谢尔曼遇害时年仅 38 岁，她的丈夫爱德华·罗伯特·谢尔曼（Edward Robert Sherman）刚过 42 岁生日。这起可怕的犯罪给控方带来了大量难以应对的挑战。埃伦·谢尔曼于 8 月的一个周末深夜被扼死，死时怀有五个半月的身孕。那个星期的周五晚上，她的丈夫离家去了缅因州，和另外 4 个男人一起出海。乍一看，这似乎是一个无懈可击的不在场证据。夫妻俩唯一的孩子，即杰茜卡（Jessica）12岁，当时正在邻镇参加夏令营活动。1985年8月4日，即星期天的黄昏，埃伦的尸体被人发现。当时，有人打开谢尔曼家主卧室门并走了进去，屋子里的空调机冷气被开到最大，进去的人感觉很冷。这种反常的低温会减缓尸体腐烂速度，使法医更难判断死亡时间。后来我们知道，走入谢尔曼家的这位男子是被害人的雇员，而且曾是她的恋人。此时，她的丈夫和同伴正在马萨诸塞州布扎兹海湾（Buzzards Bay）靠近鳕鱼角（Cape Cod）大桥的地方航行和钓鱼。爱德华在一所社区大学教授市场学，和一名女同事长期保持情人关系，还于1984年共同养育了一个孩子。爱德华从帆船上往岸上打了许多电话，他要朋友们帮他找找妻子的下落，因为他没法通过电话联系上她。最终，在妻子死后的星期一上午，爱德华从警察那里得到了妻子的死讯。

星期天晚上，警察抵达谋杀现场，这时的卧室温度与室外温度相差无几，原来，发现现场的证人和被叫到现场的医护人员忘了关卧室门，这就意味着没法证实这间屋子的最低温到底曾达到多少度。但是，还有几种方法可以帮助本案的法医学调查人员确定埃伦·谢尔曼的死亡时间。方法之一就是对被害人胃内容物进行科学调查。与本能的生理和肌肉系统不同，人死后消化活动几乎立即停止。本案中，埃伦的尸体停放在冰冷的房间，她所吃的晚餐包括意大利面、红色海鲜酱（可能是蚌蛤）已经在胃里停留很长时间。检验时，这些食物残留还没有进入她的小肠，而这个过程通常需要5个小时。这是本案极为重要的一个线索，尤其是侦探们后来还在谢尔曼家冰箱里找到那顿晚餐的剩余食物。

我本人在本案中的直接调查工作主要集中在犯罪重建，检查死因、凶器类型、埃伦·爱德华尸体在床上的位置，检验其口鼻流出的液体，以及鉴别在夫妻俩缎质床单上层提取的40处精斑。我还为该州首席法医官的调查工作提供密切配合。

谢尔曼案也展现了警方工作持之以恒的重要性。谋杀案发生后的星期一，当爱德华·谢尔曼第一次接受询问时，警方调查人员就已锁定其为重点嫌疑人。谢尔曼夫妇的婚姻正经历暴风骤雨，埃伦公开对朋友说要和丈夫离婚，他的外遇太多，有桩外遇甚至还让他有了一个私生子。爱德华和埃伦是生意合伙人，但埃伦掌握了主要控制权，对此她在和朋友谈论离婚问题时提到过。而且，随着对爱德华·谢尔曼的艰难调查不断推进，一位十来岁的证人勇敢地站了出来，她说在埃伦死亡当晚偶然听到了爱德华·谢尔曼的一个假装的单向拨出电话。这个证言为控方提供了有力支持。不过，我正在超越自己。

本案事实

爱德华和埃伦于1969年在纽约结婚，埃伦家在长岛，离纽约很近。埃伦·谢尔曼一头黑发，精力充沛，待人友好，很有魅力。她的丈夫身强力壮，谢顶，眉毛粗黑，加上长时间不说一句话，使其整张脸看起来就像是在沉思。这对夫妻于19世纪70年代初搬到康涅狄格州。爱德华·谢尔曼原是纽约布朗克一家中学的老师，选择这份职业，是因为时值越战期间，法律允许这个职业的从业者可以延迟应召入伍。但是，他的暴力倾向在任教纽约时即已有所显现。学校有学生打架，为了制止他们，他曾掐住了一个正在动手的学生的脖子。而且在20世纪60年代初期，爱德华·谢尔曼曾在芝加哥结婚，不过这段婚姻很短暂，并以被判无效而告终，而且他被控殴打第一任妻子。

谢尔曼夫妇于19世纪70年代初定居康涅狄格州，他们在东莱姆（East Lyme）奈安蒂克村（Niantic Village）的黑石区（Black Stone section）买了一栋鳕鱼角风格的双层住宅。黑石区在新伦敦往西约10英里处，是一个非常舒适的海滨社区。房子离长岛海湾的海边不足一英里，他们周边大多数房子都只有夏季才有居民，这些居民买房的目的只是度假。爱德华·谢尔曼在诺里奇（Norwich）的莫西干社区学院（Mohegan Community College）谋了一份市场学教职，上班地点离家10英里左右。因为这份教职，他可以享受暑假以及康涅狄格州丰厚的一揽子福利待遇。有人认为爱德华的智商很高，不过对此没有正式记录。爱德华是门萨俱乐部（Mensa society）* 会员，埃伦以其杰出的组织能力，创造性地经营着夫妻俩开办的"广告图片公司"（Ad Graphics）。

广告图片公司办得很成功，谢尔曼夫妇随后在沃特福德市波士顿邮局路（Boston Post Road）的办公楼里雇用了一些艺术家和其他雇员。办公楼就在奈安蒂克东部的另一处滨海社区。爱德华·谢尔曼成了《房屋展销》（*Showcase of Homes*）的出版商，这本杂志很赚钱而且很有发展潜力，专门刊登新伦敦县许多待售住房的图片、目录和其他细节信息。埃伦·谢尔曼拥有广告图片公司51%的股份，这也是爱德华同意的，因为由妇女经营可以享受现行一些支持少数民族或妇女所有之企业发展的联邦援助政策优惠。埃伦在公司的实际收入比丈夫高，对此她丈夫的解释是，这样可以让夫妻俩获得更多的税收减免。不过，据公司员工说，公司绝大多数工作都是由埃伦完成的。19世纪80年代初，一个名叫伊丽莎白·考尔菲尔德（Elizabeth Caulfield）的女子加入了谢尔曼夫妇的这家公司，但于1984

* 门萨俱乐部是世界顶级智商俱乐部，1946年成立于英国牛津，现已成为世界上最为成功的智商俱乐部，会员超过10万人。——译者注

年离开。1982 年，考尔菲尔德发现爱德华·谢尔曼使用公司名义打理个人银行业务。最后，考尔菲尔德要爱德华·谢尔曼签署了一份承诺书，即他不得再这么干，如果违背承诺，则需向她支付 5 万美元。

虽然已经结婚，但谢尔曼夫妇在生活上不走寻常路。爱德华·谢尔曼有大量婚外情，但埃伦·谢尔曼都原谅了他。例如，19 世纪 70 年代中期，爱德华·谢尔曼的一位前女友夜里醒来时赫然发现他正站在床边盯着她，于是她报了警。虽然没有起诉他，但是这位旧爱说爱德华以前打过她。1974 年，爱德华还被控掐另一位前女友的脖子。1977 年，爱德华开始与莫西干社区学院的一位已婚女同事交往。1978 年，这名已经有了 2 岁儿子的情人与丈夫离婚，与此同时，爱德华督促妻子打掉了肚子里的孩子。邻居琼·罗西特（June Rossiter）* 是埃伦·谢尔曼的密友，她后来陈述，埃伦曾说其在丈夫的催促下打掉过第二个孩子。1982 年，爱德华的这位情人也堕了胎，爱德华后来说是她自己的主意，他也不能肯定自己是否是那个胎儿的父亲。爱德华甚至还撺掇埃伦搞外遇，埃伦后来说自己曾和另外三个男人发生过关系。广告图片公司的雇员莱恩·弗雷德克森（Len Fredriksen）就是她的情人之一，不过他们的这种关系持续时间很短。

除了妻子和情人外，爱德华·谢尔曼的“爱心”继续泛滥，而这两个女人似乎都能容忍。1984 年初，他的情人怀孕，并在 11 月份生下了爱德华的女儿。埃伦·谢尔曼梦想着能多生几个孩子，但她的丈夫则极力反对。爱德华又有了孩子的消息让埃伦感到非常不舒服，最终她获得丈夫同意，再要一个孩子，前提是埃伦同意承担抚养孩子的所有必要工作。1984 年 12 月，埃伦让医生取出了体内的节育环。

埃伦·谢尔曼与丈夫的情人碰过几次面，有一次是在旧莱姆（Old Lyme）一家餐厅喝咖啡，两人还进行了交谈。不过，埃伦此时对这名情人在其丈夫生活中的角色已经很坦然。1985 年的头几个月，埃伦有次怀疑丈夫正在这位情人家中，于是给她家打了电话，还说即将拥有自己的孩子了。这位情人住在格罗顿（Groton），而格罗顿位于奈安蒂克东面，处于新伦敦的东部地区。4 月 2 日，这对夫妻的女儿杰茜卡突然从家里跑了出来，不过只在外面待了几个小时就回去了。这一幕很有可能是其父母亲日益紧张的关系造成的。

这两个女人与爱德华·谢尔曼之间的争吵在升级。情人开始给爱德华下最后通牒，要么和埃伦离婚，要么和自己断绝关系。爱德华表示愿意从经济上帮助抚养情人的女儿，并制定了其可以去看望这个孩子的时间表。因怀孕而倍感欣喜的埃伦也开始给爱德华施加压力，要他经常回家，承担一个父亲和丈夫应尽的责任。1985 年 6 月 16 日是父亲节，爱德华和埃伦之间爆发了一场家庭战争，并持续了一整天。（正如我们之前看到的，对于麻烦不断的婚姻而言，假期往往会成为夫妻摩擦的催化剂）。爱德华把横在墙角的一台破电视砸到墙上，打翻了立体声音响，还从楼梯扶手掰下了一根松动的栏杆。他对妻子大发脾气，说她把家里弄得一团糟。两人的打斗导致埃伦阴道出血，次日应到其医生的诊室做羊膜腔穿刺术的预约也被迫推迟。密友兼邻居桑德拉·赖特（Sandra Wright）目睹了这场历时很长的可怕战争的关键阶段。接下来的星期一，埃伦的雇员发现其在室内也戴着墨镜，脸上化妆也比平时更浓。埃伦很受办公室职员的欢迎，但在那天这些职员们发现她不时抹眼泪，有个职工还说自己在埃伦身边待了一个小时，期间埃伦的双手一直在抖动。爱德华·谢尔曼的家庭暴力行为并不只针对妻子，他的情人后来也说，他曾踢过她的脑袋。

经历父亲节的大战后，埃伦与爱德华的关系开始破裂。随后的数日，埃伦命令丈夫从家里滚出去。当时，她怀疑丈夫正在其情人家中，某天埃伦带着丈夫的衣服和包裹来到格罗顿，想在这里相互做一个了断。期间，这位情人告诉爱德华，她希望其立即做出离婚决定，并且在他决定永久性结束其现在的婚姻之前，两人不要再见面。爱德华随即问道，一旦他恢复单身，她是否“还在那儿”等他，她表示要认真考虑考虑。接下来的这个月，这位情人邀请两名房地产经纪人对其位于格罗顿的房子进行估价，准备出售。

爱德华·谢尔曼热衷航海。那年春天的早些时候，埃伦和他共同购买了一艘帆船。和埃伦闹翻后，他决定住在船上。几周后，埃伦同意丈夫回家，爱德华向其保证，他已经决定断绝与情人的关系，但会去看望自己与情人生的女儿。爱德华有个堂姐住在康涅狄格州北部的托兰（Tolland）。6月底，她与谢尔曼夫妇共度了一个周日，期间还去参观了他们的新帆船。她后来说，夫妻俩在一起显得非常开心，甜蜜得“像新婚夫妇”。

埃伦·谢尔曼喜欢写作，有本小说已经写了几个月。小说里谈到一个丈夫在外面有情人，他杀死了妻子，将空调开到最大，把她的尸体留在家中，然后锁上房门扬长而去。埃伦实际上从未给丈夫看过这部小说，但她的女儿杰茜卡从母亲的电脑里将这部小说打印出来，并给了埃伦住在佛罗里达州彭布罗克派恩斯（Pembroke Pines）的母亲罗丝·库珀（Rose Cooper）太太。

7月，埃伦·谢尔曼又开始怀疑丈夫仍会去陪他的情人，她的怀疑后来被证明是正确的。此刻的她逐渐向其密友们（包括莱恩·弗雷德克森，她上班时对他说过）吐露心声，称其对丈夫的行为已经失去耐心，打算和他离婚。她曾对密友们说：“我可以照顾好自己和我们的孩子。”埃伦还道出了一句实话，即离婚时她会要走公司、夫妻俩的房子以及孩子的抚养费。用她的话来说，“一分钱都不留给他”。爱德华·谢尔曼和他的情人此刻正在为自己找房子，他们去看了一套房子，那儿是新伦敦最为古老且风景最为优美的街区之一。埃伦和丈夫一道研究如何卖掉广告图片公司，两人还邀请一位产业经纪人帮忙，想评估出一个理想的价格。埃伦问经纪人，出售公司时能否开出两张支票，她和丈夫各拿一张，经纪人回答说有可能。爱德华·谢尔曼后来说，就其本人来说，他非常赞同这种做法。不过，他的说法与夫妻俩和经纪人之间达成的协议相矛盾。根据协议，只要达到夫妻俩的出售条件就把公司卖掉。爱德华后来还发表过一份否定声明，说自己不太情愿和情人一块看房子和买房子，而他去也只不过是为了哄售楼部的人高兴而已。

爱德华·谢尔曼热衷于航行，他和一群水手处得非常好，偶尔还会聚在一起，帮一个船东把船开回新伦敦地区。7 月，四名帆船爱好者和爱德华决定开车到缅因州的罗克兰（Rockland），共五小时路程，然后驾驶一条 32 英尺单轨纵帆船返回。他们选定的出海时间是 8 月 3 日，星期六的上午。

快到 7 月底时，两人时好时坏的夫妻关系似乎要好转了，这和爱德华·谢尔曼与其情人之间的关系形成鲜明对比。不过，7 月 31 日，由于身体不适，爱德华的情人让他来接其下班，并开车把她和两人的女儿送回家，爱德华照办了。他为一家人准备好晚餐，然后向她借了些钱，打车回学院取自己的车，然后开车回家。这一周早些时候，谢尔曼夫妇的女儿杰茜卡去邻近的切斯特（Chester）参加为期 10 天的儿童夏令营。

埃伦对丈夫在 7 月 31 日的晚归没什么反应，但对其打算于 8 月 2 日，即接下来的星期五离家参加航海聚会感到非常不满，因为那天正是爱德华的 42 岁生日。8 月 2 日，埃伦上午上班，中午在东莱姆一家餐馆凑合了一顿午餐（一个烤奶酪三明治），然后与丈夫一道去韦斯特布鲁克（Westbrook）的基督教青年会（Young Men's Christian Association，简称 YMCA）泳池游泳，这个地方在他们家西边 15 公里处。下午 3 点左右，他们返回家中。大约 4 点，有位邻居看见埃伦穿着一条黄卡其布短裤在外面遛狗。星期五早上起床时，埃伦递给丈夫一张生日卡，卡封面上有两道鲜艳的红唇印。埃伦问他："你知道这张卡是谁送你的吗?"在生日卡里面，同样有一行鲜艳的红字对此做了回答。埃伦在卡内写道："你最好猜猜，是谁?"那个下午晚些时候，埃伦散完步回到家，送给丈夫一份生日礼物，是她在两天前购买的奶昔制作机，之后两人分享了一份巧克力奶昔。

生日当天，爱德华往杰茜卡的营地寄了封信，说她的父母想念她。信中承诺，埃伦星期六会去看她。星期五这天，爱德华还有两次后来被证明非常重要的谈话。他和一名航海同伴即埃弗里特·西蒙（Everett Simon）的女儿安妮塔·西蒙（Anita Simon）聊了会儿天。安妮塔才十几岁，在其父亲位于东莱姆的五金店上班，她和爱德华闲聊以往的老电影。谈话时，爱德华问安妮塔是否看过家庭影院（HBO）昨晚首映的新电影《黑暗降临》（*the Blackout*）。安妮塔没看过，于是爱德华向其简要介绍了故事梗概。这部电影主人公是商人埃德（Ed），他有天晚上在家里杀死自己妻子和孩子，然后把屋子里的空调开到最大，以便在接下来的周末延缓尸体的腐败。

爱德华·谢尔曼碰巧在奈安蒂克邮局外遇到了邻居查尔斯·赖特（Charles Wright），第二次交谈就发生在他们之间。查尔斯·赖特的妻子桑德拉·赖特是埃伦的密友，她目睹了发生在父亲节的那场"战争"。查尔斯·赖特告诉爱德华，他们夫妻俩周末准备去新泽西州，然后到曼哈顿。爱德华于是回到车上，拿了一份新泽西道路交通图给他。事后证明，爱德华离家后以及正在航行途中打给赖特夫妇及其他人的电话对于控方来说非常重要。

星期五晚饭后，爱德华·谢尔曼又干了几件奇怪的事。晚上 7 点后，在等待一名航海同伴米勒（Mueller）前来接他时，爱德华驶出自家车道，缓慢地沿着街道斜坡前行。他在 100 码开外的地方遇到了来自纽约黑斯廷斯（Hastings）、正和家人一起散步的邻居查尔斯·冯克拉克（Charles VonKrack）。冯克拉克之前见到埃伦·谢尔曼牵着狗散步。爱德华把车停在路中间，然后友好地与冯克拉克一家闲聊。在过去的几个夏天里，冯克拉克与埃伦·谢尔曼说过很多次话，但爱德华从未跟他们招手示意或者点头打招呼。交谈结束时，米勒的车驶近，爱德华调转了车头。之后，他把车开回自家车道，下了车打开后备厢，拿出航海包并把它塞进了米勒的车里。

爱德华上车时没有戴自己常用的有色飞行太阳镜，次日早晨，他在缅因州弗里波特（Freeport）的 L. L. Bean（Leon Leonwood Bean，简称 L. L. Bean，美国著名户外用品品牌）专卖店买了一副相同的太阳镜。爱德华在回答米勒询问时说，他的妻子太忙，所以没出来说声再见。这让米勒感到很奇怪，因为在他看来，这不像埃伦的风格，她通常都会非常友好和亲切地出来打招呼并祝他们一路顺风。爱德华·谢尔曼的衣着打扮也显得很怪异，他下身穿一条长裤，上身穿着一件袖口已经扣住的长袖衬衫，而另外四名成员都穿着短裤和短款夏装。

爱德华·谢尔曼曾催促米勒和其他远足的成员尽可能早一点动身。这支团队原本打算晚上 10 点左右离开，这样黎明后不久就能赶到罗克兰，因为他们准备驾驶的船要到早上 8 点才能拿到。米勒等人一开始把出发时间提前到晚上 8 点 30 分，接到爱德华后，在他的一再催促下，又把时间改为 7 点 30 分。爱德华又说服米勒绕道去了趟奈安蒂克码头，他的帆船就泊在这儿。到了码头，爱德华花了点时间检查了一下船锁和电池。之后，两人顺原路返回，接上另一名队员，并且在法定的晚上 8 点打烊时间之前赶到一家酒类零售店，买了些啤酒。三人继续来到比尔·奥尔布赖特（Bill Albright）家，接上最后两名同伴。事后证实，在奥尔布赖特家，爱德华干了些令人匪夷所思的事。

比尔·奥尔布赖特住在旧莱姆，开了一家专门修理外国汽车的汽车维修店，他有个女儿名叫杰米·奥尔布赖特（Jamie Albright），当年才 8 岁。爱德华·谢尔曼等人到达她们家时，奥尔布赖特太太正与婆婆在长途电话中聊一位亲戚的病情。爱德华刚一到就问能否马上用一下电话，因为他有些非常重要的事情要打电话对妻子说。杰米当时在隔壁房间，她也想给一个朋友打电话。奥尔布赖特家打电话有个“先来后到”的习惯，因此当爱德华开始打电话时，杰米非常生气。平时就喜欢偷听妈妈打电话的杰米也拿起了分机，她听出爱德华在唱独角戏、自言自语，而电话线那一头的回音只有电话拨通的铃声。

爱德华·谢尔曼挂电话前的最后几句话是：“如果需要什么，就去找邻居帮忙。我们马上就要出发了……亲爱的，拜拜……我也爱你。”他说这几句话时，就如同电话那头有人在即时应答一般。但是，杰米·奥尔布赖特在此期间所能听到的只有电话振铃的信号声。水手们驾车走了，5 小时后，他们抵达缅因州。早上，他们先到 L. L. Bean 的连锁店购物，然后登船。在帆船行驶过程中，爱德华又用船上的无线电话尝试联系他的妻子。他说，他得把自家帆船的船锁密码告诉妻子，让她去看看自己是否忘了关闭船上电源。谢尔曼夫妇购买帆船时，商家为方便夫妻俩记忆，已经把密码设置得非常简单。船锁密码和这艘船的注册号码相同，而注册号码则非常醒目地印在船头两侧。到了星期六晚上，他们的船驶入马萨诸塞州格洛斯特（Gloucester）海港。五人跑到一家海鲜餐厅吃晚饭，而爱德华再次说要去给妻子打电话，但没人接。

在这个周末，并非只有爱德华·谢尔曼一人难以和他家里通上电话。早在星期五晚上 6 点 30 分，即爱德华离家一个小时前，打给埃伦·谢尔曼的电话就无人应答。埃伦的哥哥弗兰克·戈尔茨坦（Frank Goldstein）住在长岛的亨廷顿（Huntington），他刚接到妹妹的一封信，于是想打电话给她，聊聊信里所写的事情，但没人接听。之后，戈尔茨坦每隔半小时拨一次埃伦的电话号码，直到晚上 10 点还没人应答后才放弃。接下来的星期天，爱德华开始向其同伴表露出对埃伦下落的担忧，并且又从船上打了好几通电话。其中一个电话是打给赖特家的，想确认埃伦是否在他们那儿，尽管他在之前的星期五就已经得知，这家邻居整个周末都不在镇上。

天一黑，爱德华·谢尔曼就给另一位邻居琼·罗西特打电话。罗西特也是埃伦的密友，她对爱德华极不感冒，也不喜欢他经常贬低、随意摆布埃伦的做法。金发碧眼的罗西特来自新奥尔良，是一名乡村歌手，艺名叫做梅丽莎·塔夫脱（Melissa Taft）。爱德华对罗西特说，他联系不上埃伦，因而有点不安。根据罗西特的说法，爱德华要她去自己家里看看埃伦在不在，但爱德华后来否认自己曾有过这样的请求。罗西特没去，但她给埃伦的同事莱恩·弗雷德克森打了电话。弗雷德克森也住在东莱姆，他同意开车到谢尔曼家去查看一下。弗雷德克森很担心自己的朋友，他与埃伦的最后一次交谈是在之前的周四，地点就在办公室，她红肿的双眼表明其曾哭了很久。他问她出什么事了，而她的回答是："我得和你谈谈。"这是他从她那儿听到的最后一句话。

莱恩·弗雷德克森沿着公园球场（Park Court）径直来到谢尔曼

家。尽管里里外外都有灯光而且能听到空调运转的声音，但按门铃却没人应。他随即在房子周围走了一圈，透过窗户往里看，想确认埃伦是否在家。他发现，起居室的窗帘被拉上了，这有点不正常。在敲打窗户，试过里面没有反应之后，弗雷德克森撬开门廊的一扇纱窗，通过窗户爬进屋内。他穿过门厅和厨房，发现地板上摆着一摞报纸，报纸上全是狗屎。弗雷德克森越来越觉得不对劲，他顺着房子中间的楼梯拾级而上，敲了敲主卧的房门。他没听到什么声响，于是轻轻推开房门，立即有一股房内空调全力送出的冷风扑面而来。透过泛灰的灯光，他看到埃伦脸朝上、赤裸着身体躺在床上。弗雷德克森走上前，试了试埃伦的脉搏。就在此时，电话响了，他拿起了电话。电话是爱德华·谢尔曼的母亲沙莱·谢尔曼（Charlet Sherman）打的，她住在佛罗里达的马尔盖特（Margate）。弗雷德克森只说了句“有急事，我没法说”就挂断了电话，他旋即拨打了911报警电话，寻求东莱姆警方和医护人员的帮助。之后，他致电琼·罗西特，向其通报这个可怕的消息，而罗西特回复说她马上就赶过来。她不到5分钟就到了，当时弗雷德克森正坐在屋前台阶上，头耷拉着，双手抱头。一见到罗西特，他就说道：“琼，她离开我们了。”

本案的侦查

1985年8月4日星期日的晚上，我在家接到电话后立即放下手头正在做的事，起身前往犯罪现场。犯罪现场离我家将近一个小时车程。妻子宋妙娟与我结婚已达38年，她早已视这类突如其来之事为家常便饭。我初遇宋妙娟时就是台湾的一名警长。我前面已经说过，碰到这种事情，无论白天黑夜，无论刮风下雨，我都得迈出家门。这只是我的分内之事，她对此再清楚不过了。

当我步入谢尔曼家时，主卧里已经有许多警察、侦探和医护人员，房间内已经不是特别冷，因此我没有莱恩·弗雷德克森打开房门时的那种感觉。医护人员进屋后没有关上房门，房子其他地方的热气流入了这间卧室。我望向床，只见埃伦·谢尔曼挺着大肚子仰卧在床上，全身赤裸，颈部两道很深的红色索沟清晰可见。我发现，她脖子上带着的项链断了，珠子散落。床侧有一条被撕破的蓝色比

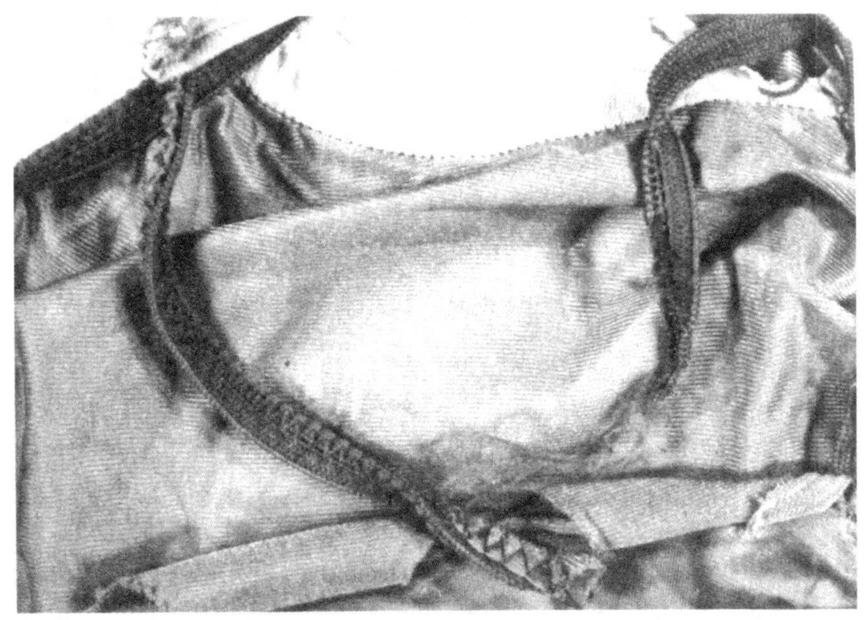

谢尔曼卧室床边地板发现的一条被撕裂的内裤，在橡皮圈内可见圆齿状

基尼款内裤，是埃伦的，已经被扯变形了。我还在床侧找到一件文胸和一条白色衬裤。她的颈部还有一道更细的摩擦痕迹，而且明显已经破皮。

谋杀现场——谢尔曼家外视图

我掏出大号放大镜和激光器材，开始仔细研究整个谋杀现场，尤其是脖子上的伤口和床单上的污渍。在进一步仔细检查那条被扯变形的内裤时，我注意到了内裤橡皮圈在被害人腰部留下的印痕。我把这道印痕与被害人颈部发现的那道摩擦痕迹进行了比较，它们非常相似，但腰带痕迹明显比颈部发现的痕迹要窄一些。人们在这种时候很容易会得出一个结论，但我始终反对这么做。我需要把这条内裤带回我们位于梅里登的法庭科学实验室，以便对这两种痕迹进行细致比对。不过，我认为，在这起谋杀案中，这条内裤极有可能被用作绳索。我同样相信，凶手也用他的双手掐过被害人，这可以解释那两道红色的索沟。经过对被害人内裤的检查，没有发现血迹或精液类物质。

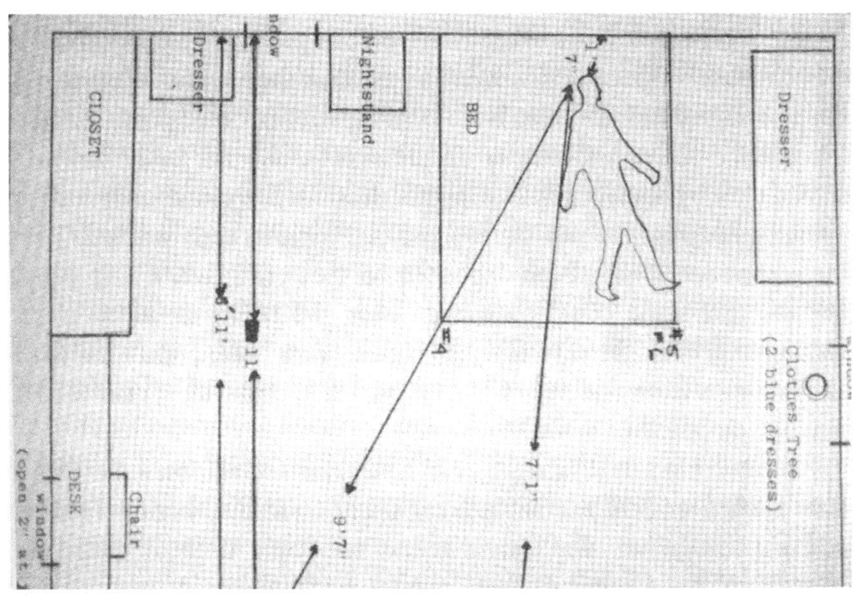

主卧的犯罪现场图：被害人陈尸床上

在仔细勘查犯罪现场并寻找转移证据痕迹时，我也特别关注那些我以前没有见过或者经历过的东西。人死一段时间后，尸体会开始出现变化，整个变化过程会传播出有价值的信号，例如尸体表面发臭和褪色。我在埃伦身上没有发现这类现象，正常情况下，我也不会考虑被害人死亡已经超过两天。不过，我听到汇报，称这间卧室最初进来时非常冷，于是我立即改变了对死亡时间的估算。尸体处于低温条件下，如置于冷藏室时，其腐败速度要远低于夏季正常温度下的尸体（参见本章文末关于法医学确定死亡时间方法的阐述）。

我非常认真地检查了床单，上面有尿渍、唾液和黏液斑。有些唾液处于仰卧的尸体的身下，我还注意到有一道白沫从其口鼻处流出。上层缎质床单上有40处像是精斑的污渍，但没有证据表明死者遭受过性侵犯。在检验尸体本身时，我发现尸体还很僵硬。（参见本章文末所介绍的法医学对这一现象的讨论。）在我看来，很明显，被害人被人掐脖子，至少有一次在被害人脸朝下时是从后往前掐，导致唾液和黏液直接留在了床单上。在其死后，有人把尸体翻了过来。经过进一步检验，可以发现一些精斑显然被洗过。因此，精斑有可能已经留在床单上很长时间了，有些可能还是手淫时留下的。审判过程中，辩护律师詹姆斯·韦德（James Wade）问我："这些精斑来自同一个人吗?"我的回答是："我办不到。韦德先生，也许你可以。"

次日上午7点，曾任州首席法医官的凯瑟琳·高尔文（Catherine Galvin）博士抵达现场，开始进行现场调查。高尔文博士最初估计的死亡时间是在8月2日即星期五的晚上10点至8月4日即星期天的上午7点之间。不过，考虑到谋杀案现场的低温条件，根据她随后的解剖检验，经过长时间的讨论，并在对这个问题推敲数月后，高尔文博士修改了她的估算，把死亡时间确定为8月1日即星期四的早上7点至8月3日即星期六的早上7点之间。这就意味着爱德华·谢尔曼可能有足够的作案时间。尸检过程中，高尔文博士在被害人体内找到了未消化的最后一次饮食，即前面提到过的意大利面和海鲜酱。这表明，在正常室温条件下，埃伦·谢尔曼死亡时距离其最后一餐不会超过5个小时，这也是吞下的食物残渣进入小肠所需要的时间。（参见本章文末对法医学的讨论。）起初高尔文博士还认为被害人的文胸是杀人凶器，不过她后来修正了这一观点。随着新证据的出现，修正先前看法是非常正常的。

州警东部重案支队（Eastern Major Crime Squad）获邀协助东莱姆警方调查本案。侦探们对谢尔曼家的房子和院子进行拍照和细致搜索。在扣押物品中有一副飞行员款式的有色太阳镜，警察还找到了一份当地报纸《布莱克波因特人》（*the Black Pointer*），投递员将其卷成一卷放在屋前纱门把手内，这份报纸是星期五晚上发行的。星期一一大早，警方与正在海上的爱德华·谢尔曼取得联系，命令他使用发动机动力将船驶往位于马萨诸塞州木洞（Wood's Hole）的海岸警卫队基地。爱德华把妻子的死讯告诉感到有些莫名其妙的同伴们。星期一早上约 9 点，船停靠码头，等在那儿的州警侦探将爱德华带入一个房间实施讯问。

执行首次讯问的是州警威廉·西德纳姆（William Sydenham）中尉和侦探迈克尔·迈尔奇克（Michael Malchik）。迈尔奇克试探爱德华·谢尔曼，如果调查人员在他妻子的指甲内找到他的皮肤软组织，那么他会如何解释。爱德华回答，他忘了告诉警察，埃伦·谢尔曼曾经挠过他的背。两名侦查员在爱德华的腕关节发现了两道很深的抓痕，之前被他航海时穿的衬衫长袖挡住了。两名侦查员还注意到，爱德华知道他的妻子被人扼颈，而侦查员实际上并未向其透露这一信息。爱德华的四名同伴很快就重获自由，并获准继续驾驶船只前往新伦敦。爱德华则被直升机送往格罗顿机场，然后被带到他家中。州警继续对其进行讯问，很明显，尽管他周末去航海了，但打一开始他就是首要嫌疑犯。

回过来看奈安蒂克的布莱克波因特地区。警方调查人员一直在认真搜索附近地区的垃圾桶，他们在邻居家的垃圾桶里找到了两件属于爱德华的东西：谢尔曼家新帆船的一张出售单；爱德华写给一位正齿医生的作废支票，票面金额是 550 美元，这笔钱本应支付杰茜卡的牙箍费用的余额。警方猜测，爱德华之所以扔掉这张票面日期为 8 月 2 日的支票，是因为他明白，他的女儿今后将搬到佛罗里达州与其外祖母罗丝·库珀一起生活，他没有必要再兑现这张支票；杰茜卡确实在不久后就被送到了佛罗里达州的外祖母家。8 月 5 日，星期一，爱德华·谢尔曼没有去夏令营看望他的女儿，也没有打电话宽慰她。埃伦·谢尔曼的尸体被发现后，杰茜卡·谢尔曼已于星期一早上单独得到通知。不过，爱德华给在佛罗里达州的母亲打了电话，据爱德华所述，她没有提及曾在周日晚打过电话到他家并且与一个奇怪的男子有过短暂的交谈。

星期一下午的晚些时候，警方允许爱德华·谢尔曼使用其房子。不过，侦探迈克尔·迈尔奇克于星期四执行了一次搜查，扣押了冰箱里的食物和洗碗碟机里的盘子。从星期一到星期四之间有三天间隔，辩方后来对此提出质疑，认为证据的保管链已经断裂，冰箱里提取的意大利面和红色蛤蚧油不能作为证据采纳，因为它可能是发现尸体以后被人放进去的。在实际的审讯过程中，这个问题成了法律争议的战场。警方在搜查时没有找到爱德华的通讯簿和文件夹，不过这份文件夹后来又出现了。

本州所有重要媒体均对埃伦·谢尔曼的惨死给予了极大关注，并做了非常详细的报道。爱德华·谢尔曼的四位同伴结束了海上航行，他们认为爱德华有可能是凶手。8 月 22 日，爱德华聘请哈特福德的詹姆斯·A. 韦德为其辩护律师，这是康涅狄格州最出色的辩护律师之一。韦德律师在本案中还得到了其同事丹尼尔·沙利文（Daniel Sullivan）的大力支持。警方对本案非常重视并十分卖力，询问了多达两百名潜在证人，谢尔曼夫妇充满暴风骤雨的婚姻生活是询问的重点内容。期间，侦探们来到我在梅里登的办公室讨论案情，要求进行犯罪现场重建。我审查了案情，根据埃伦·谢尔曼已经怀孕的事实，提出应调查谁是胎儿的父亲。不过，在最初的尸检时并没有提取任何胎儿组织。经与新伦敦县首席州检察官 C. 罗伯特·萨蒂（C. Robert Satti）会商，警方决定对胎儿进行血清学分型检验，使我们能够实施亲子鉴定。10 月 11 日，凯瑟琳·高尔文博士让人挖出埃伦·谢尔曼的尸体，对被害人体内的死胎进行了解剖。她发现，胎儿已经部分腐烂，组织开始溶解。我也在解剖现场收集胎儿的骨骼，并对胎儿进行检查，这些骨骼被送到我的实验室做进一步的血清学分析以确定其父亲的身份。

控方团队由罗伯特·萨蒂及其高级助理州检察官凯文·T. 凯恩（Kevin T. Kane）领衔，他们在争辩要不要以两项谋杀罪（即埃伦·谢尔曼和她所怀的胎儿）起诉凶手。这个问题很有必要，因为如果两项罪名成立，对被告人将意味着死刑或终身监禁。由于胎儿还不足六个月，被认为还无法离开母体独立存活，因此，第二项指控不能适用。

埃伦·谢尔曼的母亲后来说，在其女儿死后一段时间举行的葬礼期间，爱德华·谢尔曼似乎不太伤心。的确，爱德华很快就跑去和他的情人以及情人的两个孩子住在了一起。1986 年，这位情人卖掉了格罗顿的房子，与爱德华一起又在旧塞布鲁克（Old Saybrook）买了套房。旧塞布鲁克是长岛海湾一个环境优美的老城镇，刚好横跨从新伦敦县流出的康涅狄格河河口。后来，他们在这里又买了套房。本案首要嫌疑犯的这种行为，促使警察和检察官们加紧调查工作。还是在 1986 年，作为妻子遗嘱执行人的爱德华·谢尔曼继承了夫妻共同财产 173 000 美元，以及人寿保险死亡抚恤金 76 500 美元。经过协商，爱德华同意从中拿出 15 000 美元支付给埃伦·谢尔曼的母亲罗丝·库珀太太。

1986 年，对这起谋杀案的调查工作提交一人大陪审团，大陪审团的调查是在绝对保密情形下进行的。约瑟夫·J. 珀蒂尔（Joseph J. Purtill）法官主持了这次费力的调查活动。他传召了数十名证人到庭陈述，我也在其列。由于珀蒂尔法官同时也是一名审判法官，因而大陪审团的调查工作只能围绕着珀蒂尔法官繁忙的开庭时间表见缝插针，导致这次调查持续将近两年才结束。

1986年，爱德华·谢尔曼拒绝出售公司，不承认他和妻子与经纪人业已达成的协议，经纪人随即起诉爱德华并胜诉。但爱德华上诉，一审判决被推翻。爱德华最终于1991年售出广告图片公司。公司出售协议问题并不是爱德华所遭遇的唯一法律麻烦。大陪审团调查贯穿1987年全年，在此期间，爱德华找到其先前一起航海的同伴斯坦利·米勒（Stanley Mueller），而后者即将要出庭作证。爱德华要米勒说，当米勒把车停在屋前接他的时候，起居室的窗帘是拉起的。他还要米勒说，他没有听到空调运转的声音。搞笑的是，后面这个要求本来就是成立的，因为米勒并没有下车，离房子的距离较远，压根就听不到空调的声音。米勒举报了爱德华要其篡改证言的企图，而约瑟夫·珀蒂尔法官严重警告了爱德华，命令他最好不要再干扰任何证人作证。

1988年，迈克尔·迈尔奇克离开州警进入法学院工作。作为一名侦探，因为初抵犯罪现场时没有记录主卧室的温度，迈尔奇克遭遇到了一些同事的严厉批评。这间房里有一支温度计，当调查人员到达现场并注意到它时，它显示的是正常的室温。考虑到低温的主卧与处于夏季炎热条件下的房子之间的空气流动会非常快，因而不管这间卧室房门敞开的时间是长是短，我们所读到的温度记录实际上都是无效的。迈尔奇克在接下来的数年里一直致力于本案的调查，在这起谋杀案调查期间，他是警队最具奉献精神和最为睿智的侦探之一。在20世纪80年代早期，连环杀手迈克尔·罗斯（Michael Ross）犯下一系列针对十余岁少女的强奸杀人案件，迈尔奇克侦探因参与该系列案件的侦查而赢得了广泛的赞誉。

本案辩护律师詹姆斯·韦德是本州最好的辩护律师之一，他办案老练圆通。曾长期担任公职且表现出色的本案检察官罗伯特·萨蒂则是一位非常细心和谨慎的律师，他现在正在享受退休时光。一些庭审旁听者用“斗牛犬”的绰号形象地概括了他为追求正义所作出的热切且艰苦的努力。罗伯特·萨蒂也是我的好友，这是多年共事锻造出来的关系。他的首席助理凯文·凯恩也是一位工作勤奋的优秀律师，同样是我们的好朋友。在首席调查员托马斯·W. 维安（Thomas W. Viens）的协助下，控方继续对本案实施了长达两年的调查。1990 年 3 月 20 日，控方团队以爱德华·谢尔曼涉嫌杀害其妻子而对其发出逮捕令。罗伯特·伯恩斯（Robert Burns）法官起初规定的保释金为 15 万美元，不过次日即在辩护律师詹姆斯·韦德的要求下减为 75 000 美元。爱德华·谢尔曼当天取保并被释放，但他办理了停薪留职手续，暂离其在莫西干社区学院的教职。

爱德华·谢尔曼被捕后不久，与家人同在车上的杰米·奥尔布赖特通过车载收音机听到了这个消息。她告诉父亲和继母，她认为自己手里有关于本案的证据，并说起了 1985 年 8 月 2 日晚上自己听到的那个奇怪的单向拨出电话。杰米的陈述充实了控方的证据，坚定了他们解决本案的决心。

1990 年 6 月，约瑟夫·Q. 克莱斯奇（Joseph Q. Koletsky）法官主持了一场合理根据听证会（probable cause hearing）。听证会在新伦敦县高级法院大楼（the New London County Superior Court House）召开，距离长岛海湾很近。这次听证会的目的是确定是否要以杀害其妻子为由而将爱德华·谢尔曼提交陪审团审判。6 月 19 日，我出庭作证。这次听证会持续 14 天，我出庭算是比较早的。我在庭上提交了关于谋杀现场的 36 张彩色幻灯片、被害人被撕裂的内裤和其他证据，并据此对案件于何时以何种形式发生等进行重建。爱德华没有观看这些幻灯片，用他的辩护律师詹姆斯·韦德的话来说，是因为爱德华之前从未见过画面上的这些场景。我的作证时间长达 6 个小时，在此期间，我提出了自己的看法，即这条内裤被人从被害人身

上扯下，然后被用作将被害人勒死的绳索。幻灯片清晰地呈现了埃伦·谢尔曼喉头的三道狭长的红色擦伤。之后，我把这条内裤橡皮

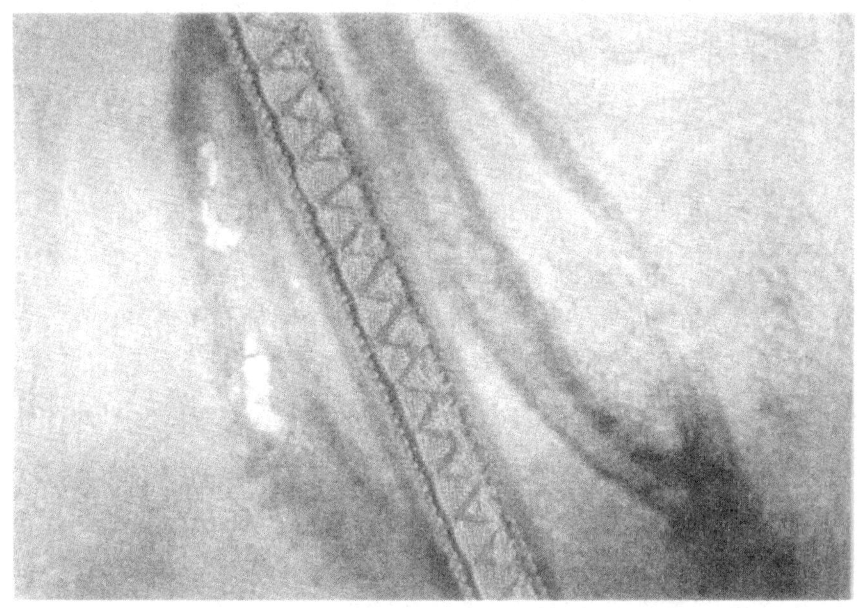

将这条弹力内裤与埃伦·谢尔曼颈部索沟比对，显示出相同的形态和明确的特征

圈上带有圆齿的人字形痕迹与我们在被害人颈部发现的类似痕迹进行了对比。我的高级助手伊莱恩·帕格利亚诺与我一起对这些痕迹进行了显微镜观察并做了精细测量。我们认为，被撕破的内裤实际上就是把被害人勒死的绳索。

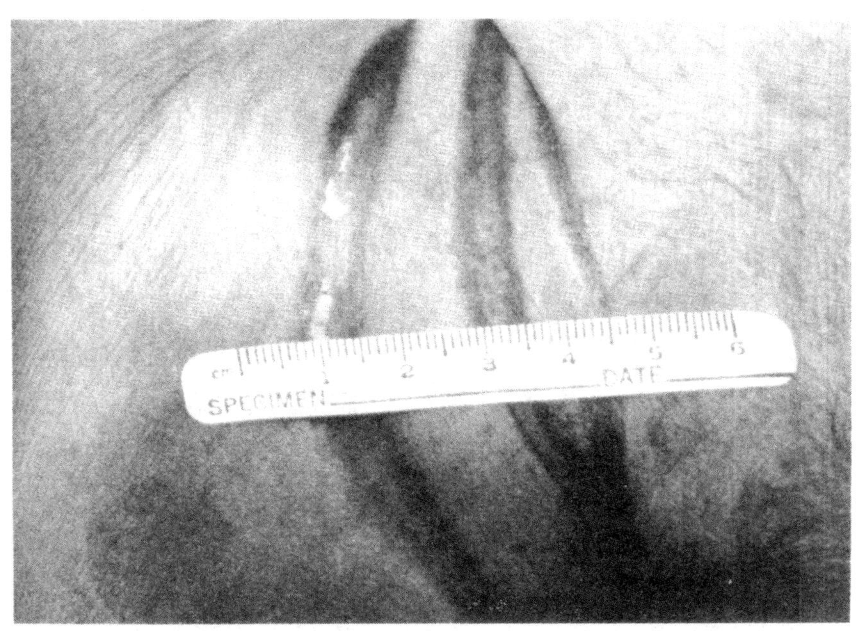

埃伦·谢尔曼被绳索和手扼颈而死，尸检时发现了3道平行的索沟

辩护律师詹姆斯·韦德对我的证言提出质疑。他援引了凯瑟琳·高尔文博士于1985年提出的观点，即凶手是用埃伦·谢尔曼的文胸将其杀死的。我对此的回答是，所有法庭科学家都有权表达他们自己的观点。法庭科学家的结论是否可信，取决于评估结论的法官和陪审团。我提交给法庭的是我自己的科学调查结论，代表着我的个人观点。我在作证时还提及床单和被害人内裤上的精斑，但我同时指明，没有证据证明存在性侵犯。当天晚些时候，前任州警侦探迈克尔·迈尔奇克播放了一盘犯罪现场录像带。录像显示，谢尔曼家撒满一地的报纸上到处都是狗屎，被打翻的花盆上全是灰尘。听证会期间，还有其他数十名控方证人到庭。约瑟夫·克莱斯奇法官随后宣布休庭，经审慎考虑案情，他最终裁定爱德华·谢尔曼应以一级谋杀罪接受审判。[27]

本案的审判

1991年11月4日，星期一，爱德华·谢尔曼涉嫌谋杀一案开始审判，由罗伯特·C. 鲁巴（Robert C. Leuba）法官主审，鲁巴法官因其公正、严谨和尽责而享有盛誉。陪审团起初由八男四女组成，另有四名替补陪审员。在陪审员遴选过程中，控辩双方都很谨慎，力图选出没有因媒体对本案的广泛关注而受影响的陪审员。控方最希望的是能够找到倾向于在谋杀案中认定被告人有罪的陪审员，而辩方则更关注如何选出对有外遇之丈夫不抱偏见的陪审员。绝大多数旁听人员都认为审判需要耗时四周左右，这种乐观预测显然低估了本案的复杂程度。

爱德华·谢尔曼与其情人直至审判前数周一直住在旧塞布鲁克。控方提交了爱德华·谢尔曼1988年因殴打其情人而被捕的证据，但被鲁巴法官排除。主诉检察官罗伯特·萨蒂想要提交被殴打妇女的有关照片，以及这位妇女曾告诉当地警察称爱德华杀害了他的妻子的证据。鲁巴法官也不同意采纳爱德华曾于20世纪70年代中期殴打其他恋人的证据。鲁巴法官在作出裁定时称，在他看来，相比于对控方起诉的价值而言，这些证据对被告人更为不公。他还裁定，不予采纳有关奈安蒂克附近地区新闻简报即《布莱克波因特人》投递方面的任何证据，理由是辩方之前没有得到有关这方面证据的告知。在警方于8月5日即星期一录制的现场录像中，可以看到在发现埃伦·谢尔曼尸体之前的星期五投递到谢尔曼家的这份新闻简报。辩方后来提出撤销本案的动议，理由是从谋杀案发生至审判已达5年半之久，鲁巴法官拒绝了这项动议。[28]

12月7日，控方传召我出庭作证。我接受了三天的直接询问和一整天的交叉询问。我在合理根据听证会上已演示了关于被害人及犯罪现场的幻灯片。我耐心地向陪审团和法官解释我所认为的关键点，并对整个犯罪现场进行了重建。埃伦·谢尔曼被人两次勒颈，凶手一次是用自己双手，另一次是用从被害人身上撕破的蓝色内裤。我有一张幻灯片显示了被害人脖子上的三道深长的擦伤，我随后分析了在被害人颈部看到的伤痕，并将其与我在被害人内裤橡皮圈上发现的痕迹进行比对。

交叉询问时，老练的辩护律师詹姆斯·韦德再次对我的看法提出质疑，理由仍是凯瑟琳·高尔文博士的看法，即杀人凶器是被害人的文胸。我再次说，这只是她的观点，文胸不够长，不足以绕被害人颈部一圈并留下三道相同的狭窄索沟。詹姆斯·韦德随即决定进行实验，以确定内裤上的橡皮圈能否伸长到足以把被害人勒死。我要他把这条内裤绕在脖子上，他照办了。然后我要他将橡皮圈折叠后绕在脖子上，他也照做了。我想演示一下，橡皮圈可以延长至50英寸长。韦德立即反对我进行演示，但反对动议被法官否决。这位受人尊敬的绅士站在庭前，头发稍微有些乱，脖子上绕着三圈内裤，对于这幅景象，我想他和我本人都将终生难忘。次日早晨发行的报纸即以这次演示作为头版头条。

我的证言中关于房间温度的陈述极少。我指出，空调机上明显有积冰现象。至于房内的确切温度是多少，我的回答是不知道。我们都应当承认科学的局限性。辩方后来传召了一名空调专家作为证人，他在陈述中称，这台空调应当有自动关机功能，这样可以避免房间过冷。詹姆斯·韦德还对一名控方证人提出质疑，这名证人是一位州警，他说自己看见空调机内侧有霜。辩方的空调专家证人指出，空调可以形成霜和冰，但霜和冰的位置在空调机的外侧；这名辩方专家认为，州调查人员所看到的可能是滴水。

埃伦·谢尔曼的死亡时间是审判中双方论战的焦点。詹姆斯·韦德极力强调凯瑟琳·高尔文博士最初对死亡时间的估算，因为这次估算的时间比较靠后。高尔文博士向法庭解释了其将死亡时间估算前移的原因，而根据前移的死亡时间，爱德华·谢尔曼有杀害其妻子的作案时间。在证实冷空气对尸体腐败过程的影响后，高尔文博士接着将话题转至其在尸体解剖时发现的被害人尚未消化的晚餐，即意大利面和海鲜酱。警方在谢尔曼家冰箱中找到了留有意大利面和红色蛤蚧油残余的盘子，她的分析结论与此相互验证。

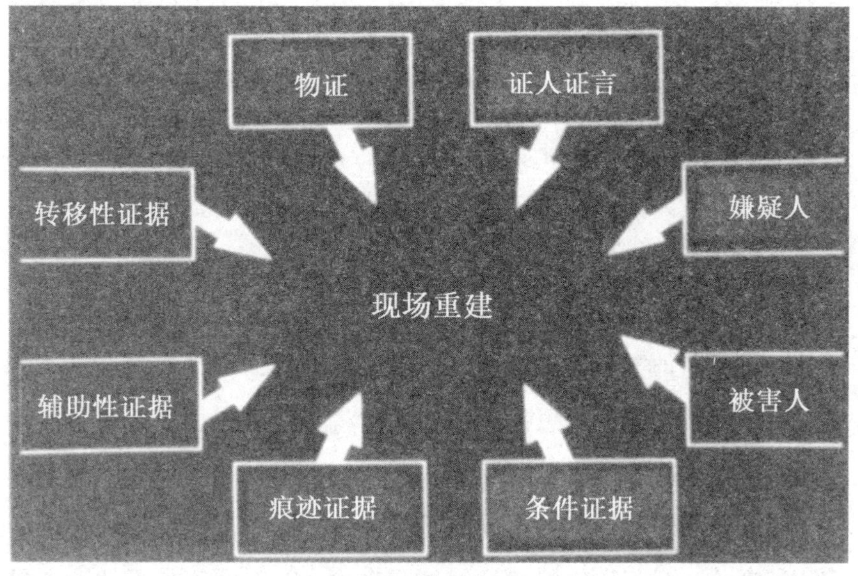

现场重建要素图

年轻的杰米·奥尔布赖特在审判时才十几岁，以杰米为首的一长串控方证人陈述了爱德华·谢尔曼的奇特举动，特别是他在星期五晚上（控方认为此时他的妻子已经死亡）和接下来两天里的电话问题。[29]夏季时住在布莱克波因特的邻居查尔斯·冯克拉克也是一名特别有价值的证人。那晚爱德华·谢尔曼为何意识到他的存在，要把车停在道路中间和他说话？爱德华后来在庭审时告诉陪审团，他的妻子那个星期五直到快入夜时还穿着工作时穿的蓝色衣服。这与查尔斯·冯克拉克的说法发生直接冲突，据查尔斯·冯克拉克所述，星期五下午 4 点，正在遛狗的埃伦·谢尔曼穿的是黄卡其布短裤。特别有意思的是，陪审员们后来说他们不太相信杰米·奥尔布赖特的说法，但冯克拉克的陈述给他们留下了非常深刻的印象。

关于爱德华·谢尔曼的婚姻问题的证言也很重要。桑德拉·赖特详述了这对夫妻在那个父亲节爆发的激烈打斗；控方还提交了证明爱德华·谢尔曼掐过一个中学生脖子的证据；琼·罗西特在法庭上大声谴责爱德华·谢尔曼对其妻子的恐吓性的暴力行为，她的作证也是漫长的审判过程中最为出彩的一幕。情感丰富的琼·罗西特是埃伦的朋友。作证那天，金发碧眼的她梳着麻花辫，身穿白色皮裤——看起来更像其艺名“梅丽莎·塔夫脱”的形象，迈进坐满了律师、陪审员、记者和旁听人员的法庭。由于詹姆斯·韦德反对法庭只进行局部播放，因而陪审团和法官完整观看了家庭影院的电影《黑暗降临》。有关埃伦·谢尔曼正在撰写的小说的证言，被罗伯特·鲁巴法官裁定为不可采。

作为辩方辩护基石的爱德华·谢尔曼的自我陈述是庭审的高潮部分。在接受詹姆斯·韦德的直接询问时，爱德华否认杀害妻子，并说自己爱她，而且埃伦从未提过要离婚。他还否认夫妻俩打算卖掉广告图片公司和他们办的杂志。爱德华承认和其他妇女有婚外情，并对自己选择这种生活方式表示懊悔。爱德华接着谈论了他与妻子共有之事业的未来发展规划，包括创办一份名为“YOU”的职业健康杂志，以及用各种方式扩大他们的产业。在整个陈述过程中，爱德华一直带着他那副有色太阳镜。

罗伯特·萨蒂对爱德华·谢尔曼的交叉询问持续了 10 天。爱德华解释了其在星期五——那是埃伦生命里的最后一个星期五，离开埃伦之前的数小时的行为，对此萨蒂予以反驳。萨蒂仔细探查了爱德华与其情人之间暴风骤雨般的关系，知道他们曾于1985年6月离家，一起在新伦敦打猎。萨蒂援用控方证人的陈述，猛烈攻击爱德华关于妻子从未提过离婚的说法。埃伦的同事们在作证时陈述了埃伦在那场父亲节暴力冲突后的言行举止。萨蒂盘问爱德华，他如何看待这些证言。根据陪审员们在审判结束后接受采访时所述，在猛烈火力攻击下，站在证人席上的爱德华明显有些笨嘴拙舌，招架不住。萨蒂把目标对准斯坦利·米勒的陈述，米勒作证时讲述了他去接人时爱德华的表现，以及谢尔曼太太出人意料地没有出门送他们离开。萨蒂提醒爱德华，他的女儿杰茜卡说过，她以前从未见起居室落下窗帘。此后，围绕那些电话也提出了数十个问题。萨蒂的首席助理凯文·凯恩非常警觉，他坐在椅子上专心致志地观察着这一切，想着萨蒂会在何时结束提问，凯恩担心萨蒂的提问可能会过头。不过，最为重要的是这场压制性的交叉询问显然为随后的陪审团裁决打下了基础。

由于两名陪审员因个人原因被解职，此时的陪审团已经变成九男三女。2月4日，星期二，在听取法官的指示后，陪审团开始审议案件，这时距开庭时间已达七周。此后的四天时间里，陪审员们又要求重听了数位证人的证言，而且他们似乎对有关时间线的证据以及确定死亡时间的专家证言特别感兴趣。2月7日即星期五的下午2点40分，陪审团作出有罪裁决。[30]詹姆斯·韦德请求陪审团公布表决票数，这时所有陪审员都站了起来，说出了同一个词："有罪。"陪审员们刚开始评议时做过一次预表决，四人认为有罪，剩下八人则举棋不定。在达成一致重返法庭宣布其裁决前，陪审团成员聚在一起，为埃伦·谢尔曼及与其共赴黄泉、未能出生的儿子祷告。这一做法引起了韦德的反对，这也是他在法庭上的最后一次反对，但被法庭否决。爱德华·谢尔曼被带至蒙特维尔矫正中心（Montville Correction Center），鲁巴法官将其上诉保证金定为 25 万美元，但是爱德华筹措不到这么多钱。[31]

3 月 17 日，罗伯特·鲁巴法官以其杀害已经怀孕妻子的罪名判处爱德华·谢尔曼 15 年监禁。罗丝·库珀太太称其听到这个判决时“五味杂陈”，因为她很难接受这样的事实——女婿真的杀死了她的女儿。但她仍然感到欣慰，女儿的正义终得伸张。库珀太太高度评价了警方和检察官团队，并且希望“不会再有更多被害人了”。詹姆斯·韦德根据一大堆理由对本案裁决提出了上诉，但爱德华·谢尔曼的有罪裁决被维持。杰茜卡·谢尔曼后来上了大学，她始终坚信父亲是无辜的。由于被定罪，爱德华在三河社区大学（Three Rivers Community College，莫西干社区学院的新校名）年薪达 42 000 美元的教职也被正式解除，但他仍有资格获得政府养老金。[32]1996 年 1 月 6 日，爱德华·谢尔曼死于监狱。

本案的科学事实

爱德华·谢尔曼案提出了许多值得关注的科学问题，其中绝大多数属于法医学领域。在撰写本案的科学问题时，我的老朋友、纽约州警察法庭科学实验室主任迈克尔·巴登博士和纽黑文圣拉斐尔医院（Saint Raphael Hospital）首席病理学家罗密欧·维多尼（Romeo Vidone）博士为我们提供了一些参考资料和其他形式的帮助。

1985 年，凯瑟琳·高尔文成为康涅狄格州首席法医官，她对埃伦·谢尔曼实际死亡时间区间的判断是成功追诉的关键。高尔文博士最初的死亡时间估算并没有考虑到杀人现场不同寻常的低温。作出这种判断实属必然，因为高尔文博士于发现尸体后的早上7点抵达现场时，那间卧室的温度已经是正常温度，即华氏68至70度。直到后来获悉莱恩·弗雷德克森所述情形，高尔文博士才敢于承认其对死亡时间的最初估算是错误的，因而需要对死亡时间进行重估。她的重估建立在以下两个主要的死后现象之上：尸体仍然特别僵硬，以及被害人胃内留下的未消化食物。

在更详细讨论这两种现象之前，我先要强调，即便到了法庭科学已经取得重大进步的今天，我们仍在努力缩小死亡时间的可能范围，而且我们最终还需依赖最后一次看见被害人的时间、所有尸体现象以及适格法医病理学家有把握的猜测。对于这一点，多米尼克·J.迪梅约（Dominic J. Di Maio）博士和文森特·J.M.迪梅约（Vincent J. M. Di Maio）博士父子俩撰写的《法医病理学》（*Forensic Pathology*）一书已经做了详尽阐述。他们父子俩都是杰出的法医病理学家，也都是我的好朋友。多米尼克曾任纽约市首席法医官，而文森特现任德克萨斯州贝克萨县（Bexar County）首席法医官。

死亡通常被定义为“生命的终止”。死亡后会出现许多类型的生物学和生理学变化，这些变化可以用作估算死亡时间的依据。许多著名的法医病理学家都出版了这一领域的高水平著作，例如西里尔·H.韦克特（Cyril H. Wecht）博士的“马修·本德”系列（Mathew Bender series）《法庭科学：法律/科学民事/刑事》（*Forensic Sciences: Law/Science Civil/Criminal*）、沃纳·斯皮茨博士的《死亡的法医学调查》（*Medicolegal Investigation of Death*）、迈克尔·巴登博士的新作《死亡推算：缉凶新科学》（*Dead Reckoning: The New Science of Catching Killers*）以及弗农·吉伯斯（Vernon Gerberth）的《实用杀人案件调查：策略、程序与法庭技术》（*Practical Homicide Investigation: Tactics, Procedures, and Forensic Techniques*）。他们都认为，现在用于确定死亡时间的所有方法和技术都只能得出一个估算值，法庭调查人员应当综合考虑上述所有因素，而不能只看尸体变化。

不过，利用现代法医学知识和技术，我们可以尽最大可能使得对死亡时间的推断变得更加精确，当法医病理学家能够充分考虑当前温度和尸体所在地的其他条件时更是如此。在威廉·D. 哈格隆德（William D. Haglund）和玛塞拉·H. 索格（Marcella H. Sorg）编写的《刑事考古学：人类遗体的命运》（*Forensic Taphonomy: The Postmortem Fate of Human Remains*）一书中，H. 吉尔金（H. Gillking）博士指出，“在特殊的‘腐败’阶段，温度是影响‘保存时间’（dwell time）的最重要变数”。吉尔金博士所说的“保存时间”，是指人在临床死亡后身体仍然保持完好和机能的过程。在此，需要及时说明的是，死亡往往不是孤立事件，而是一个病理学过程。还有其他一些因素影响着死后的腐败速度，例如尸体沉入冷水中、处于高海拔地区或者被放置于潜艇等密闭环境中，在所有这类情形下，尸体的腐败速度将比正常情况下低。

爱德华·谢尔曼一案的被害人尸体放在一间特别冷的房间里，也就是说，虽然尸体腐败过程仍会继续，但速度已经放慢很多。被称为“10 度规则”的一项基本规则揭示，温度每上升摄氏 10 度，体内化学反应的速度就增加两倍或两倍以上。因此，环境温度越高，人体内细胞能量衰减越快。

为确定死亡时间，除研究死后的尸体变化，法庭科学调查人员还必须考虑到环境因素、证人陈述和现场物证。判断死亡时间的最佳证据仍然是直接目睹犯罪发生之证人的证言，次好证据是能够指明死亡时间的物证。例如，在 1986 年，一位年轻女子被车撞死，尸体被扔到一个偏僻的公园。我们找到了她的手表，手表已经被压坏，手表上标明的时间（上午 12 点 15 分）证明了她死亡的准确时间。

如果没有目击证人证言或物证，那么死后变化和昆虫学证据将成为人死后的时钟，帮助我们调查和认定死亡时间。（见表1）

早期的死后变化包括尸冷、皮肤褪色、尸斑、尸僵、眼球变干、双眼视网膜层变化、血液中葡萄糖含量波动、眼液中的钾浓度等。实践中最常参考的是以下变化：

表1　死后早期变化

表　征	开　始	变　化
尸　冷	死　亡	最初6小时内每小时下降华氏2度，之后每小时下降1~1.5度。
尸　斑	1~2小时	6~10小时达最高值 10~12小时——部分稳定 24~48小时——可转移 3~5天——永久性固定
尸　僵	2~4小时	12~16小时——完全僵直 35~48小时——硬度开始降低

· **尸冷**——人死后，体温马上就会从通常的华氏98.6度开始逐渐下降，直至与周围环境温度一致。尸体变冷的速度为每小时华氏1~2度。体重、环境温度、健康状况、空气流通、衣着情况和空气湿度等都会影响尸体冷却的弧线结构。

· **尸斑**——死后的铁青。尸斑（皮肤褪至浅红色）的形成机理是，血细胞在重力作用下移动，并沉淀在附着于皮肤和组织内的毛细血管中。仰卧者的尸斑出现在其背部；俯卧者的尸斑则出现在其前部。呈站立姿势的尸体，尸斑出现在腿部和身体较低部位。人死后1~2小时开始出现尸斑，最初时全部或部分可变，但最终会稳定下来。

· **尸僵**——人死后很快就会出现尸僵现象。起初，尸体的手足是非常松弛的。但是，在死后2~4小时内，尸体和手足会慢慢变得僵硬。僵硬是肌肉组织化学变化的结果。僵直将维持约12个小时，然后逐步消失，尸体慢慢恢复松弛。尸僵也受体重、环境尤其是温度的影响；在低温或冰冻条件下，尸僵会大幅延时。

· **死后的晚期变化**——包括尸绿、恶臭、尸体腐败、腐烂、木乃伊化和其他变化。

研究被害人胃内容物也是准确估算死亡时间的重要手段。如果已经掌握死者就餐的时间，那么胃内容物的研究将更具价值。本案没有提交证据证明埃伦·谢尔曼食用意大利面和红色海鲜酱的时间。法庭科学著作提供了确定不同食物所需消化时间的参数。据专家所述，较难消化的食物如意大利面和浓郁酱（rich sauce）等需要花费4~6小时；简餐如三明治需要1~2小时。在学理上，消化过程就是指食物从胃进入小肠的胃排空。埃伦·谢尔曼的胃里面仍存有其在最后一餐吃下的食物，与她的身体仍处于尸僵状态形成了鲜明对比。这说明我们在确定其死亡时间时必须充分考虑到房间低温对其腐败过程的影响。

本案小结

埃伦·谢尔曼被杀案是将坚持不懈且富有策略的警方调查与严谨的科学和司法工作相结合，从而侦破犯罪并将凶手绳之以法的经典案例。死亡时间表明，在离家前去航海之前，爱德华·谢尔曼有充分的时间和机会将其妻子勒死。

法医死亡调查的目的不限于证实死亡的方式和原因，还包括所有与死亡有关的事实。死亡的方式是指法律上的死亡原因，包括自然死亡、自杀、意外、谋杀和死因不明等。对于埃伦·谢尔曼来说，她的死因明显就是谋杀。最为常见的非自然死亡原因包括钝器伤、锐器伤、枪伤、毒品和毒物、窒息死亡、电死、溺死、火烧等。而最为常见的窒息死亡是吊死和勒死。尸检报告应当注意所有关于窒息的证据，包括：压痕大小、脸部变色、出血点、颈部软骨和舌骨骨折或脱臼、颈部肌肉和软组织出血程度以及尸体上的其他物证和痕迹证据。

窒息，是指流向肺部的气流被切断或明显减少的状况。窒息死亡的实际机理可能是下述情形之一或下述情形的综合作用：

1. 颈部呼吸道受压截断导致大脑缺氧。

2. 颈部主要血管（颈动脉和颈静脉）受压，导致脑部供血减缓。

3. 颈部神经系统（颈动脉窦和迷走神经）受压，迅速导致心律失常或心脏停搏的反射行为。

用手把人掐死的方式一般都是谋杀，埃伦·谢尔曼的死被认为是绳勒和手掐的综合结果。审判过程中，所使用的“绳索”本身就是最激烈的争议点之一。凯瑟琳·高尔文博士最初认为杀死埃伦·谢尔曼的凶器是她的文胸。后来，根据我对其颈部压痕的检验，我们得以证实，这些压痕实际上是由被害人内裤上的橡皮圈造成的。

本案也表明了对被害人尸体上发现的痕迹证据进行鉴别和检验的重要性。谋杀案件调查所涉及的物证对于案件的解决可能极为重要。埃伦·谢尔曼颈部的痕迹、痕迹的人字形态、痕迹的直径和长度，都说明它们源于被害人被撕破之内裤上的橡皮圈。

爱德华·谢尔曼的律师詹姆斯·韦德非常能干，他在 1985 年案发至当事人于1990年被捕的时间间隔方面做了不少文章。之所以拖这么长时间，是因为本案很复杂，几乎全靠间接证据定案。在本案中，检察官罗伯特·萨蒂及其首席助理地区检察官凯文·凯恩特别讲究策略，他们的出色工作带来了这个有罪判决。康涅狄格州的媒体在报道本案时表现优良，很有责任感，而由罗赞·辛波尔斯基（Rosanne Simborski）领衔在本地最重要的报纸《新伦敦日报》（*Day of New London*）所作的报道更是如此。

爱德华·谢尔曼虽然是个大学教授，但在杀妻前的10年甚至更长一段时间里，已经暴露出了主要针对女性的暴力性的一面。他的定罪应当有助于促使社会进一步关注家庭暴力问题。家庭暴力是一种极为严重的犯罪类型，政府部门目前也非常重视。如果爱德华的家庭暴力行为能够得到处理，或许埃伦·谢尔曼还能够活到现在并成为两个孩子的母亲，而这名罪犯也不会耻辱地死在监狱。同样地，他们的女儿也无须小小年纪就沦为孤儿。

第五章

麦克阿瑟案

只要你相信，谎言就是真相。

——警察中士西奥多·麦克阿瑟

和我们介绍的许多谋杀案一样，西奥多·麦克阿瑟（Theodore MacArthur）案的解决主要依靠我们已经谈及的执法机关内数个不同机构之间的团队合作。对于绝大多数案件而言，在专家尽心尽力的科学和法医学工作以及一支认真勤勉的检察官团队的支持下，警方调查人员最终能够为被害人的亲友们讨回公道。麦克阿瑟案再次暴露了家庭暴力这个当代社会问题，尽管在这起案件中，早期的虐待是心理上而非身体上的。最后要说明的是，由于被告人也是经验丰富的杀人案侦探，因而本案呈现出与马西森案件一样的复杂性。

基于其对法律的职业奉献精神，相比于普通人，执法人员显然更不可能杀人；不过，由于警察熟知打击犯罪的技术，他们所实施的谋杀案给犯罪侦查人员带来的挑战无疑也要大得多。这也是本书介绍的五起案件中，有三起都和警察有关的原因（其中，理查德·克拉夫茨只是个兼职警察）。诚如前述，任何案件的侦破都离不开现场的保护和物证的保全。血迹证据、火药残留物检测和子弹弹道检验在本案的侦查和起诉中发挥了关键作用。在我看来，一些核心区域缺乏血迹，这和调查人员在杀人现场找到血迹证据同等重要。调查人员的常识在本案追诉初期发挥了积极作用，法医学专家以其非凡的洞察力找出了大量具体线索，这些线索可以说是这位自信的凶手留下的“名片”。让我们回到 1989 年，回到佛罗里达州戴德县（Dade County）北迈阿密（North Miami），那时，同为执法机关雇员的一对夫妻正陷入婚姻与财务危机。

本案事实

在 1989 年 8 月 1 日即星期二的上午，西奥多·麦克阿瑟［昵称特德（Ted）］38 岁，而与其结婚达 12 年的妻子皮拉尔·麦克阿瑟（Pilar Mac Arthur）35 岁。西奥多原是波士顿地区的一名警员，1981 年加入迈阿密地区警队并搬到迈阿密居住，此时两人已经结婚 4 年，也是在这一年，皮拉尔生下了他们的第一个儿子克里斯托弗（Christopher）。皮拉尔·索恩斯（皮拉尔·麦克阿瑟婚前的姓名）来自一个贫穷而乐观的家庭，她的父母生活在西班牙库列拉（Cullera）的一个滨海渔村，位于巴伦西亚省附近的地中海地区，两口子非常恩爱。虽然西奥多与皮拉尔所处家庭背景相似，但是两人的成长和家庭培养方式似乎有显著的区别。

西奥多·麦克阿瑟生于马萨诸塞州的马尔登市，这是波士顿往北数英里处的一个蓝领聚居地。他的父亲是个来回奔波的商船水手，在麦克阿瑟出生 5 年后与妻子离婚。麦克阿瑟的母亲是个出生于古巴的护士，她还买下并经营着一栋出租公寓。而皮拉尔的父亲做鱼贩的微薄收入不足以养育 4 个孩子，于是在皮拉尔 14 岁时举家迁至巴黎。皮拉尔的父亲在巴黎当上了园丁，收入比较可观。皮拉尔的母亲索恩斯太太还是做女佣工作，但津贴比在西班牙时高多了。皮拉尔和她的兄弟姐妹们也得以在法国公立学校接受免费教育。皮拉尔有语言天赋，很快就掌握了法语和英语，加上原来的母语西班牙语，她总共会三门语言。18 岁时，皮拉尔决定离家前往波士顿当保姆，那儿距先前已经来到美国的姐姐卡门（Carmen Sones）所在地方不远。

在新环境中安顿下来后，皮拉尔·索恩斯喜欢到剑桥的哈佛广场和来自法国或西班牙语国家的学生交谈。她在纽顿（Newton）的一所社区学院注册入学听课，以提高自己的水平，包括英语写作能力。有着一头黑色靓发的皮拉尔，此时已经成为一名空姐。人们都告诉她，要和美国人恋爱并嫁给美国人。来到美国两年后，由于皮拉尔的姐姐卡门·索恩斯租住西奥多·麦克阿瑟的母亲所经营的公寓，因此皮拉尔也通过姐姐认识了西奥多。

西奥多·麦克阿瑟虽然才 23 岁，但已经经历了数个有开创性的生活阶段。父母离异后，西奥多被判与父亲一起生活，但这实际上是不现实的，因为父亲多数时候都在海上，所以西奥多实际上是由他的祖父母抚养大的。西奥多后来说，祖父母向他灌输了一整套坚定的价值观。多年后，西奥多写道，他在童年学会了如何对待异性，包括“你不能打女孩”和“我那时候就决定必须要让着女性”。西奥多在马尔登中学待了几年，表现一般。15 岁时，他辍学当了一名商船水手，像父亲一样走向了大海，并很快就适应了海员们放荡的生活方式。17 岁时，他加入空军。18 岁时，西奥多与比他大一岁的护士贝蒂·卢·威廉姆斯（Betty Lou Williams）结婚。去越南平静地转了一圈后，西奥多于 1975 年光荣退役，并获得了洛里（Rowley）警察局的兼职摩托车巡警工作。洛里离马尔登不远，人口 2000 人。这时他还在社区大学选修了一些课程，并通过部队 GED（普通教育水平）项目拿到了中学毕业证。

初遇皮拉尔·索恩斯时，西奥多·麦克阿瑟因摩托车事故受伤，正住在母亲家的地下室休养。他立即开始追求这位可爱迷人的年轻女子，但他没有告诉皮拉尔，自己是已婚（尽管已经和妻子分居），而且还有一个年幼的孩子。因为发现他背着自己和附近一个摇滚酒吧的女服务生关系暧昧，西奥多的第一个妻子决定和他离婚。

西奥多·麦克阿瑟不断给皮拉尔·索恩斯送礼物和鲜花，大把刷卡花钱，结合其他美国式献殷勤，终于赢得了她的好感。皮拉尔的英语水平突飞猛进，甚至还获得一份秘书工作。他们俩谈了两年恋爱，西奥多经常骑摩托车带着皮拉尔和“蓝色骑士”警察俱乐部的朋友们在新英格兰到处游玩。1977 年，直到皮拉尔的家人来美国参加他们婚礼前不久，西奥多才第一次把自己结过婚而且有一个孩子一事告诉了皮拉尔。这次坦白时，西奥多刚离婚，而且距离与皮拉尔的婚期已经不远。

西奥多·麦克阿瑟夫妇在马萨诸塞共同生活的最初几年并没有要孩子。西奥多已经成了马尔登警察局的一员，并因细心和充满活力而广受好评。一些警察同事给他起了个绰号——“麦克阿瑟将军”，还有人则称，如果看到墙上有针对警察的涂鸦，他们会相信麦克阿瑟的名字应在其列。他的执法是公正的，但即便只是汽车尾灯有一点破损，他也会拦下车，给司机开出一张罚单。有人说过，如果需要执行逮捕，那么西奥多也会主动参与。

期间，西奥多·麦克阿瑟梦想着能够做出一流的警察工作业绩，他也想远离波士顿和新英格兰的恶劣气候。于是，他开始申请国内其他地区的警察职位，并且很快就被佛罗里达州的迈阿密韦德警察局聘用。1981 年，来到南方的西奥多决定先独自去履新，让已经怀孕的妻子留下来生下他们的第一个孩子。他们打算让皮拉尔·麦克阿瑟的姐姐［现在名为卡门·索恩斯·巴拉福德（Barraford）］在皮拉尔生孩子期间照顾她。两人的分开让皮拉尔很不安，她甚至还咨询了一名巫师，并用录音机录下了当时的谈话。在与巫师的交谈中，皮拉尔说道，虽然丈夫从未打过她，但“他反复无常，容易激动，而且过于苛刻”。结束谈话时，巫师告诉皮拉尔，“你丈夫永远不会和你离婚”，并向其保证，“他很爱你”。这番话让皮拉尔落泪了，皮拉尔向巫师敞开心扉，说：“西奥多还是个控制欲很强的人”，比方说，作为一名丈夫，他竟然对妻子与其姐姐卡门的关系生疑，索恩斯姐妹曾发誓不会被西奥多挑拨离间。[33]

1982年，克里斯托弗出生，皮拉尔·麦克阿瑟带着孩子搬到迈阿密与丈夫一起生活，他们在北迈阿密一处舒适的城郊即吉斯通波因特（Keystone Point）租了套房。皮拉尔很快就进入了该县刑事司法系统工作，一开始是帮迈阿密-达德警察局的交警做专职记录员，在查处酒驾司机时负责录像。皮拉尔在职业工作中能够很好地运用母语西班牙语。迈阿密地区最主要的方言是古巴语，而皮拉尔有着出色的语言天赋，很快就可以使用古巴语对话。1984年，皮拉尔生下了第二个男孩菲利普（Philip）。1987年，皮拉尔晋升更高职位，成了迈阿密-达德警察局的矫正警官，调入该县最重要的拘留所即“暴风城拘留所”（the Stockade）。

期间，西奥多·麦克阿瑟的警察事业也是蒸蒸日上。他首先进入该地区中心区担任巡警，接触了大量街面犯罪，经常要和少数族群（大多来自古巴或者其他西班牙语系国家）打交道，如果要说与以前的工作有什么区别的话，就是他执法更加严厉了。而且，他喜欢与人交往，由于其说话方式有助于打破与陌生人之间的隔阂，因而他的波士顿口音甚至还成了他的优势。他在第一年就晋升为侦探，负责一般调查，后于1985年调入谋杀案侦查部门。考虑到美国的形势，西奥多利用母亲的出生地，把自己的种族从欧裔改成了古巴，把自己变成了少数族群。他还非常积极地参与该局人员众多且影响力极大的警察联盟的活动。

西奥多·麦克阿瑟侦探的辉煌前程指日可待。在 7 年时间里，有 9 名贩毒集团中层被谋杀，杀人手法非常专业，其中一起案件的被害人头部被子弹贯穿。西奥多也在这些案件的侦查人员之列，他夜以继日地工作并且非常认真。曼尼·帕尔多（Manny Pardo）是邻近的斯威特沃特（Sweetwater）的警察，臭名昭著，经常向毒贩索要保护费。他逐步浮出水面，成为案件的主要嫌疑犯。帕尔多有一本日记，里面记载了一份数字列表，没人能读懂。西奥多意识到，这串数字像是枪支序列号，于是照着这个思路进行调查。位于康涅狄格州绍斯波特（Southport）的枪支生产商斯图姆·鲁格有限公司（Sturm, Ruger & Company, Inc.）曾卖给一位迈阿密武器经销商 6 支手枪，而帕尔多又用一位谋杀案被害人的身份证买下了这些手枪。这一事实促成了帕尔多被定罪，最终他被判处死刑。上司和媒体对西奥多在本案中的贡献赞许颇多。

此时，西奥多·麦克阿瑟的个人档案里不断塞入肯定性的报告和评价。检察官大卫·瓦克斯曼（David Waksman）对其印象尤其深刻，坚持要在帕尔多案件的审判阶段继续留下西奥多。这种提议比较罕见，因为在通常情况下，一旦被告人被移送审判，侦探们就将调头投入其他案件的侦查。西奥多和其家人也成了瓦克斯曼尊贵的租客，他们搬入了瓦克斯曼位于吉波因特（Key Point）的这栋三室两卫外带一个游泳池的房子，每月租金仅为 750 美元。除了曼尼·帕尔多案外，在西奥多的带领下，警方也成功缉捕了杀害迈阿密一名杂货店老板的凶手。

但是对于西奥多·麦克阿瑟的家人来说，日子并没有变得好过点。皮拉尔·麦克阿瑟十分支持丈夫的工作。她用西奥多获得的嘉奖令和荣誉装饰自家前廊。即便她的丈夫整晚观看球赛或者逛夜总会后带着他的人于凌晨4点回家，皮拉尔也表现得非常和气耐心。这种情况下，她一般都会起床为他们做早餐。麦克阿瑟夫妇都是蓝色骑士俱乐部的会员，都会去参加俱乐部聚会，而对于警察同行喜欢说的一些粗话，例如问她到底是麦克阿瑟太太还是她丈夫的“姘头”，皮拉尔都会一笑而过。有次参加警察派对时，一位警员拔出枪，对准他妻子脑袋，然后连连扣动扳机。枪里其实没有子弹，皮拉尔和绝大多数与会者都不知道内情，因此非常惊恐。工作需要携枪的皮拉尔喜欢参与胡闹，在另一次警察派对中，她掏出一把玩具大口径短筒手枪，模仿梅尔·布鲁克斯（Mel Brooks）所拍电影中的一幕，把枪对准自己头部，大声喊道：“谁都不许动……否则西班牙佬*要开枪了。”不过，在她的好朋友们看来，皮拉尔认为绝大多数这类恐怖游戏往好里说是幼稚，往坏里说就是粗俗。

皮拉尔·麦克阿瑟在尽力取悦丈夫的同时，也逐渐相信自己的努力并未进一步巩固夫妻俩的关系。西奥多·麦克阿瑟本就喜欢到处应酬喝酒，随着成就与压力剧增，他喝得更厉害了。他也开始挥霍夫妻俩的钱。他办理了高额度信用卡，而他们家的银行账户很快就没法偿付他的支出，这导致接二连三的跳票事件。西奥多有时数天不着家，但皮拉尔从未给他施加太大压力，她把自己投资回收额全部纳入了他们俩的共同账户，而西奥多只纳入了一部分，对此皮拉尔也从不抱怨。皮拉尔还会认真倾听他对工作状况的描述。但是，如果皮拉尔下意识地使用西班牙语时，西奥多马上就会纠正她，咆哮着说道：“这是美国，在这里我们说英语。”西奥多保留了一份他

---

* 西班牙佬，原文为Spic，描述美籍西班牙人或在美国讲西班牙语者的贬义词。皮拉尔用这个词指代自己。——译者注

希望妻子实施的个人提高计划，例如不抽烟、不宠孩子和减肥。皮拉尔甚至对她那粗俗的公公都有份好脾气，他会不请自来，突然出现在她们家门口，然后一住就是三个星期。皮拉尔认真履行作为一名妻子和家庭主妇的职责，以善心对待自己的公公，而老麦克阿瑟对皮拉尔的评价却是“特德（即西奥多·麦克阿瑟）的擦鞋垫”。[34]

在工作中，西奥多·麦克阿瑟的好运气还在继续，他逐渐成了迈阿密媒体关注的对象。而有个女记者对他尤其眷顾。她 20 世纪 80 年代初曾以中学实习生身份为《迈阿密先驱报》（*Miami Herald*）工作，期间因新闻有误而离开，1987 年以全职雇员身份重返（在本书各章中，为保护个人隐私，我没有公开与案件讨论无关者的姓名）。这位已婚年轻女记者年龄在 25 岁左右，负责为这份当地最大的报社报道警方行动。她获派的例行工作就是每晚坐在一间满是警用扫描器的屋子里，然后告诉她的编辑和其他记者何时何地发生了何事。她毕业于迈阿密大学，时不时也会为报社写写署名文章。为了使工作更上一个台阶，她还会跑到警察们经常光顾的酒吧和俱乐部闲逛，希望打听到一些迈阿密-达德警察局大楼里发生之事的新闻线索。

这位女记者最初是在警察们流连忘返的某间酒吧注意到了身材魁梧的西奥多·麦克阿瑟。她发现，西奥多总是穿着时髦，似乎有花不完的钱，到哪儿都显摆着自己在警队里的明星地位，但她甚至还喜欢他的傲慢自大。几个星期后，两人开始交谈，旋即发展成了婚外性关系。很快，这位女记者就得到了稳固的新闻线索来源，这对其在报社的地位极为有利，而她的新情人也愿意在她身上花费大量时间，为她买昂贵的礼物。不久之后，西奥多中士向同事谈起自己与一位热辣的年轻女子的新关系，常常吹嘘两人之间的性事。西奥多身边的许多警察都已认识皮拉·麦克阿瑟多年，而且都很喜欢她。有些警察还在想，西奥多向陪他睡觉的这位记者泄露的信息是不是多了点；还有几名警察则公开对西奥多把她带到谋杀案件侦查部门表示愤怒。这个地方是谋杀案侦探的安全避风港，甚至连他们的妻子来这里都是不受欢迎的。[35]

皮拉尔·麦克阿瑟开始怀疑丈夫有外遇，尤其是他不着家的时间越来越多。说好的晚餐时间是晚上 7 点，但他半夜才到家，而且不做任何解释。他陪儿子们的时间也越来越少。皮拉尔想，作为妻子，自己是不是还有什么应该做的地方没做到，她把自己的担忧告诉了朋友。为了修复两人关系，皮拉尔做了速效减肥，迅速减掉 10 磅体重。她还开始尝试新的发型，用各种办法去重新唤醒丈夫对她的兴趣。期间，西奥多·麦克阿瑟与他的“女主人”（西奥多把他的情人介绍给其他警察和熟人时使用的称呼）一起到波士顿旅行。这次旅行发生在 1988 年，费用不菲。两人在一家宾馆房间共度数日，西奥多还为她拍摄了身着红色睡衣的性感照片。

这些照片最终激化了皮拉尔·麦克阿瑟对丈夫之不忠以及从头至尾之行为的担忧。皮拉尔有很多朋友，其中许多人都已知道这个情人，但都不愿意告诉皮拉尔。3 月份，就在皮拉尔发现西奥多情人照片一个月之后，危机终于爆发。麦克阿瑟夫妻俩共同出席警察慈善协会（Police Benevolent Association）舞会，皮拉尔坐在酒吧闲聊，而西奥多则到处乱转。不久，她发现丈夫正和一个穿着黑色皮裙的棕发年轻女子慢舞。之后，当她和丈夫慢舞时她问起那位女子，但西奥多却冷漠以对，说那是另一个警察的女朋友，这个警察的妻子也在场，他只是在帮这个警察打掩护。皮拉尔直截了当地告诉西奥多，自己并不相信他。后来，年轻的女记者走进女厕所，在那儿碰到了一些认识她的警嫂。随即出现了这样一幕，这位记者当着皮拉尔的面问西奥多，他是不是想让她离开舞会。之后，西奥多在舞会的剩余时间里一直和这位穿着超短裙的年轻女郎跳舞，而皮拉尔则独自驾车回家。

皮拉尔·麦克阿瑟成年之后才到美国，之前即有着根深蒂固且引以为荣的传统观念。这些观念中，最为突出的是，妻子必须相信自己的丈夫，而且不论夫妻关系遭遇何种困难，都只能私下处理。皮拉尔在外有许多喜欢而且敬重她的朋友，她和她们经常联系。后来，本案的主诉检察官苏珊·丹内利（Susan Dannelly）在谈起本案事实时说道，在调查皮拉尔背景的3年时间里，她从未听到一人说过皮拉尔有什么不好的地方。在这个喜欢挖掘他人丑闻的年代，她首次碰到这样的情况。[36]

不过，皮拉尔·麦克阿瑟传统的自尊和坚忍逐渐失去作用，她开始对最亲近的一些朋友诉说自己的困境。到了1989年2月，她两位同为矫正官的密友即玛丽莲·马库森（Marilyn Marcusson）和珍妮·艾尔维瑞兹（Jenny Alverez）开始对皮拉尔的无能和明显察觉不到事态的进展失去耐心。早在一个月以前，她们俩就陪着皮拉尔回家仔细检查西奥多·麦克阿瑟的衣服口袋和其他东西。皮拉尔从丈夫一件夹克口袋里掏出了西奥多为其情人拍摄的火辣照片，照片后面草草写着一个警方案件编号。皮拉尔随即去法院查询了这个编号，发现只是一起交通事故案件。当晚，她拿着照片质询西奥多，得到的回答是，这张照片与一起谋杀案有关。谎言被戳穿后，西奥多被迫承认照片是一个女朋友的，并说自己正在走出中年危机，会断绝与那人的关系。皮拉尔打算接受这一切，正如她对朋友们说的那样："但是，我爱他。"

第二天上午，仍然倍感烦恼的皮拉尔·麦克阿瑟打电话到单位请了一天事假，跑去见琳达·桑德斯（Linda Saunders）[*]。桑德斯是麦克阿瑟家住波士顿时期的老朋友，现在是佛罗里达州劳德尔堡（Fort Lauderdale）的协警。梅格·劳克林（Meg Laughlin）后来在

《迈阿密先驱报》对麦克阿瑟案进行了出色的总结，在这份总结中，劳克林指出，桑德斯向皮拉尔讲述西奥多·麦克阿瑟的一些事情。桑德斯告诉皮拉尔，西奥多曾向她吹嘘，他和朋友们租了套房子。用西奥多的原话来说，就是和他们的“姘头”上床用的。桑德斯还告诉皮拉尔，有次在蓝色骑士的聚会中，西奥多还要自己跟他一起睡。她推开西奥多，但可以肯定他又找了别人。桑德斯提醒皮拉尔，她以前曾对桑德斯说，如果西奥多欺骗她，那么她的欧洲背景会帮助她渡过难关。皮拉尔是这样回答桑德斯的：“那是当时，现在我已经美国化了。”[37]

经过与丈夫的那次交谈后，尽管西奥多·麦克阿瑟承诺会改，但皮拉尔·麦克阿瑟仍然开始采取措施。朋友们看到她在笔记本上写东西，问她写什么时，她马上岔开话题说只是自己的日记。她还干了一件让人大吃一惊的事，这对任何一位妻子来说是不可思议的，更不用说像她这样一直默默忍受丈夫之自私与不忠行为的妻子。皮拉尔致电其丈夫的上司即谋杀案件侦查部门的韦恩·麦卡锡（Wayne McCarthy）上尉，向其控诉西奥多的所作所为。西奥多听到这件事时感到非常震惊，他开始说自己不会改变，他的生活需要有那位情人，而皮拉尔在这段时间则寝食难安。过了几个星期，她再度去找麦卡锡上尉，称其丈夫把大量钱财花在了情人身上，她们家面临破产威胁。这一次，皮拉尔的这番话达到了预期的效果。

西奥多·麦克阿瑟此时也从上司那儿听到了对自己不道德的错误行为的批评，所有这些都使其在谋杀案件侦查部门的工作遭遇重重障碍。到了春末，西奥多骑摩托车带着情人在佛罗里达州度过了为期10天的旅行。两人都已决定，对西奥多来说，最好的选择是放弃这段关系，竭力让婚姻重新步入正轨。如果做不到，他也可以在人们理解的情形下提出离婚。8月初，两人暗地里商量复合，期间，两人在没人发觉的情况下再度见面。

各种迹象表明，西奥多·麦克阿瑟似乎已经决定维持与皮拉尔的婚姻关系。他再未连续外出好几天，而且绝大多数晚上都在家。西奥多还宣布了一项雄心勃勃的计划，说自己已经为某豪华新区一栋标价 20 万美元的住宅支付 1000 美元定金，用的是他这些年秘密攒下的私房钱。西奥多还告诉皮拉尔，他希望他们的婚姻恢复到从前那样。他答应，到了夏天某个时候，他们的两个儿子可以去探望住在马萨诸塞州的祖母。西奥多的努力使得夫妻关系重新进入了第二个蜜月期。8 月初，他们利用休假带着儿子们一起去北方旅行，返家前去了趟加拿大，大家都过得很开心。他似乎真的变了。

西奥多·麦克阿瑟的新举动显然重新赢得了皮拉尔的信任，她兴奋地对朋友们以及她曾咨询过的一位婚姻咨询师说，她认为丈夫已经回头，而自己开始再度相信他。皮拉尔并没有去关注西奥多为两人购买的高额人寿保险，对此，西奥多后来说是皮拉尔的主意。他告诉皮拉尔，这份保险按月支付，每月需要支付的保费超过 325 美元。妻子意外死亡后，他可以得到 471 000 美元。当时皮拉尔问他，买这些保险到底有什么实际意义，西奥多没有正面回答，只是说夫妻俩都还没有做过必要的体检。

7 月底发生的一件事让皮拉尔·麦克阿瑟感受到了从未有过的恐惧。西奥多曾警告她，要让电器与装满水的浴缸或屋内其他水源保持安全距离。有天早上，孩子们已经去了波士顿，西奥多邀请妻子共浴，并小心翼翼地把一台小电视放在浴缸旁边的一处安全区域。当皮拉尔正投身到这幕浪漫之中时，西奥多起身去卧室里取点东西。离开时，他的脚绊着了电视机的电源线，连带着把电视机拽出了托架。皮拉尔立即伸出脚阻止电视机落下，并用腿撑住电视机显像管一侧，使其坠向地面，从而逃过一劫。在这一刻，并非只有电视机是破碎的。皮拉尔对着丈夫大喊："难道你想杀死我吗?"对于这起差点致命的事故，西奥多只是耸耸肩，不予理睬。

次日上班时，被吓得够呛的皮拉尔·麦克阿瑟把事情经过详细地告知了玛丽莲·马库森和珍妮·艾尔维瑞兹。她后来还告诉另一位密友，即法警维多利亚·阿吉莱拉（Victoria Aguilera），她打算和丈夫离婚，把两个孩子带到西班牙，独自将他们抚养大。阿吉莱拉后来说，皮拉尔当时显然很苦恼，"她被吓坏了，一直在哭泣。"[38]

本案的侦查

1989年8月1日星期二上午8点30分，西奥多·麦克阿瑟中士致电北迈阿密警察局的接线员，说妻子突然用枪射击头部自尽。救护车几分钟后赶到现场，最早作出反应的那位急救员发现，皮拉尔·

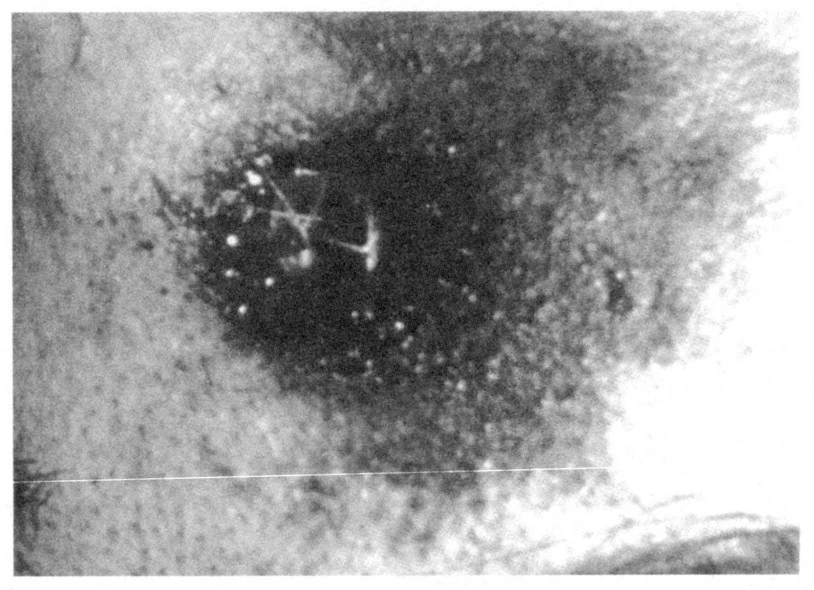

皮拉尔·麦克阿瑟子弹射入创特写

麦克阿瑟穿着睡袍，躺在夫妻俩的水床旁的地板上，头部左上角有一处枪伤。西奥多瘫坐在椅子上，手持一条沾血的毛巾，情绪非常激动。床边地板上有一支麦格农 .357 手枪，床边桌上还有五发未使用的子弹，卧室地板上扔着一条沾血的毛巾。

急救员试图救活皮拉尔·麦克阿瑟，但一切均属徒劳，只能当场宣布她已死亡。北迈阿密警察和谋杀案侦探很快抵达现场。心烦意乱的西奥多描述，他本想叫醒妻子让她去上班，但她却磨磨蹭蹭，坚持再多睡一会。为了让她起床，西奥多于是开玩笑地拿了把水枪对准皮拉尔。皮拉尔马上作出反应，她从床头桌抽屉里抓起一支手枪，从里面倒出五枚子弹，但忘了火室里还有第六枚。让西奥多惊惧的是，皮拉尔随即把枪对准头部，将第六枚子弹射入左侧太阳穴。这一切发生得太快，西奥多来不及提醒妻子里面还有最后一枚已经上膛的子弹。西奥多一边抽泣一边讲述了这个故事，他说，这把枪属于其个人所有，放在家里是为了家庭自卫时用。[39]

并非所有当天上午进入麦克阿瑟家的人都愿意相信西奥多中士所说的话。迈阿密-达德县的助理地区检察官苏珊·丹内利认识西奥多已经有一段时间，两人对警察办案程序并不总能达成一致。丹内利回忆，自己在当天上午 11 点左右到达麦克阿瑟家，当时房前已经聚集了许多电视摄像机、新闻记者和摄影记者。记者们后来散布消息称，走近麦克阿瑟家的丹内利对着一名同事咆哮，“我敢向你打赌，这个案子就是这个婊子养的自己干的”。丹内利明确否认了这一说法，尤其是她绝不可能当着大门外这么多媒体记者说这种话。我有幸与丹内利相识，我相信她说的才是真相。关于她说过那番话的谎言充分证明，只要重复的次数够多，谣言也能变成事实。上述观点在有关本案的几个新闻报道中得到了充分体现。北迈阿密谋杀案件侦探唐纳德·斯拉沃尼克（Donald Slovonic）随后迅速赶到并开始调查。斯拉沃尼克认识西奥多·麦克阿瑟。斯拉沃尼克发现，被害人左手上没有血迹。他后来得知，皮拉尔·麦克阿瑟习惯用右手。

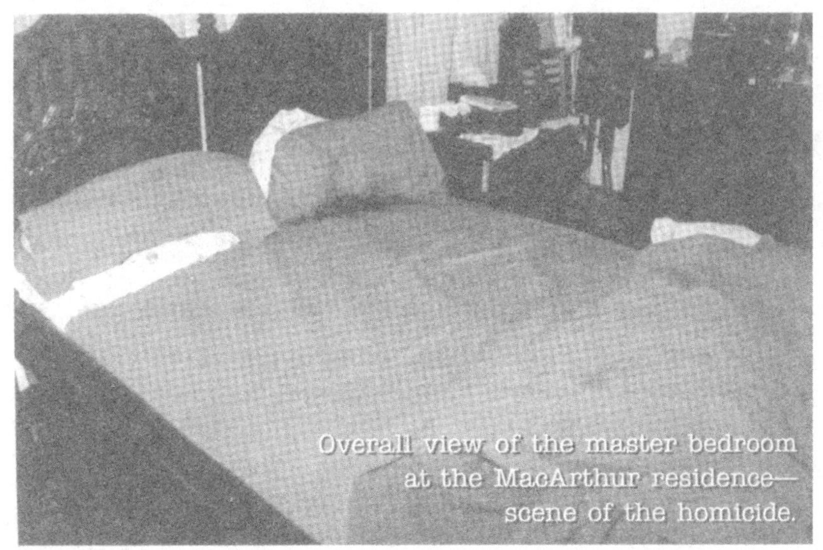

麦克阿瑟家——杀人现场——主卧全貌

这起死亡案件立即引起了佛罗里达州媒体的关注。西奥多·麦克阿瑟并不单纯是迈阿密-达德警察局谋杀案件侦查部门的一名中士，他在全国瞩目的帕尔多枪杀毒贩案的侦破中发挥了重要作用。迈阿密地区刑事司法系统中有许多人都知道被害人以及她那位光鲜的丈夫。西奥多出名后，迈阿密-达德警察局有人开始打探他的私生活，尤其是众所周知的他与那位年轻报社记者出双入对的恋情。谋杀案侦查部门的同事们都记得西奥多玩弄真相的嗜好，有几个人还援引了他最喜欢说的话之一："只要你相信，谎言就是真相。"西奥多的同事戴维·里弗斯（David Rivers）中士是一位经验丰富且名声极佳的侦探，他后来评论道："虽然没有说出来，但是从第一天开始，同事们就拿斜眼看他，我们都知道是他干的。"

1989年夏天，我正担任康涅狄格州的首席刑事专家和州警察法庭科学实验室主任。我每周七日无休，每天工作时间在14~18小时，也就是说，我不得不相应减少在纽黑文大学承担的课程量，而我自20世纪70年代即已在那儿担任教授。不断增加的预约演讲和案件咨询同样也在占用我的时间。我借助幻灯机，作了几次主题和形式各异的演讲。随着演讲水平的提高和逐渐适应演讲者这种角色，我接到的演讲邀请也在增加。不过，我自信心并未爆棚，因为我很清楚，当接受邀请，面对公众演讲时，我只是在为慈善基金和奖学基金贡献自己的一份力量。毫无疑问，这些形象工程会影响我在法庭科学实验室的日常工作任务和协助全球警察部门办案的额外任务。

皮拉尔·麦克阿瑟的尸体被发现一周后，苏珊·丹内利给我打电话，希望我能前来协助调查。她尤为头疼的是，本案牵扯迈阿密-达德警察局一位正处于上升期的谋杀案侦探。毋庸置疑，这起案件肯定会成为媒体关注的焦点和整个迈阿密地区的谈资。但是如果丹内利特别肯定是西奥多·麦克阿瑟作案，那么那天她就不会告诉我这些了。这位精明能干的检察官在电话里还说到了两条我非常感兴趣的信息：皮拉尔左手上完全没有发现任何火药残留物；枪上也完全没有提取到任何指纹，估计问题还远远不止这些。“有点不对劲”，这个念头再次闪过我的脑海。（参见本章末尾法庭科学证据部分对火药残留物的讨论。）

我不断接到各地执法部门请求协助的电话，尤其是1986年碎木机一案后更是如此，当时这起案件仍处于审判阶段。不过，从表面上看本案显得比较独特，我觉得应当协助北迈阿密当局开展调查。经过与苏珊·丹内利的简短交谈，我要求她寄给我一份犯罪现场照片、报告和卷宗的复印件。我对她说，我会提供一些帮助，会再和她联系。

10天后，我抵达迈阿密，此时的麦克阿瑟案仍是头条新闻。媒体对案件的报道表明，皮拉尔的死起初就被说成是意外。西奥多·麦克阿瑟告诉媒体，他无法理解为何调查还未结束，为何不宣布是意外。我们可以列出一长列靠谱的理由来说明这起案件处理仍然还比较顺畅。我在丹内利检察官带领下与负责本案调查工作的侦探们

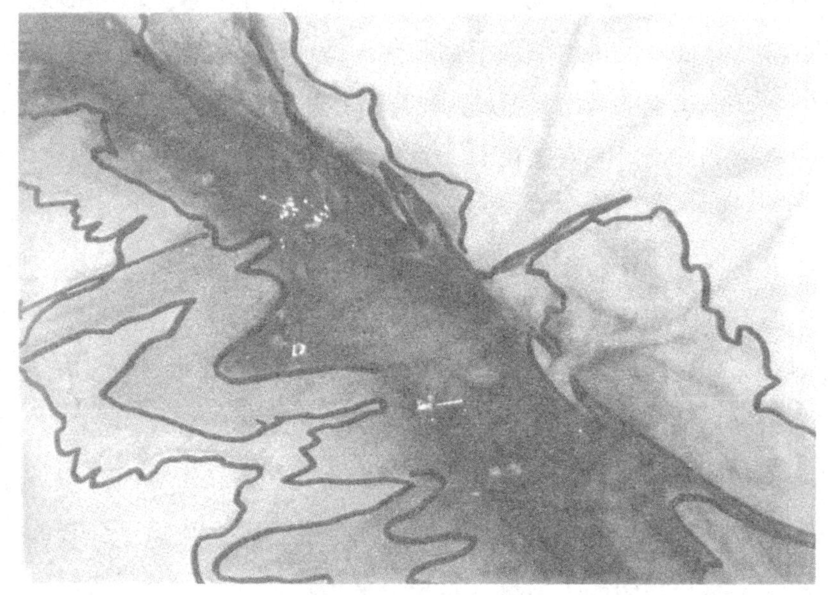

麦克阿瑟床单血迹的特写

会面。根据 8 月 1 日拍摄的犯罪现场照片，我可以描绘出警察与急救员初抵现场时的卧室情形。西奥多从一开始就坚持，他先拨打了 911 电话，然后把妻子从水床拖到地板，随即着手实施心脏复苏。

根据床单和枕头上的大量血迹，我能够判断皮拉尔·麦克阿瑟的死亡时间应该比她丈夫所说的时间早得多。有些伤口类型的血流方式是相同的。枪击头部后，首先会在外面形成一层血雾（blood mist），此后出血将逐渐变成不断减弱的细流。紧随高速血雾之后的血流非常强健，就像水龙头里喷出来的水。随着体内血量减少，出血虽然持续但速率会下降。枕头和床单的左侧也完全被血浸透，这次致命

伤的形成时间应该比西奥多所说的时间早 15 分钟以上。迈阿密-达德首席法医官查尔斯·维特利（Charles Wetli）也得出了相同的结论——大容量血迹证据表明，皮拉尔的实际死亡时间早于西奥多所说的时间。

迈阿密-达德助理法医官杰伊·巴恩哈特（Jay Barnhart）在谋杀案发生后的次日对皮拉尔·麦克阿瑟的尸体进行了检验。在检查.357 子弹在皮拉尔左侧太阳穴形成的子弹射入创时，巴恩哈特博士发现，开火的位置在皮拉尔头上部，子弹自上往下射入被害人头部。在以枪射击头部自尽的案件中，一般情况下被害人的枪管都是水平对准头部，或者以自下往上的角度射击。像本案从较高角度持枪、枪管朝下射击，这在以自伤方式自杀的案件中是不太可能的。对于控方而言，这是个非常重要的法庭科学发现，可以直接关联控方的一个假说——西奥多·麦克阿瑟中士射杀了妻子，拖延 10 分钟后再报警。在这 10 分钟里，他可以完成如下行为：清洗自己手上的血迹；清除手上的射击残留物；擦掉枪上的指纹。以上分析已经考虑到了如下情形，即习惯用右手的被害人通常不会使用左手持枪自杀。最后，如何解释手枪上面没有任何指纹呢？

警方对外界只说这起案件进展顺利。8 月 5 日，星期六，参加皮拉尔·麦克阿瑟葬礼的人很多，其中有许多来自波士顿和遥远的西班牙的朋友及亲人。期间，警方和法医官办公室均未公开评论皮拉尔的死。苏珊·丹内利倒是说过，警方正在“积极”调查本案。在警察局内部，西奥多·麦克阿瑟的许多同事也纷纷表达了对西奥多以及他妻子死因的怀疑，而那位野心勃勃的年轻女记者的存在则进一步强化了他们的推测，整个迈阿密-达德法院大楼和警察局都在热火朝天地讨论这起案件。就在皮拉尔·麦克阿瑟死后的几个星期之内，西奥多的情人搬进了他的家。有消息称，有人看见她穿着西奥多亡妻的衣服，而且已经成了两个年龄分别为 11 岁和 9 岁的孩子的代理母亲。[40]

对于这位进入西奥多·麦克阿瑟生活的女记者来说，事情很快就变得糟糕透顶。《迈阿密先驱报》的编辑们不久就在自家报纸新闻上读到了她的名字，谈的正是她与西奥多的风流韵事。编辑起初将她调离警察行动报道岗位，将其派驻一家郊区警察局。不过，几个星期后，报社将其解雇。她并没有感受到情人对其遭遇的同情，相反，她开始承受西奥多施加的压力，而皮拉尔·麦克阿瑟曾抱怨过这种压力。这个女记者在被解雇后重新找了一份秘书工作，并试图为孩子们重建一个美好的家庭。麦克阿瑟家的两个男孩确实也喜欢她的帮助和照顾，而她似乎也非常享受这种角色。她对皮拉尔·麦克阿瑟的死因也有着深深的怀疑，1990 年 3 月，报纸上登出电视机差点掉进浴缸将皮拉尔电死一事，这时她的疑虑进一步加深。这名情人最终又在一家乡村报社找到了一份工作。她和西奥多之间发生了多次激烈冲突，孩子们平静地告诉她，他们的父亲又去见了一个女人，他们之所以知道，是因为曾一起共吃午饭。皮拉尔遇害三个圣诞季后的某天，这位情人（记者）在与孩子们装扮圣诞树时与西奥多发生冲突，西奥多抓起一把刀抵在了她的喉咙上，她随即离他而去。后来，她把整个过程告诉了苏珊·丹内利，并主动提出愿意担任控方证人。不过，由于她带给案件的包袱太重，丹内利最终婉言谢绝了她的好意。

苏珊·丹内利一直在顽强地跟进麦克阿瑟案的调查。1989 年底，案件被提交大陪审团。苏珊随后与我取得联系，希望我对案件进行一次独立评估并提供一些建议。我已经说过，我非常忙，正在审查几起系列杀人案件和数百起其他类型杀人案件的调查工作。此外，我还承担了几家警察院校如 FBI 学院（FBI Academy）和数所大学的教学任务。我告诉苏珊，我几乎不太可能接受新案件了，我向她推荐了许多从事法庭科学工作的同事。但我不得不佩服丹内利的坚持和说服力，最终缴械投降，同意接下这个案件。

1989 年秋天的一个傍晚，我正在哈特福德开会。我的助手罗伯特·米尔斯中士与我的秘书芭芭拉·马丁（Barbara Martin）通知我，苏珊·丹内利和北迈阿密两位侦探已经带着各种证据到了我在梅里登的实验室的办公室。我立即返回实验室，审视了成堆的证据。快到晚上 6 点 30 分时，我打电话给妻子宋妙娟，告诉她晚上家里会有三名来自迈阿密的客人。妻子也很搞笑，她说，“我希望他们喜欢吃中餐”。饭后，我带着客人们去了我在地下室里打造的实验室。实验室建在家里是有原因的，因为来自本地或州警队的警察和侦探经常多次在半夜三更出现，要我检验证据，为他们提供对案件的初步判断。

苏珊·丹内利、侦探克雷格（Craig）与唐纳德·斯拉沃尼克和我一同审查了每件证据，包括那把麦格农 .357 左轮手枪、皮拉尔·麦克阿瑟的睡衣、床单、枕套等等。随后，我们根据对案件的假设进行了重演，以确定最有可能或最不可能的情形。北迈阿密的两位侦探都是经验丰富且敬业的刑事侦查人员，我们用了一晚上的时间检测所有可能性，重新审视每件物证。

破晓时分，我们整理出了数个必须回答的问题以及数个必须做的实验，以解决犯罪现场重建问题：

1. 床的左侧到底有多少血液沉积？
2. 可以观测到何种血迹形态？
3. 这种量的血液凝结需要多长时间？
4. 存在高速血迹吗？
5. 其中有些血迹是血液回流造成的吗？
6. 枪管上发现了血迹吗？
7. 这把麦格农 .357 左轮手枪真的没有留下任何火药残留物

吗？（皮拉尔和西奥多手上收集的样本中均未发现火药残留物。）

8. 有无充分物证证明皮拉尔·麦克阿瑟死于谋杀而非自杀或枪支走火？

1989年冬天，我们做了些实验，以确定用来估算犯罪现场血量的方法。我的研究结论后来发表在《鉴定新闻杂志》［*Journal of Identification News*，它是国际鉴定协会（International Association of Identification，简称IAI）的正式出版物］上。众所周知，血液由两部分组成：液体成分通常称为“血清”；细胞成分则由红细胞、白细胞和血小板组成。血干了以后，血的液体成分大都蒸发，而细胞成分则会留下。我们也知道，血中有55%是液体，45%是固体。液态血的重量是血清与细胞重量相加之和；血干了以后，血的重量就是剩下的固体细胞的重量。因此，我们可以通过检测犯罪现场血痂的重量来估算液态血的总量，然后乘以血液中的蒸发成分。公式如下：

$$\text{血痂总重} \times 4.167\ \text{毫升/毫克} = \text{血液总重}$$

通过床上发现的血痂重量，我们可以确定，皮拉尔·麦克阿瑟的身体被从床上移走之前沉积在床单上的血量至少是1000~2000毫升。

床单发现的血迹绝大部分来自于皮拉尔·麦克阿瑟头部左侧枪伤，由于这些血迹留在床左侧的右半部分，因而她很有可能以仰卧姿势睡在床的左侧位置。换句话来说，被射杀时，她脸朝下趴在枕头上。[*] 一个人要用右手以这种姿势射杀自己是非常困难的。此外，杰伊·巴恩哈特博士和文森特·J. M. 迪梅约博士认为，按照枪的方向，不可能出现这样一种射击角度。根据对犯罪现场调查人员所拍

---

[*] 前文说其可能为仰卧姿势，此处又说其脸朝下，似乎存在矛盾之处。原文如此，译者遵从原著。——译者注

摄照片的详细检验，我们可以清楚地发现，皮拉尔手上找不到高速

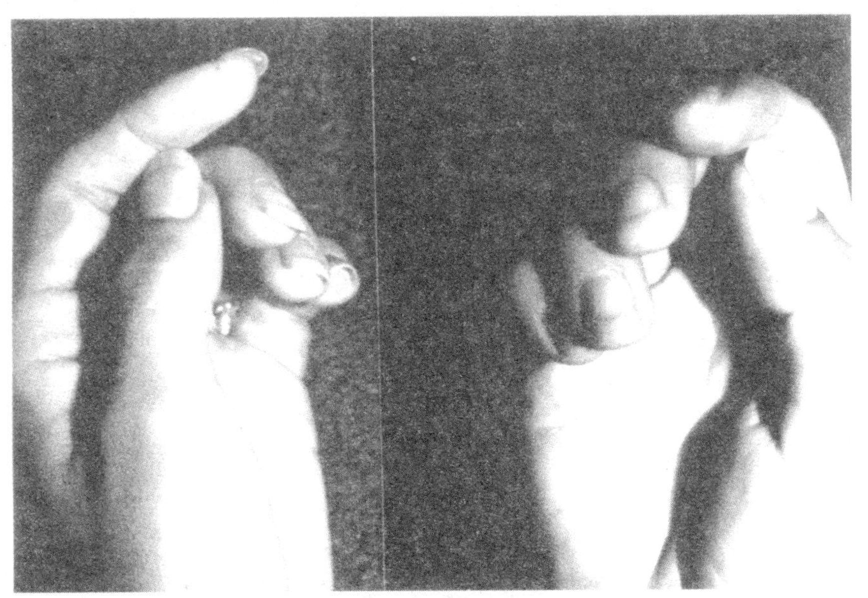

特写：皮拉尔·麦克阿瑟双手没有血迹喷溅

喷溅血迹回流。如果她照着所描述的角度自尽，我们应该能够在这个“射击者”的手上看到血迹。不仅如此，她的手上也没有射击火药残留物。总之，本案的物证清晰地证明，皮拉尔·麦克阿瑟的死不符合自杀的特征，而更像是他杀。同样清晰的是，皮拉尔的尸体是在她的血液已经凝结后才被从床上拖下来的。

根据北迈阿密警方电台通讯记录，西奥多·麦克阿瑟报警后大约 56 秒钟时间，第一名警察抵达现场，这名警察发现床上的血迹正在凝结。犯罪现场照片也清楚地表明，这些血迹呈血浆形态，并有少量结块。

为了确定床单上的血液凝结时间，我们需要 1000～2000 毫升新鲜血液，在相似的环境条件下，把它们倒在完全相同的红色床单上。

这些年来，让我感到非常幸运的是，有那么多甘于奉献的科学家和忠实的朋友与我一起工作。当他们听说我需要新鲜血液做实验时，许多人表示愿意提供，但他们听说我需要1000毫升时，他们告诉我，

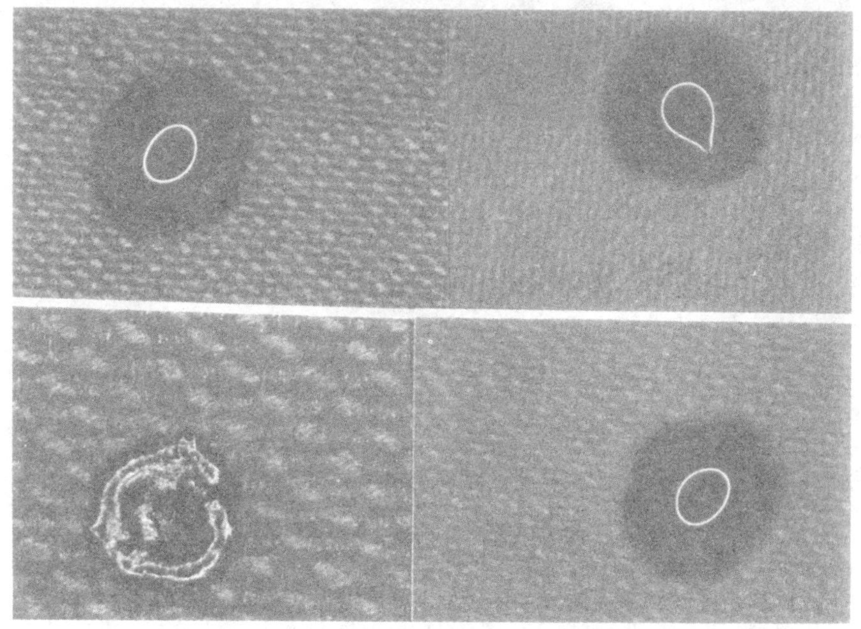

通过血液凝结与烘干实验，重建麦克阿瑟的犯罪行为

“友谊和忠诚是有限度的。”唯一的解决办法是用我自己的血。庭审时，有位辩护律师对我提出质疑：“你怎么知道东方男子与白人女子的血液特征相同?”不过，主审法官采纳了这项证据。我们能够证明，在床单上形成如此数量的血液凝结所需的时间超过15分钟。

西奥多·麦克阿瑟起初聘请基兰·法伦（Kieran Fallon）为其辩护律师。根据当事人的指示，法伦极力否认麦克阿瑟夫妻之间存在问题，而且不承认他生活中还有别的女人。后来，西奥多选定爱德华·奥唐奈（Edward O’Donnell）为辩护律师。1992年秋天，我在大

陪审团作证，进行了一整天的犯罪现场重建，重点讲述了一个核心问题，即血液凝结的时间问题。1993 年初，经过传召近百名证人（其中许多是西奥多的警察同事），大陪审团最终宣布以一级谋杀罪起诉西奥多。自起诉之日起，西奥多被停职（但不停薪），等待最后的案件结局。

本案的审判

在其妻子悲惨死去超过四年后，西奥多·麦克阿瑟于 1993 年 10 月 23 日即星期一被以谋杀罪名提交审判。迈阿密-达德县巡回法官 W. 托马斯·斯宾塞（W. Thomas Spencer）主持审判。由于案件被本地媒体大量曝光，控辩双方被迫花费大量精力来挑选陪审员，希望能够选出一个陪审团，可以在其听取大量证据（许多都是科学证据和医学证据）后作出公正的裁决。

苏珊·丹内利和控方团队特别提防行为怪异或不按常理出牌的陪审员。控方喜欢那些能够明辨是非并且相信法律程序恰当地保护了政府及社会的人；相反，辩方则希望那些本人或家庭成员曾与警方闹过不愉快的人来当陪审员。辩方律师还注意寻找那些对某人的婚姻不忠负有重要责任的人，经过三周的独立聆讯程序，终于选出了七男五女组成的陪审团，另外还选出了六名替补陪审员。

控方的起诉主要依靠医学和法庭科学证词。为了让陪审团理解这些证据，苏珊·丹内利必须描述导致 1989 年 8 月 1 日上午那一幕的一系列事件。这就需要检察官传召迈阿密-达德警察局的数名警员出庭作证，通过他们证实西奥多·麦克阿瑟不忠和快车道式的生活方式。有个警察说，西奥多是个大话精，随心所欲，想说什么就说什么。还有人援引了西奥多说过的话："欺骗，欺骗，否认，要求提供证据，以及得出相反的结论。"有位警察证人平静地说道："我知道他是个大话精。"[41]

苏珊·丹内利也提交了关于西奥多·麦克阿瑟婚外恋的证据，着重强调了因为他与那位女记者的长期交往所导致的紧张夫妻关系。之后，她传召皮拉尔·麦克阿瑟的朋友们出庭，他们描述了这对夫妻破裂的婚姻关系。紧接着，丹内利又传召证人讲述了西奥多差点把打开的电视机摔入装满水的浴缸这一事件。控方还提交了西奥多在妻子死前最后一个春天里为妻子购买的47.1万美元人寿保险单。在这之后，又为下述人员安排了出庭作证：迈阿密-达德法医官办公室的杰伊·巴恩哈特博士和查尔斯·维特利博士，德克萨斯州的文森特·J.M.迪梅约博士，以及我本人。

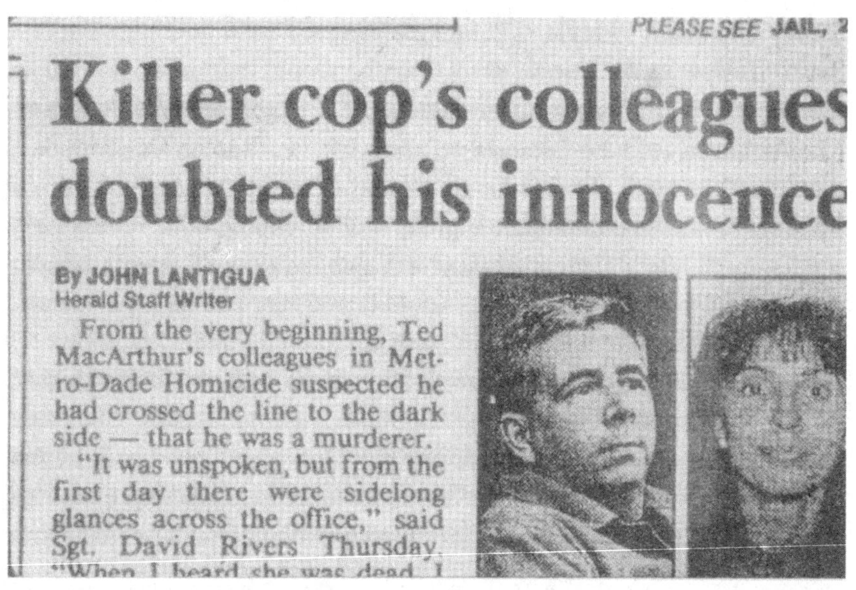

PLEASE SEE JAIL, 2

Killer cop's colleagues doubted his innocence

By JOHN LANTIGUA
Herald Staff Writer

From the very beginning, Ted MacArthur's colleagues in Metro-Dade Homicide suspected he had crossed the line to the dark side — that he was a murderer.

"It was unspoken, but from the first day there were sidelong glances across the office," said Sgt. David Rivers Thursday. "When I heard she was dead, I

报纸对本案一位证人的采访文章

皮拉尔·麦克阿瑟的手上没有任何枪击残留物，而如果她确实曾经对头部开出致命一枪的话，那么她手上应该会有。皮拉尔是右撇子，而饮弹自尽的人通常都会使用惯用的那只手扣动扳机。枪上根本就没有采集到指纹，这让人怀疑是不是有人在开枪后擦洗过武器。最后，杰伊·巴恩哈特博士在解剖期间测量了被害人头部的射入创口，可以发现是枪管朝下、子弹从上方以极小角度射入的。文森特·J. M. 迪梅约博士也说，这个角度不像自杀而像他杀。我在法庭作证达一天半时间。我说，我在这对夫妻的床单和枕头的照片上看到了大量血迹，我们估计床上沉积有 1000～2000 毫升血液。血液表明，被害人的死亡时间至少比西奥多·麦克阿瑟在警察抵达现场后所说的时间早 10～15 分钟。我在作证时也谈到了皮拉尔·麦克阿瑟手上缺少火药残留物、血液回流和血迹等情况，血液凝结时间也证明，被害人的尸体是在血液凝固之后被拽离床上的。

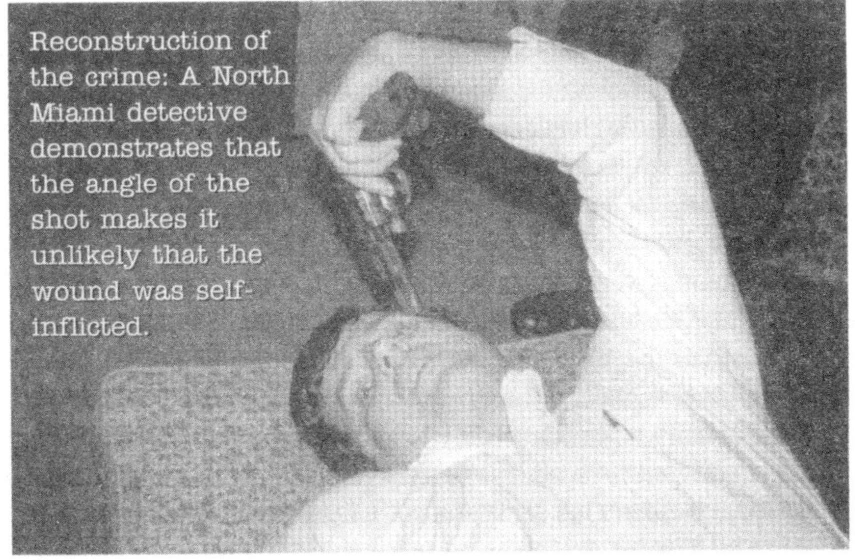

犯罪重建：北迈阿密侦探演示了射击角度，表明伤口不太可能是自杀形成的

西奥多·麦克阿瑟在审判的多数时间里都显得很放松。他本人曾出庭作证数百次，而当辩方陈述时，站在证人席上的西奥多也是有点漫不经心的样子。他的辩护律师爱德华·奥唐奈询问其是否有情人，而他的回答是“我很软弱”。辩方的策略显然是希望在审判时把他定位为一个不忠的丈夫而非杀人犯。奥唐奈问西奥多，他听见那声致命枪响后看见了什么。西奥多的回答让人毛骨悚然：“我看见她的眼睛在冒烟。”在为期七个星期的审理过程中，共有 75 位证人被传召到庭作证。

1993 年 12 月 7 日，星期二，陪审团开始评议。当晚，深信自己将被判无罪的西奥多·麦克阿瑟甚至还召开了一次新闻发布会，预测审判结果，并表示要对起诉者采取法律行动。迈阿密媒体见证了这出怪事。经过 9 个小时的审议，陪审团于次日下午 3 点 15 分列队重返法庭，并宣布西奥多·麦克阿瑟一级谋杀罪成立。裁决宣告时，法庭内响起了一片喝彩声。托马斯·斯宾塞法官平静地说道：“西奥多·麦克阿瑟，你违背了圣训，触犯了法律，玷污了你的职业，让你的孩子们失去了母亲。”法庭休庭后，苏珊·丹内利的朋友和同事们上前与她拥抱。第二天的《迈阿密先驱报》指出，丹内利自谋杀案发当日起即致力于解决本案。有位女陪审员在接受媒体采访时称：“专家证言起了决定性作用。”[42] * 我要补充的是，正是警方和检察官们的出色工作，才使专家证言能够达到这种效果。

本案的科学事实

所谓犯罪现场重建，是指通过分析现场状况和物证，确定或排除事件或行为在现场发生之可能性的过程。每项证据所处的位置和

---

* 此处注释似乎有误，陪审团审议时间自 12 月 7 日开始，而这篇报道时间是 12 月 4 日，此时陪审员不太可能接受媒体采访。——译者注

状况都可以向调查人员提供各种信息，例如案发前的现场状况、犯罪嫌疑人的行为以及被害人的位置。物证的实验室检验结论能够建立犯罪行为、被害人和犯罪嫌疑人之间的关键联系，他们在确认或否定犯罪嫌疑人提交的不在场证据方面也能发挥重要作用。

确定形成犯罪现场、现场位置和痕迹证据（例如血迹证据、射击残留物痕迹、弹道痕迹、足迹、轮胎痕迹和玻璃破裂痕迹）状况的各种可能性，对于证实犯罪的真实过程往往是有用的，这些对犯罪现场重建都很重要。麦克阿瑟案是全面犯罪现场重建的范例。控方能够向陪审员们证明，西奥多·麦克阿瑟中士在其妻子皮拉尔的死亡时间上撒了谎。控方的判断建立在法庭科学证据基础上，这些证据证实皮拉尔不是死于自杀或意外事故，而是谋杀。

成功的重建有赖于以下能力：使用逻辑方法观察现场的能力、科学检验证据的能力、提出犯罪假说的能力和明确阐述结论的能力。物证的法庭科学检验有一些基本原则，这些原则被用于各种不同性质犯罪的重建活动、确定必须回答的问题、判断所发生之犯罪的类型以及解决与案件有关的其他问题。

马西森案中已经讲述了血迹证据在犯罪现场重建中的应用；在麦克阿瑟案中，通过了解血迹的物理属性和生物学特征，可以将血迹证据用于证实和调查有关事项。

卧室的血迹物理形态表明，皮拉尔的尸体被从床上转移至地板。不过，有一个问题辩方并没有提出异议。这个问题就是，被害人的身体是“何时”被从床上转移至地板以便及时施救的。根据西奥多·麦克阿瑟的说法，他卖力抢救皮拉尔生命的行为可以解释皮拉尔的血为什么会转移到他的双手和衣服上，而这也可以解释床上和现场血迹的变化。但是，警方的勘查以及科学事实可以证明，皮拉尔的身体是在血液已经凝结“之后”才被从床上移走的，也就是说，此时她已经死去好一会儿了。将其尸体从床上移走，不过是西奥多伪装现场的又一套把戏。

持枪者手上或目标物表面存在或没有存在射击残留物也可以为我们提供用来判断某人是否接触或扣动枪支以及射击距离信息的科学数据。多年来，法庭科学家和法医一直利用这类数据来判断可能的死亡方式，是自杀、他杀还是意外死亡。当扣动扳机后，火药与氧气发生快速反应，会产生巨大能量以及高温气体、烟灰和一些燃尽的火药。这些物质一般被称为射击残留物，射击残留物由底火、火药和其他填充物的爆炸产生。部分残留物会朝向目标方向抛射，部分会向后抛射到射击者的手和衣服上。在射击者清洗或以其他方式去除之前，从其手上或衣服上采集样本，可以检测出射击残留物的成分。如果枪的距离足够近，那么目标物如被害人的身体、衣服，或其他目标物的表面，也可以找到射击残留物。因此，检测射击残留物主要有两个目的，即确定当事人是否开火或者持有刚开火不久的枪支以及确定枪与目标之间的距离。在区分自杀式枪伤和他人远距离射击时，对射击距离的判断发挥着关键作用。

目前，法庭科学实验室有几种用于查清射击残留物数据的检测方法，例如：二苯胺（Dophenylamine，简称 DPA）检测法、改良格里斯检测法（Modified Griess test）、原子吸收光谱测试法（atomic absorption apectroscopy，简称 AA）、感应等离子测试法（induced couple plasma spectroscope，简称 ICP）以及扫描电子显微镜检测（Scanning electron microscopy，简称 SEM）结合要素分析方法。前两种方法即 DPA 与格里斯检测都属于过筛试验（提供一般信息），用于射击残留物痕迹分析的实地试验或检验，而 AA、ICP 和 SEM 则属于更专业的实验室测试。

AA、ICP 和 SEM 都是当前法庭科学实验室的常用方法，AA 和

ICP 是检测钡、锑和铅的仪器分析方法。射击残留物中常见这些元素，这些残留物的存在可以证实下述某个或多个事实：

1. 某人开枪。
2. 某人接触过刚开过火的枪支。
3. 某人距离开过火的枪支很近或就在旁边。
4. 某人在同时含有上述元素的环境中工作。

扫描电子显微镜——能谱分析（Scanning electron microscopy-energy dipensive x-ray spectrometry，简称 SEM-EDAX）技术结合了粒子形态认知与元素成分认定二者的长处。因此，这是一种令人更加信服的检测方法。根据当前射击残留物微粒数量和微粒的分布状况，法庭科学家可以得出关于射击残留物状况（例如球形火药微粒和这些微粒元素成分的形态学鉴定）的更精确结论，SEM 检测能够提高射击残留物检测结果的准确度。

本案小结

西奥多·麦克阿瑟杀死妻子皮拉尔，将自己凌驾于法律之上。为了这起犯罪，他至少要在监狱蹲到 2018 年，那时他将 63 岁。他的定罪归功于正直的警察——他们对麦克阿瑟中士玩世不恭和霸道的做法表达了无声的愤怒，冷静应对，最终成功侦破了本案。

以个性坚韧的苏珊·丹内利为首的检察官团队在其警方同行成果的基础上，为案件赢得了圆满结局。迈阿密-达德县法医官办公室向我提供了他们的专业分析，以使我们共同把一名杀人犯送进了监狱。对于曾担任警察的西奥多·麦克阿瑟来说，他将与许多被其送上审判台的人共度 25 年的牢狱生活，这是而且应当是极为严厉的惩罚。

令人难过的是，所有这些都无法将皮拉尔·麦克阿瑟还给她的孩子、其他家人以及她深爱的朋友们。正如欧内斯特·海明威（Ernest Hemingway）描述西班牙内战的经典小说《丧钟为谁而鸣》（*For Whom the Bell Tolls*）中的人物“皮拉尔”一样，皮拉尔·麦克阿瑟也是一位坚强面对本不应由其承担之命运的烈女子。如果要说这位美丽的35岁被害人的悲惨遭遇意味着什么的话，那么，她的死应当进一步引起人们对家庭暴力这一重要问题的关注，而不论这种暴力是身体上的还是精神上的，或者两者兼有。皮拉尔死于12年前*，如今我们已经在应对家庭暴力（尤其是家庭暴力早期阶段的诊断和处置）方面取得了一些进步，然而，这一严重问题在美国家庭中依然根深蒂固，在根除家庭暴力之前，我们还有很长一段路要走。

---

* 指原著出版时间的12年前。——译者注

注　释

前　言

1. *Webster's Third New International Dictionary of the English Language*, unabridged, s. v. "tpxicology."

2. Ibid., s. v. "anthropometry".

第一章　马西森谋杀案

1. Crystal Kua, "Several Witnesses Testify at Hearing on Mathison Case", *Hawaii Tribune-Herald*, 17 December 1993.

2. Crystal Kua, "Blood in Van Not Consistent with Mathison's Explanation", *Hawaii Tribune-Herald*, 21 December 1993.

3. Dave Smith, "Key Blood Marks Not in Van", *Hawii Tribuneh-Herald*, 15 November 1995.

4. Dave Smith, "Mathison Trial: Specialists Take Stand", *Hawaii Tribune-Herald*, 17 November 1995.

5. Dave Smith, "Mathison: Didn't Do It", *Hawaii Tribune-Herald*, 21 November 1995.

6. Dave Smith, "Jury May Get Case Today", *Hawaii Tribune-Herald*, 22 November 1995.

7. Rod Thompson, "Cop Guilty in Wife Murder", *Honululu Star-Bulletin*, 23 November

1995.

8. Dove Smith, "Jury: Mathison Guilty", *Hawaii Tribune-Herald*, 23 November 1995.

9. Ibid.

10. Dove Smith, "A Happier Anniversary", *Hawaii Tribune-Herald*, 26 November 1995.

第二章　碎木机谋杀案

11. Arthur Herzog, *The Woodchipper Murder* (New York: Henry Holt, 1989), p. 45.

12. Dr. Mel Goldstein, Phone interview by Tom O'Neil, 12 March 2001.

13. Herzog, *Woodchipper Murder*, p. 37.

14. Ibid., p. 32.

15. Ibid., p. 34.

16. Ibid., p. 51.

17. Ibid., pp. 127~129.

18. Ibid., p. 138.

19. Walter Flanagan, interview by Tom O'Neil, 30 March 2001.

20. Herzog, *Woodchipper Murder*, pp. 153~156.

21. Ibid., p. 154.

22. Ibid., p. 158.

23. Ibid., p. 155.

24. Ibid., p. 161.

25. Ibid., p. 221.

第三章　O. J. 辛普森案

26. 以 1996 年夏天托马斯·奥尼尔提到的那位陪审员的电话采访为基础。

第四章　谢尔曼案

27. Roseanne Simborski, "Sherman to Stand Trial, Judge Rules", *Day of New London*, 1 September 1990.

28. Roseanne Simborski, "Attorney Says Sherman's Rights Violated by Delaying His Arrest", *Day of New London*, 11 October 1991.

29. Roseanne Simborski, "Phone Call Seen Key in Sherman Trial", *Day of New London*, 9 October 1991.

30. John Ruddy, "Sherman Guilty of Murder", *Day of New London*, 8 February 1992.

31. Roseanne Simborski, "Sherman Gets 50 Years for Murdering His Wife", *Day of New London*, 18 March 1992.

32. Ibid..

第五章 麦克阿瑟案

33. Meg Laughlin, "Pilar and (Mistress) ", *Miami Herald*, 4 September 1994.

34. Ibid..

35. Ibid..

36. Ibid..

37. Dan Keating and Joan Fleischman, " Meto Sergeant's Wife Dies in Apparent Shooting Accident", *Miami Herald*, 2 August 1989.

38. Ibid..

39. Ibid..

40. Joan Fleischman, "Lawyer: Officer's Wife Accidentally Shot Herself", *Miami Herald*, 11 August 1989.

41. John Lantigua, "Cop's Colleagues Cast Doubt on His Honesty", *Miami Herald*, 3 December 1993.

42. David, Lyons, "Ex-Detective's Wife Planned to Leave Him, Friend Says", *Miami Herald*, 4 December 1993.

参考文献

1. Alcamo, 1, Edward, *Biology*, Lincoln, Nebr; Cliff Notes, 1995.

2. Asimov, Isaac. *The Genetic Code*, New York: Orion, 1962.

3. Baden, Michael, and Marion Roach, *Dead Reckoning: The New Science of Catching Killers*. New York: Simon & Schuster, 2000.

4. Bolsover, Stehpen R. , Jeremy S. Hyams, Steve Jones, Elisabeth A. Shepard, and Hugh A. White. *From Genes to Cells*. New York: Wiley Liss, 1997.

5. Bosco, Joseph A. A *Problem of Evidence: How the Prosecution Freed O. J. Simpson*. New York: William Morrow, 1996.

6. Connors, Edward, Thomas Lundegran, Neal Miller, and Tom McEen. *Convicted by Juries, Exonerated by Science: Case Srudies in the Use of DNA Evidence to Establish Innocence after Trial*. Washington, D. C. : U. S. Department of Justice, 1996.

7. DeForest, Peter R. , Robert Gaensslen, and Henry C. Lee. *Forensic Science: An Introduction to Criminalistics*. New York: McGraw Hill, 1983.

8. Dickens, Charles. *Oliver Twist*. 1838. Reprint, New York: Penguin, 1985.

9. DiMaio, Dominick J. , and Vincent J. M. DiMaio. *Forensic Pathology*. Boca Raton, Fia. : CRC, 1999.

10. DiMaio, Vincet J. M. *Gunshot Wounds*. Practical Aspects of Firearms, Ballistics,

Evidence, and Forensic Techniques. 2d ed. Boca Raton, Fla. : CRC, 1999.

11. Freed, Donald, and Raymond P. Briggs. *Killing Time: The First Full Investigation into the Unsolved Murders of Nicole Brown Simpson and Ronald Goldman*. New York: MacMillan, 1996.

12. Geberth, Vernon J. Practical Homicide Investigation: Tactics, Procedures, and Forensic Techniques. Boea Raton, Fla. : CRC, 1999.

13. Haglund, WIlliam D. , and Marcella H. Sorg, eds. *Forensic Taphonomy: The Postmortem Fate of Human Remains*. Boca Raton, Fla. : CRC, 1997.

14. Herzog, Arthur. *The Woodchipper Murder*. New York: Henry Holt, 1989.

15. Lee, Henry C. , and Robert Gaensslen. *Advances in Fingerprint Technology*. 2d ed. Boca Raton, Fla. : CRC, 2001.

_______ . *DNA and Other Polymorphisms in Forensic Scienc*. Chicago: Yearbook Medical Publishers, 1990.

16. Lee, Henry C. , and Jerry Labriola. *Famous Crimes Revisited: From SaccoVanzetti to O. J. Simpson*. Southbury, Conn. : Strong Books, 2001.

17. Lee, Henry C. , Timothy Palmach, and Marilyn Miller. *Henry Lee's Crime Scene Handbook*. San Diego: Academic Press, 2001.

18. Toobin, Jeffrey. *The Run of His Life: The People v. O. J. Simpson*. New York: Random House, 1996.

19. Watson, James D. *The Double Helix: A Personal Account of the Discovery of the Structure of DNA*. New York: Atheneum, 1969.

20. Wecht, Cyril. *Grave Secrets: A Leading Forensic Expert Reveals the Startling Truth about O. J. Simpson, David Koresh, Vincent Foster, and Other Sensational Cases*. New York: Penguin, 1996.

后　记

这是个危险而肮脏的世界。

——约翰·F. 肯尼迪总统，1963 年 11 月 14 日

美国似乎正处于重新认识自己的过程。我引用了肯尼迪总统在其最后一次记者招待会上的话。在本书行将画上句号时，引述一位非裔美国运动员、哲学家和穆斯林的话无疑也是合适的。穆罕默德·阿里（Muhammad Ali）说过："真相带给你自由。"我很幸运，我的工作性质使我能够通过科学手段追寻可以让人获得自由的事实和真相，尽管人类的黑暗动机会带来犯罪，但这也正是我们法庭科学家职业存在的必要性。

我在中国出生、长大，在我看来，今日之美国比以往更懂得自省。在美国，越来越多的民众开始追求我们每个人都必须在生活中寻求的个体安宁。当然，这与本书讲述的暴力犯罪被害人与罪犯的命运形成了鲜明对比。五起案件所涉及的男男女女，他们来自各行各业，在外人看来似乎都很成功，而且过得很安逸。然而，真相大不相同。在 O. J. 辛普森案中，尽管被告人被判无罪，但是被告人的家庭之前长期存在冲突、争夺控制权的斗争乃至虐待。在五起案件

中，所有被害人的婚姻都出现了深层矛盾，并且都以悲剧告终。

走进犯罪现场或者在显微镜下审视这些争斗的后果，是种醒脑的经历。这些犯罪都不是孤立发生的。家庭暴力案件数量在美国仍然位居未告发犯罪之首。犯罪调查人员和法庭科学家今后必须用科学的方法寻找证据，这些证据能够清楚地告诉法官和陪审团，犯罪是如何实施的，是谁实施了犯罪。对我来说，更具讽刺意味的是，这五起案件中有三起都是由担任警察的丈夫实施的，虽然其中一起案件的作案人只是个兼职警察。之所以提到这个问题，并不是想说明什么，说实在的，只是因为我曾与成千上万名杰出的执法人员共事，他们为执法工作奉献了自己的生命与才干。

在本书讨论的这些遭遇麻烦的婚姻中，局中人在寻求外界帮助方面都不太顺畅，五起案件的当事人都极少进行婚姻咨询，致使家人、朋友和社会应当携手阻止婚姻问题惯性地滑向离婚和死亡。对于被打或受禁锢的妇女来说，为免进一步遭受身体或精神虐待，她们必须对问题进行评估，然后采取行动，而不能如过去那般犹豫不决。我认为，尽可能清楚地说明这些情况是非常重要的。爱、宽容和相互尊重是所有完美婚姻的必备要素。

行文至此，我希望读者能够理解法庭科学专家的工作和责任。我们总是要为在调查过程中确立事实和真相而奋斗。严重犯罪是如何发生的？作案人使用的手段是什么？有证人看见吗？他们应当知道些什么？犯罪现场得到充分保护了吗？存在法庭科学证据吗？所有证据都正当地采集和保管了吗？侦探和法庭科学家们是否已经建立证据保管链，能够经受得住法庭程序的审查？是否所有物证都根据最高科学标准进行了检验？是否已经提交所有证据，这些证据究竟是定罪的还是脱罪的？简言之，警方和检察官在调查中是否致力于发现真相——全部真相，而且唯有真相？

我尽全力通过本书介绍如何开展调查。我已经指出，实现调查目标所需的严格标准尚未找到。作为本书的一部分，我阐述了法庭科学家如何工作，也强调了我们必须为这个职业投入许多时间。我已经60多岁了，回顾自己一生，我付出了这项工作所需的大量精力。追根溯源，无非是因为我深信，只要给予公平的机会，科学总能描绘出事实真相。这是我的人生信条：不管事实将我们导向哪里，都要寻求真相并将其呈交法庭。

不过，正如我在讨论这五起案件时指出的那样，我并非生活在真空中，一个人躲在实验室的某个角落。我有大量机会与无数敬业的警察、侦探、检察官、律师以及法庭科学家共事，能够和水平如此高且如此甘于奉献的同道，无论他们是法庭科学家同行、警察、刑事专家、侦探还是检察官，能与他们合作，实属人生幸事。最后，任何反映真相的法院裁决都是一个了不起的团队共同努力的结果。我不过是这个团队的普通一员，我非常高兴在本书末尾强调这一点。对于在世界各地认识的杰出队友，我常怀感激之情，因为我们共同寻找真相，唯有真相。

译后记

对侦查破案或者法庭科学稍有涉猎者，鲜有不知李昌钰博士，我亦无需在此重复展示他所获得的无数荣誉和耀眼光环。《神秘血手印》一书汇集了他亲自参与调查的五起案件。一般说来，刑事案件的情节越是曲折反复、血腥暴力，涉案者知名度越高，对案件的描述煽动性越强，则越能吸引大众读者的目光。这五起案件集中了引人瞩目的所有“元素”，耐心的读者必定有深刻的体会。有些案例已经经由各种途径为中国读者所知晓，但是就事实情节的详实程度、所讨论问题的广泛性而言，通过本书重新审视这些案例仍有必要。专业人员的眼光可能更为挑剔，希望在“猎奇”之余，还有新的收获。本书“碰巧”也能满足这一要求，书中娓娓道来、深入浅出的法庭科学专业知识在今天看来仍有其重要价值。

不过，作为译者，我不想刻意去强调本书在法庭科学知识普及方面的出色表现，因为对于任何一名专职从事侦查学教学研究的高校教师来说，书中所涉猎的专业知识都已成为工作内容的一部分。我更想说的是，从马西森谋杀案等案件的调查过程中，我们可以看到李昌钰博士为寻求真相所付出的杰出贡献，但更能发现他对团队成员、办案人员乃至对手的毫不吝啬的赞誉之词。我相信，这是他的肺腑之言，而不仅仅是谦逊之词。尽管某个人的某个判断有可能成为破案的关键，但现代的事实调查不是个人英雄主义的单打独斗。随着犯罪的智能化，在追寻每一起案件真相的道路上将留下许许多多锲而不舍的调查人员的坚实印记。而且，如果我们考虑到各种侦查数据平台的广泛应用，以及全体侦查人员为数据库建设所付出的努力，那么我们必须承认，几乎每一起案件的侦查背后，都有所有侦查人员的默默付出。所以，尽管被人们称作“当代福尔摩斯”，但从本书的字里行间，我相信，李昌钰博士更愿意将自己定义为一个团队的引领者，而这丝毫无损他独特的魅力。

本书是在2011年春节期间翻译完成的，感谢我的父母，他们在节日期间忙前忙后，使我得以专心致志。同时也要感谢中国政法大学出版社刘知函主任的信任，本书能够顺利完成翻译，离不开他的支持和鼓励。我指导的硕士研究生杨群同学在初稿译出后帮我校对了部分书稿，在此一并致谢！

刘为军

2011年秋于木樨地